Und Keynes hatte doch recht

Volker Hallwirth, Dr. rer. pol., ist seit 1984 Referent im Bundesministerium für Wirtschaft. Er war dort lange Jahre mit Fragen der Wirtschaftsordnung und Wirtschaftspolitik sowie der Geldpolitik betraut. Aktuell vertritt er den Bereich Mittelstandspolitik. Zuvor war er Wissenschaftlicher Mitarbeiter am Staatswissenschaftlichen Seminar der Universität Köln.

Volker Hallwirth

Und Keynes hatte doch recht

Eine neue Politik für Vollbeschäftigung

Geleitwort von Herbert Giersch

Campus Verlag
Frankfurt/New York

Redaktion: Jan W. Haas, Berlin

Die Deutsche Bibliothek – CIP-Einheitsaufnahme

Hallwirth, Volker:
Und Keynes hatte doch recht : eine neue Politik für
Vollbeschäftigung / Volker Hallwirth. Geleitw. von Herbert Giersch. –
Frankfurt (Main) ; New York : Campus Verlag, 1998
ISBN 3-593-36077-2

Umschlaggestaltung: Guido Klütsch, Köln
Umschlagmotiv: © Bilderberg, Hamburg
Satz: Leingärtner, Nabburg
Druck und Bindung: Friedrich Pustet, Regensburg
Gedruckt auf säurefreiem und chlorfrei gebleichtem Papier.
Printed in Germamy

Zum Geleit

Die Abstimmung von Geldpolitik und Lohnpolitik, die Volker Hallwirth in dem vorliegenden Buch ins Visier nimmt, erweist sich als eine der zentralen Aufgaben der Wirtschaftspolitik – auch im »Euroland«. Sie verdient mehr Beachtung, als ihr die Öffentlichkeit bisher geschenkt hat.

Volker Hallwirth erhellt die Zusammenhänge in einer verständlichen Sprache und im Rahmen einer Grundauffassung, die der neoklassischen Synthese, die Paul Samuelson auf der Grundlage Keynes'schen Gedankenguts vorgenommen hat, entspricht: Angebotsflexibilität ist wichtig, aber eine hohe Gesamtnachfrage erst setzt sie in ein Mehr an Beschäftigung um.

Prof. Dr. Dr. h. c. mult. Herbert Giersch
Kiel, im März 1998

Inhalt

Nicht alles ist neu

Die Weltwirtschaft ist in raschem Wandel begriffen, neue Konkurrenten drängen auf die Märkte, der Wettbewerb wird härter. Deutschland muß sich als Wirtschaftsstandort auf neue Herausforderungen einstellen. Alte Gewißheiten und Gewohnheiten müssen überprüft werden. Auf viele Fragen sind neue Antworten zu finden. Aber nicht alles ist neu. Nicht alles funktioniert heute grundlegend anders. So folgt auch die globalisierte Wirtschaft weiterhin den Gesetzen von Angebot und Nachfrage. Stets aber laufen Ökonomen Gefahr, einseitig den Blick auf eine der beiden Marktseiten zu verengen. »God gave us two eyes«, ermahnte der amerikanische Nobelpreisträger Paul Samuelson gerne seine Kollegen. Gerade wer mehr Beschäftigung schaffen will, muß auch heute die Angebots- *und* die Nachfrageseite im Auge behalten.

In seiner Neujahrsansprache zum Jahreswechsel 1995/96 hat Bundeskanzler Helmut Kohl zum Kampf gegen die Arbeitslosigkeit aufgerufen: »Jeder vernünftige Vorschlag, jede weiterführende Initiative soll geprüft und nicht von vornherein abgelehnt oder gar zerredet werden. Es darf keine Vorbehalte geben!« Dieses Buch enthält einen Vorschlag zum Abbau der Arbeitslosigkeit und nach unserer Überzeugung einen vernünftigen. Wir behaupten, daß eine nachhaltige Beschäftigungsdynamik in Deutschland und Europa auch im Zeitalter der Globalisierung erreichbar ist, wenn der Lohnanstieg unterhalb der Produktivität bleibt und gleichzeitig eine expansive Geldpolitik für mehr Nachfrage sorgt. Ohne Lohnzurückhaltung würde die geldpolitisch induzierte zusätzliche Nachfrage als Inflation verpuffen. Ohne expansive Geldpolitik wäre die Gefahr groß, daß sich als Ergebnis einer Lohnzurückhaltung Ausgabenkürzungen auf allen Ebenen der Wirtschaft kumulativ verstärken. Die wirtschaftliche Entwicklung könnte so in eine Abwärtsspirale einmünden. Die Lösung des Beschäftigungsproblems liegt in einem spannungsfreien Zusammenwirken von Lohn- und Geldpolitik. Notenbank und Gewerkschaften können gemeinsam die Arbeitslosigkeit besiegen. Dann ist ein Beschäftigungswunder möglich.

Dieses Rezept gegen Arbeitslosigkeit ist nicht neu. Schon John Maynard Keynes hat die Bedeutung der Nachfrageseite für Investitionen und Beschäftigung besonders betont. Mehr reale Nachfrage und damit mehr Beschäftigung entsteht nach Keynes immer dann, wenn die Geldmenge steigt, ohne daß die Preise mitziehen, was aber eine entsprechende Lohnzurückhaltung voraussetzt.

Mit dieser Kurzbeschreibung des Königswegs zur Vollbeschäftigung sind wir sozusagen mit der Tür ins Haus gefallen. Wer es liebt, derartig kopfüber ins Problem zu springen, kann das Buch mit der Lektüre des vierten Kapitels beginnen. Dort wird die Lösung am Reißbrett skizziert. Lesern, denen wirtschaftspolitische Fragestellungen weniger vertraut sind, raten wir, nach alter Sitte vorne anzufangen. Die ersten drei Kapitel dienen dazu, die Lösung des Problems vorzubereiten. Dazu wird im ersten Kapitel unser Ziel genauer skizziert. Der Kampf gegen die Arbeitslosigkeit rechtfertigt nicht alle Mittel. Die Beschäftigungspolitik darf deshalb andere Ziele, wie marktwirtschaftliche Freiheiten, soziale Gerechtigkeit, Umweltschutz oder Preisstabilität, nicht aus den Augen verlieren. Das zweite Kapitel zeichnet die Beschäftigungsentwicklung und die kontroversen Debatten um die richtigen beschäftigungspolitischen Konzepte der letzten fünfzig Jahre in ihren Grundzügen nach. Die Entwicklung in Deutschland steht dabei im Vordergrund. Wo erforderlich, werden jedoch die internationalen Bezüge hergestellt. Die vielfältigen Einsichten aus dem Rückblick des zweiten Kapitels werden im dritten Kapitel in eine gewisse systematische Ordnung gebracht. Jedes einzelne Steinchen soll so seinen Platz im gesamten Mosaik finden. Dies geht nicht ganz ohne ökonomische Theorie. Volkswirtschaftlich weniger vorgebildete Leser seien jedoch getröstet: Wer der analytischen Betrachtung wirtschaftlicher Zusammenhänge keine Freude abgewinnen kann, möge getrost das dritte Kapitel oder einzelne Teile davon überspringen. Für das Verständnis der nachfolgenden Ausführungen ist die Lektüre des dritten Kapitels nicht zwingend erforderlich.

Kernstück des Buches ist das vierte Kapitel. Dort wird gezeigt, weshalb Lohn- und Geldpolitik letztlich die einzig wirksamen Instrumente der Beschäftigungspolitik sind. Drei Botschaften werden vermittelt: Erstens wird die Bedeutung der volkswirtschaftlichen Gesamtnachfrage für die Beschäftigung aufgezeigt. Zweitens wird nachgewiesen, daß die Wirtschaftspolitik zusätzliche und dauerhafte Nachfrageimpulse allein im Wege der Geldmengenerhöhung geben kann. Drittens muß die Lohnpolitik dafür sorgen, daß geldpolitisch induzierte zusätzliche Nachfrage nicht in Preissteigerungen verpufft.

Im Anschluß an das vierte Kapitel befassen wir uns mit der Frage, wie die Blaupause in praktische Wirtschaftspolitik umgesetzt werden kann. Für die Koordinierung der Lohn- und Geldpolitik sind entsprechende institutionelle Voraussetzungen – nach Einführung der Europäischen Währungsunion auf europäischer Ebene – zu schaffen. Hierfür werden im fünften Kapitel Vorschläge entwickelt. Im sechsten Kapitel wird gezeigt, wie strukturelle Reformen des Steuer- und Sozialsystems die lohn- und geldpolitisch getragene Beschäftigungspolitik wirkungsvoll flankieren und ihre Akzeptanz verstärken können. Dabei geht es vor allem darum, die Zustimmung der Gewerkschaften für Lohnzurückhaltung zu gewinnen. Die zur Wiedergewinnung der Vollbeschäftigung unverzichtbare Lohnzurückhaltung muß nicht zwangsläufig ein »Working-poor«-Problem aufwerfen, wenn eine intelligente Sozialpolitik gegensteuert. Wie eine derartige Sozialpolitik im Zeitalter der Globalisierung und der internationalen Standortkonkurrenz konzipiert sein müßte, wird im sechsten Kapitel diskutiert. Auch die Frage der Vereinbarkeit von Ökonomie und Ökologie muß in diesem Zusammenhang gestellt werden. Im siebten Kapitel werden die spezifischen Beschäftigungsprobleme der neuen Bundesländer untersucht. Dies führt uns zur Frage der Übertragbarkeit des hier vorgeschlagenen beschäftigungspolitischen Ansatzes auf andere Länder. Sie ist gegeben, wenn eine stabile Ordnung der Sozialen Marktwirtschaft gesichert oder geschaffen werden kann. In diesem Zusammenhang stoßen wir vor zu Fragen, die teilweise jenseits der wirtschaftlichen Ordnung liegen.

An dieser Stelle sei allen gedankt, die an der Erstellung des Buches mitgewirkt haben. Insbesondere danke ich Frau Karin Wolff und Herrn Martin Grub für die graphische Umsetzung der Zeitreihen.

Kapitel 1

Arbeit für alle

Die Botschaft: Vollbeschäftigung ist möglich

Arbeitslosigkeit ist kein unabwendbares Schicksal moderner Industrieländer. Wir können sie überwinden, wenn wir ihre Ursachen erkennen. Der gleiche Weg, der uns in die Arbeitslosigkeit geführt hat, führt uns – in umgekehrter Richtung – auch wieder heraus. Dieses Buch will diesen Weg aufzeigen. Was wir dazu brauchen, ist ein umfassendes Konzept, ein neuer Ansatz, etwas von einem »großen Wurf«. Die grundlegende Botschaft dieses Buches lautet: Alle werden gebraucht, Vollbeschäftigung ist möglich.

Von dieser Verheißung sind wir derzeit weit entfernt: Arbeitslosigkeit ist in Deutschland und in Europa das wirtschafts- und gesellschaftspolitische Problem Nummer eins. Nach der amtlichen Statistik gab es in Deutschland im Jahresdurchschnitt 1997 etwa 4,4 Millionen Arbeitslose. In der Europäischen Union waren es rund 18 Millionen. Die deutsche Arbeitslosenquote, also der Anteil der Arbeitslosen an der Gesamtzahl der Erwerbspersonen, lag bei 11,4 Prozent. Die offizielle Arbeitslosenstatistik weist dabei Personen in Weiterbildungs-, Umschulungs- und Arbeitsbeschaffungsmaßnahmen sowie in Kurzarbeit und Frühverrentung nicht aus; das sind noch einmal etwa eine Million Menschen. Nicht in der Statistik erfaßt werden auch Personen, die sich mangels Aussicht auf Erfolg nicht mehr um einen Arbeitsplatz bemühen – die sogenannte »stille Reserve«. Das Deutsche Institut für Wirtschaftsforschung (DIW) schätzt diese Personengruppe auf 2,5 Millionen Menschen. Auch wenn man den Umstand berücksichtigt, daß nicht alle registrierten Arbeitslosen wirklich bereit sind, eine

Arbeit aufzunehmen, fehlen demnach zur Zeit in Deutschland rund 7 Millionen Arbeitsplätze.

Arbeitslosigkeit im Spiegel der amtlichen Statistik

Die Entwicklung auf dem Arbeitsmarkt wird jeden Monat von der Bundesanstalt für Arbeit in Nürnberg veröffentlicht. Die Eckwerte für 1997 (Jahresdurchschnitte) sahen wie folgt aus:

	Deutschland	Westdeutschland	Ostdeutschland
Arbeitslose (in 1.000)	4.385	3.030	1.355
Arbeitslosenquote (in Prozent)	11,4	9,8	18,1

Detaillierte Angaben zur Struktur der Arbeitslosigkeit, also Angaben über Alter, Geschlecht, Qualifizierung, Nationalität etc. sowie zur Dauer der Arbeitslosigkeit, werden von der Nürnberger Bundesanstalt jedes Jahr im September veröffentlicht. Aus diesen Zahlen läßt sich ersehen, daß die Zahl der Langzeitarbeitslosen sowie die Jugendarbeitslosigkeit steigen. Rund ein Drittel aller Arbeitslosen in ganz Deutschland sind länger als ein Jahr arbeitslos. Die Arbeitslosigkeit bei Jugendlichen unter 25 Jahren liegt etwa auf dem Niveau der durchschnittlichen Arbeitslosenquote. Damit gehört Deutschland im Vergleich der Mitgliedsländer der Europäischen Union noch zu den Ländern mit der niedrigsten Jugendarbeitslosigkeit. Frauen sind etwas häufiger von Arbeitslosigkeit betroffen als Männer. Besonders hart trifft die Arbeitslosigkeit außerdem bestimmte »Problemgruppen«, wie Behinderte, Ungelernte, ältere Erwerbspersonen und Ausländer. Auch wenn es statistisch nicht belegbar ist, haben es Frauen »mit nicht auszuschließendem Kinderwunsch« besonders schwer, einen Arbeitsplatz zu finden. Auch eine gute Ausbildung bietet keinen sicheren Schutz vor Arbeitslosigkeit: Rund die Hälfte aller Arbeitslosen sind qualifizierte Kräfte.

Die anhaltend hohe Arbeitslosigkeit hat Propheten wie den Amerikaner Jeremy Rifkin auf den Plan gerufen, die das bevorstehende »Ende der Arbeit« ankündigen. Die französische Erfolgsautorin Viviane Forrester versteigt sich in ihrem Bestseller »Der Terror der Ökonomie« gar zu der Behauptung, daß »zum erstenmal die Masse der Menschen nicht mehr materiell notwendig ist«. Ihre düstere Prognose lautet: Arbeit habe in der Welt des Multinationalen, des Transnationalen, des absoluten Liberalismus, der Globalisierung, der Deregulierung, des Virtuellen keinen Platz mehr. In Märkten ohne reale Produktion und ohne Firmensitze sei Personal nur noch zur Bedienung von Telefonen und Computern notwendig. Aber auch seriöse Wirtschaftsexperten prognostizieren, daß im 21. Jahrhundert in den Industrieländern nur etwa ein Drittel der heute geleisteten Erwerbsarbeit benötigt wird. Roboter und Maschinen würden die menschliche Arbeit in den Fabriken ebenso wie in den Büros verdrängen. Der Soziologe Ulrich Beck befürchtet, daß eine neue tiefe Kluft zwischen den Arbeitsplatz- und Produktionsmittelbesitzern einerseits und dem wachsenden Heer der »nicht mehr ausgebeuteten« Nicht(erwerbs)arbeitenden entstehen könnte. Fast alle Zukunftsszenarien, so unterschiedlich sie auch sonst ausfallen mögen, gehen davon aus, daß die Erwerbsarbeit unaufhaltsam zurückgeht. Als einziger Ausweg aus der Arbeitslosigkeit wird gemeinhin die radikale Arbeitszeitverkürzung angesehen. Arbeit müsse gerechter verteilt werden, besser sollte man sagen: Die Arbeitslosigkeit soll gerechter verteilt werden.

Das Ende der Erwerbsarbeit ist aber womöglich zu früh eingeläutet worden. Zumindest die illegale Erwerbsarbeit (Schwarzarbeit) nimmt auch in Deutschland zu. Das Institut der deutschen Wirtschaft in Köln schätzt, daß 1997 in der Schattenwirtschaft 550 Milliarden D-Mark erwirtschaftet worden sind. Ihr Anteil am Bruttosozialprodukt beträgt damit etwa 15 Prozent. Die Schattenwirtschaft wächst nach Angaben des Instituts mit einer Rate von acht Prozent jährlich. Steigende Belastungen der Erwerbsarbeit mit Steuern und Sozialabgaben haben die Anreize zur Schwarzarbeit verstärkt. Schwarzarbeit ist aber auch eine Folge von Arbeitslosigkeit und Arbeitszeitverkürzung. Viele, die am regulären Arbeitsmarkt keine Arbeit finden oder unfreiwillig kürzer arbeiten müssen, suchen sich eine Betätigung in der Schattenwirtschaft. So kam es zum Beispiel im Raum Wolfsburg zu einem sprunghaften

Anstieg der Schwarzarbeit, als im VW-Werk die Vier-Tage-Woche eingeführt wurde. Das Wachstum der Schattenwirtschaft zeigt, daß auch in Deutschland allen Anzeichen zufolge die Arbeit nicht ausgeht. Es gelingt jedoch zur Zeit nicht, die Arbeit über den regulären Arbeitsmarkt zu organisieren.

Daß die Abnahme der Erwerbsarbeit kein Naturgesetz ist, zeigt bereits ein Blick auf die Beschäftigungsentwicklung in den Vereinigten Staaten. Dort ist es gelungen, seit 1980 mehr als 27 Millionen neue Arbeitsplätze zu schaffen. Die Arbeitslosenquote lag Ende 1997 bei knapp fünf Prozent und damit nicht höher als vor 25 Jahren, obwohl die Bevölkerung gewachsen ist, die Erwerbsbeteiligung zugenommen hat und die durchschnittliche Arbeitszeit gestiegen ist. Einen beachtlichen Rückgang der Arbeitslosigkeit gab es auch in Neuseeland, Großbritannien, Irland, Dänemark und den Niederlanden. Die Schaffung neuer Arbeitsplätze ist also möglich. Der Anstieg der Arbeitslosigkeit ist offenbar kein unentrinnbares Schicksal moderner Industriestaaten.

Vollbeschäftigung ist möglich, solange die materiellen Bedürfnisse der Menschen nicht gesättigt sind. Nur wenn alle materiellen Wünsche der Menschen befriedigt sind, geht die Arbeit aus. Dann können wir die Arbeitszeit verkürzen, faulenzen oder kulturell schaffen – wie es individuell beliebt. An diese ökonomische Binsenweisheit hat der international renommierte Ökonom des Massachusetts Institute of Technology (MIT), Paul Krugman, so erinnert: »Wenn die Leute Geld haben, geben sie es auch aus.« Dieser Satz ist richtig, solange keine Sättigung der materiellen Bedürfnisse erreicht ist. Sich diese schlichte Alltagserfahrung in Erinnerung zu rufen ist für die Lösung des Beschäftigungsproblems zielführender als alle Diskussionen um das Ende der Arbeit, den beschleunigten strukturellen Wandel oder über die angebliche Entkoppelung von Wachstum und Beschäftigung im Zeitalter der Globalisierung. Zur Mär von der Entkoppelung von Wachstum und Beschäftigung stellt das Ifo-Institut für Wirtschaftsforschung, München, lapidar fest: »Die Analyse (...) erbrachte keine Belege für die immer wieder geäußerten Vermutungen, in der Bundesrepublik habe sich der Zusammenhang zwischen Wachstum und Beschäftigung bzw. Arbeitslosigkeit ›entkoppelt‹, er sei ›unsicherer‹ geworden oder er ›funktioniere‹ nicht mehr. Das Gegenteil ist der Fall: Die Arbeitslosigkeitsschwelle, das heißt die Wachstumsrate, die für einen Rückgang der Arbeitslosigkeit überschritten werden muß, ist gesunken. Sie liegt heute bei 2,3 Prozent.«[1]

Auch Diskussionen über künftige Beschäftigungsfelder helfen uns bei der Schaffung von Arbeitsplätzen nicht weiter. Es mag ja stimmen, daß künftig in stärkerem Maße Dienstleistungen nachgefragt werden, die vor allem von flexiblen kleinen und mittleren Unternehmen angeboten werden. Vielleicht sind Bio- und Gentechnologie, Umwelttechnik, Informations- und Multimedianutzungen sowie die Kranken- und Altenpflege tatsächlich Wachstumsfelder mit Beschäftigungsperspektiven. Auf solche Trends kann man aber in unserer schnellebigen Zeit nicht bauen. Die tatsächliche Entwicklung mag einen ganz anderen Verlauf nehmen. Wir müssen ehrlich sagen, daß wir nicht wissen, in welchen Bereichen künftig neue Arbeitsplätze entstehen werden. Wo neue Arbeitsplätze entstehen, hängt davon ab, wofür die Leute ihr Geld in Zukunft ausgeben werden, was niemand weiß. Wir behaupten mit Paul Krugman nur, *daß* die Leute ihr Geld ausgeben werden, wenn sie es denn haben.

Die Lösung unserer Beschäftigungsprobleme müssen wir auf anderen Wegen suchen. Fangen wir mit der Suche so an: In einem bäuerlichen Familienbetrieb ist es selbstverständlich, daß alle Mitglieder der Familie nach Kräften ihren Beitrag auf den Feldern, in den Ställen und im Haushalt leisten. Unfreiwillige Arbeitslosigkeit ist auf dem Bauernhof ein Fremdwort. Wieviel Einkommen über den Verkauf der landwirtschaftlichen Produkte erzielt wird und am Ende auf die einzelnen Köpfe verteilt werden kann, ist vorab nicht sicher. In einer modernen, marktwirtschaftlich organisierten Volkswirtschaft ist diese natürlich erscheinende Abfolge von Produktion und Verteilung auf den Kopf gestellt. Über entsprechende Verträge wird die Höhe der Entlohnung vorab festgelegt. Ob eine entsprechende Produktion an Gütern und Dienstleistungen geleistet werden kann, entscheidet sich erst anschließend. Festgelegt werden kann deshalb auch nur eine Entlohnung in Geldeinheiten. Der reale Wert des Einkommens kann von den Absichten der Vertragsparteien abweichen. Anders als auf dem Bauernhof ist es in hochkomplexen marktwirtschaftlichen Systemen mit Geld als Tauschmittel wegen der Umkehrung von Produktion und Verteilung nicht mehr selbstverständlich, daß alle verfügbaren Kräfte am Produktionsprozeß beteiligt sind. Dort kann Unterbeschäftigung entstehen, wenn die vorab festgelegten Ansprüche an das Sozialprodukt nicht mit dem erwarteten Verteilungsspielraum übereinstimmen. Schon diese einfache Überlegung deutet darauf hin, daß Unterbeschäftigung niemals eine Frage der absoluten Höhe des Verteilungsspielraums ist. Entscheidend ist vielmehr immer das Verhältnis der Ansprüche zum jeweiligen Verteilungsspielraum. Beschäftigungspolitik ist eine Frage der Abstimmung der Ansprüche an das Sozialprodukt mit den Produktionsmöglichkeiten. Diese Abstimmung muß in einer marktwirtschaftlich organisierten, monetären Wirtschaft – wie hoch oder niedrig ihre absolute Leistungsfähigkeit auch immer sein mag – von der Lohn- und Geldpolitik geleistet werden.

Die Kernthese, für die wir im folgenden den Beweis antreten wollen, lautet, daß Arbeitslosigkeit in erster Linie infolge fehlender Abstimmung zwischen Lohn- und Geldpolitik entstanden ist und deshalb allein über geeignete lohn- und geldpolitische Abstimmung besiegt werden kann, und zwar unabhängig von der Lösung anderer, zum Beispiel struktureller Probleme der Wirtschaft. Gleichzeitig wird gezeigt, wie strukturelle Reformen des Steuer- und Sozialsystems die lohn- und geldpolitisch getragene Beschäftigungspolitik wirkungsvoll flankieren und ihre Akzeptanz verstärken können. Die wesentliche Botschaft des Buches ist: Vollbeschäftigung ist möglich bei Erhalt der Freiheiten der Sozialen Marktwirtschaft, Verbesserung der sozialen Gerechtigkeit, Bewahrung der Umwelt und Sicherung der Preisstabilität.

Unter Erfolgszwang: Arbeitslosigkeit sprengt unsere Gesellschaft

Ökonomen kleiden vieles in Zahlen und Statistiken. Abstrakte Zahlen bergen jedoch die Gefahr, daß wir den Blick für die individuellen Schicksale verlieren, die hinter den Zahlen stehen. Die persönlichen, wirtschaftlichen und gesellschaftlichen Folgen der Arbeitslosigkeit können niemals allein in Zahlen und Statistiken erfaßt werden. Der Europäische Rat hat die Arbeitslosigkeit als »Geißel der Menschheit« bezeichnet. Dieses Bild charakterisiert treffend das schwere Los der

Betroffenen. Allerdings darf es die Arbeitslosigkeit nicht in die Nähe einer Strafe höherer Mächte rücken und so von der Suche nach den sehr weltlichen Ursachen ablenken.

An erster Stelle der rein wirtschaftlichen Folgen steht der Verlust von Einkommen. Der finanzielle Abstieg vollzieht sich vom Erwerbseinkommen über Arbeitslosengeld und Arbeitslosenhilfe bis zur Sozialhilfe. Zu den materiellen Einbußen kommt in vielen Fällen eine Verschlechterung der beruflichen Perspektiven. Wer arbeitslos ist, verliert an beruflicher Qualifikation. Für Arbeitslose ist es besonders schwer, nicht den Anschluß an technische Neuerungen in der Berufswelt zu verlieren und sich »fit« zu halten für eine Rückkehr in die Erwerbstätigkeit. Viele von ihnen scheitern an dieser Aufgabe. Aber auch Arbeitslose, die sich mit viel Engagement weiterqualifizieren oder umschulen lassen, können nicht unbedingt damit rechnen, einen neuen Arbeitsplatz zu finden.

Sind Arbeitslose zu gering oder falsch qualifiziert?

Das Risiko, arbeitslos zu werden, ist nach Schätzungen des Kieler Instituts für Weltwirtschaft für Niedrigqualifizierte etwa doppelt so hoch wie für Hochqualifizierte. Individuell schützt eine gute Ausbildung also bis zu einem gewissen Grad vor Arbeitslosigkeit. Die Hälfte der Arbeitslosen ist aber gut qualifiziert, das heißt, auch für qualifizierte Arbeitskräfte fehlen Arbeitsplätze. Eine bessere Qualifikation gering qualifizierter Arbeitskräfte kann deshalb gesamtwirtschaftlich kaum einen Beitrag zur Senkung der Arbeitslosigkeit leisten. Als mögliche Ursache für Arbeitslosigkeit wird häufig auch angeführt, daß die Qualifikationsprofile der Arbeitslosen nicht zu den angebotenen offenen Stellen passen (sogenannte »Mismatch«-Arbeitslosigkeit oder strukturelle Arbeitslosigkeit). Zum Beispiel sieht das Kieler Institut in dem höheren Arbeitslosigkeitsrisiko von Niedrigqualifizierten ein starkes Indiz dafür, daß die Arbeitslosigkeit in Deutschland zu einem erheblichen Teil als Mismatch-Arbeitslosigkeit anzusehen ist. Als Beleg für Mismatch-Arbeitslosigkeit wird vom Kieler Institut auch der sektorale Strukturwandel angeführt, der zu einer verstärkten Nachfrage nach tertiären Berufen und höheren Qualifikationen und einer entsprechend verringerten Nachfrage nach gering qualifizierten Arbeitskräften geführt hat. Tatsächlich dürfte jedoch lediglich ein sehr geringer Teil der Arbeitslosigkeit in Deutschland auf Mismatch-Arbeitslosigkeit zurückzuführen sein. Dazu genügt schon ein Blick auf die niedrige Zahl der offenen Stellen: Statistisch gesehen steht für jeweils zehn Arbeitslose eine offene Stelle zur Verfügung. Die effizienteste Arbeitsvermittlung, höchste Mobilität und intensive Qualifizierungsanstrengungen der Arbeitslosen nützen gesamtwirtschaftlich betrachtet wenig, wenn insgesamt Arbeitsplätze fehlen.

Oft beginnt mit der Arbeitslosigkeit ein Kreislauf von vergeblicher Suche nach neuer Arbeit, Weiterbildung, Umschulung und wieder vergeblicher Suche nach Arbeit. Die Folgen der Arbeitslosigkeit bleiben gerade bei Langzeitarbeitslosen häufig nicht auf die materielle Sphäre beschränkt. Psychologen und Ärzte, Soziologen und Sozialarbeiter, nicht zuletzt Historiker – jede Profession kann aus ihrer Sicht darüber berichten: Arbeitslosigkeit zehrt am Selbstwertgefühl der Betroffenen und führt in vielen Fällen zu schweren seelischen Konflikten. Viele Arbeitslose führen ihre Arbeitslosigkeit auf ein persönliches Versagen zurück, sie empfinden ihre Arbeitslosigkeit als persönliche Schande. Menschen in ihrem Umfeld bestätigen sie mitunter in dieser Auffassung. Dann steigt die Gefahr, daß Arbeitslose Kontakte meiden und sich aus der Öffentlichkeit zurückziehen. Sie fühlen sich ausgegrenzt oder werden ausgegrenzt. Viele resignieren oder werden unfähig, Arbeit zu suchen. Die Hoffnung auf eine neue Anstellung schwindet, die Gleichgültigkeit wächst. Manche suchen ihre Flucht in Alkohol und Drogen. Am Ende stehen vielleicht Vereinsamung, Verwahrlosung, Obdachlosigkeit oder auch Kriminalität. »Wenn die Menschen nicht aufbauen können, müssen sie zerstören« (Simone de Beauvoir).

Die mit der Arbeitslosigkeit verbundenen Belastungen sind individueller Natur, die Bewältigung der Probleme kann aber nicht von den Arbeitslosen selbst geleistet werden – schon gar nicht, wenn sie dabei auf sich allein gestellt bleiben. Ein wichtiger erster Schritt zur Lösung der mit der Arbeitslosigkeit verbundenen Probleme ist die Einsicht, daß Arbeitslosigkeit in der Regel nicht auf individuellem Versagen beruht, sondern ein gesamtwirtschaftliches und ein gesellschaftspolitisches Problem ist. Nur auf gesamtwirtschaftlicher Ebene kann es auch gelöst werden.

Gesamtwirtschaftlich gesehen bedeutet Arbeitslosigkeit zunächst einen unwiederbringlichen Ressourcenverlust. In der Zeit, in der Menschen unfreiwillig arbeitslos sind, wirken sie nicht an der Wertschöpfung von materiellen Gütern und Dienstleistungen mit. Diese Zeit läßt sich nicht wieder aufholen. Nicht zuletzt wegen der Arbeitslosigkeit sind beispielsweise die sozialen Sicherungssysteme in Deutschland vom finanziellen Kollaps bedroht. Hohe Arbeitslosigkeit birgt aber auch die Gefahr, daß die Wirtschaftspolitik Zuflucht zu Maßnahmen sucht, die den Wettbewerb untergraben. Nehmen wir als Beispiel die Subventionierung von Großunternehmen zur Rettung von bedrohten Arbeitsplätzen. Dadurch kann in einer akuten Krise Schlimmeres verhindert werden; dennoch ist die Freude über einen Erhalt von Arbeitsplätzen auf diesem Wege nicht ungetrübt. Großbetriebe, in denen Aktionen der Belegschaft eine öffentliche Wirkung erzielen können, sind in einer viel besseren Position als die vielen kleinen und mittleren Unternehmen, die im Zweifel leise sterben. Kleine und mittlere Betriebe, die am Markt bestehen könnten, werden als Folge von Subventionen an Großunternehmen unter Umständen vom Markt verdrängt. Auch die Rufe nach protektionistischer Abwehr unerwünschter Konkurrenz aus dem Ausland werden bei Arbeitslosigkeit meist lauter.

Die Arbeitslosigkeit ist aber vor allem deshalb das gesellschaftspolitische Problem Nummer eins, weil sie langfristig den Zusammenhalt unserer Gesellschaft bedroht. Wir können die gesellschaftlichen Langzeitwirkungen der Arbeitslosigkeit nicht prognostizieren. Vermutlich sind sie jedoch schlimmer als die rein ökonomischen Auswirkungen der Arbeitslosigkeit. Arbeitslosigkeit kann das familiäre Zusammenleben und das Klima an den Schulen und Betrieben belasten. Langanhaltende Arbeitslosigkeit produziert »Drop-outs«, das heißt Personen, die sich selbst nicht mehr als zur Gesellschaft zugehörig ansehen. Es kann der Punkt kommen, wo der soziale Friede ernsthaft bedroht ist.

Die Geschichte lehrt, daß soziale Mißstände den sozialen Frieden oft erst nach sehr langer Zeit gefährden. Der Historiker Egon Friedell hat das bereits vor siebzig Jahren auf sehr poetische Weise ausgedrückt:

»Das Volk (...) besitzt sehr viel Empfindung für Unrecht. (...) Im Volk verbreitet sich also allemal vor einer Revolution eine Art Gedankenfranse von einer großen Ungerechtigkeit. (...) Diese Welle kann jahre-, ja jahrhundertelang unterirdisch bleiben, aber kein Politiker soll darum glauben, sie werde nicht eines Tages dennoch an die Oberfläche brechen! (...) Nichts geht verloren in unserem sittlichen Kosmos, und kleine fast unsichtbare Unrechtmäßigkeiten summieren sich gleich den mikroskopischen Kieselschalen zu ungeheuren Riffen und Bergen, die das Antlitz der Erde verändern. (...) Und so kann man denn sehr wohl sagen: Eine jede Revolution hat ihre Geburtsstunde in dem Augenblick, wo irgendein öffentliches Unrecht in irgendeiner menschlichen Seele sich in Erkenntnis verwandelt. (...) Erst in dem Augenblick, wo die Menschen einsehen werden, daß das beste Geschäft, das sie auf Erden machen können, die Achtung vor den Interessen aller anderen Menschen ist: auf allen Lebensgebieten, öffentlichen wie privaten, geistigen wie praktischen, erst dann wird so etwas wie eine stabile Gesellschaftsform möglich sein.« [2]

Der Ökonom Walter Eucken formulierte es 1952 in seinen »Grundsätzen der Wirtschaftspolitik« prosaischer, aber nicht weniger düster: »Keine Wirtschaftspolitik ist in irgendeinem Staate auf die Dauer haltbar, die nicht längerdauernde Arbeitslosigkeit verhindert. (...) Regierungen und sogar Staatsformen, unter denen Massenarbeitslosigkeit entsteht und andauert, haben keinen Bestand.«[3] Die beiden großen christlichen Kirchen warnten 1997 in ihrem gemeinsamen Wort zur wirtschaftlichen und sozialen Lage in Deutschland, daß die langanhaltende Massenarbeitslosigkeit und die mit ihr verbundenen Probleme des Sozialstaates den solidarischen Zusammenhalt bedrohen und den sozialen Frieden gefährden. Selbst wenn diese Sicht zu pessimistisch sein sollte, Gründe zur Bekämpfung der Arbeitslosigkeit bleiben genug.

Das Ziel:
Vollbeschäftigung ohne schädliche Nebenwirkungen

Als wäre das Problem der Arbeitslosigkeit nicht schon groß und kompliziert genug, dürfen bei der zu entwickelnden Lösung andere elementare gesellschaftliche Ziele keineswegs außen vor bleiben, sondern müssen – wie beispielsweise der Umweltschutz – in die Überlegungen einbezogen werden. Gerade im Interesse der Erhaltung unserer natürlichen Lebensgrundlagen müssen wir die Arbeitslosigkeit überwinden, denn eine hohe Arbeitslosigkeit ist eine ernste Gefahr für die Umwelt. Solange hohe Arbeitslosigkeit herrscht, werden die ökologischen Ziele auf dem Altar der Beschäftigungspolitik geopfert werden. Ständig stoßen Umweltpolitiker mit ihren Vorschlägen zum Erhalt der natürlichen Lebensgrundlagen auf Widerstände, die aus der Angst vor dem Verlust von Arbeitsplätzen geboren und gespeist werden. So versuchen wir, Arbeitsplätze auf Kosten der Umwelt zu erhalten. Wir tauschen »jobs for nature«. Dabei ist absehbar, daß die Umweltzerstörung negativ auch auf das wirtschaftliche System zurückwirken wird. Am Ende verlieren wir womöglich beides: eine gute Umweltqualität und Arbeitsplätze. Der Rückschlag der Umwelt auf die Entwicklung der Wirtschaft ergibt sich dabei nicht allein aus der drohenden Erschöpfung der Rohstoffe und der Verschmutzung von Boden, Wasser und Luft. Viel früher wird unter Umständen der Punkt erreicht werden, wo das Ziel der Steigerung des materiellen Wohlstandes durch Umweltzerstörung gesellschaftlich diskreditiert wird. Wirtschaftliches Wachstum wird als Ziel von der Gesellschaft nicht mehr akzeptiert werden, wenn Wachstum die natürlichen Lebensgrundlagen gefährdet.

Nicht zuletzt wegen der Umweltgefahren dürfen wir der grundsätzlichen Frage nach der moralischen Rechtfertigung von Wachstum nicht ausweichen. Sowenig wirtschaftliches Wachstum ein Selbstzweck sein kann, sowenig darf das Streben nach Wohlstand und materieller Sicherheit pauschal diskreditiert werden. Ein Festhalten daran bedeutet nicht zugleich, der Maßlosigkeit das Wort zu reden. Angesichts der wachsenden Zahl von Armen in unserer Gesellschaft und der Armut in den Ländern der Dritten Welt kann das Ziel der Verbesserung der Lebensumstände moralisch kaum zurückgewiesen werden. Selbst in Industrieländern sind wir von der Sättigung der materiellen Bedürfnisse noch weit entfernt. Den Menschen in den Ländern der Dritten Welt ist schon gar nicht zu vermitteln, daß steigende Einkommen wegen der damit verbundenen Gefahren für die Umwelt kein erstrebenswertes Ziel seien. Wir müssen also Wege finden, wie weiteres wirtschaftliches Wachstum umweltverträglich gestaltet werden kann. Konzepte dazu wollen wir später diskutieren.

Kennzeichen des Ideals der »offenen Gesellschaft« im Sinne Poppers ist, daß das Streben nach Glück individuell ganz unterschiedlich ausgefüllt werden kann. Die offene Gesellschaft bietet – solange vitale Interessen Dritter nicht verletzt werden – Platz sowohl für ein Streben nach materiellem Wohlstand als auch für ein Streben nach asketischen Idealen. Seine Einstellung zu materiellen Dingen muß jeder Mensch für sich selbst finden. Alle großen Lehrer der Menschheit haben die Menschen ermahnt, daß das Streben nach materiellen Dingen zumindest nicht alleiniger Lebensinhalt sein darf. Der Mensch dürfe nicht zum Gefangenen der Dinge werden. Wer kein Gefangener der Dinge ist, wird den Luxus ebenso ablehnen wie die Armut. Erich Fromm verweist darauf, daß psychologisch gesehen die asketische Ablehnung von Besitz den Menschen vielleicht nicht weniger an die materiellen Dinge kettet als die Habgier, nur eben auf eine negative Weise. Das »Reich der Freiheit« beginnt jenseits der Fixierung auf materielle Dinge. Es ist aber wohl so, wie Karl Marx es formuliert hat, daß das wahre Reich der Freiheit nur auf dem Reich der Notwendigkeit als einer Basis aufblühen kann. Die Überwindung von Armut und materieller Not ist deshalb eine Aufgabe der offenen Gesellschaft, die moralisch nicht nur gerechtfertigt, sondern sogar geboten ist.

Es geht im folgenden also darum, Strategien zur Bekämpfung der Arbeitslosigkeit zu suchen, bei der andere legitime individuelle und gesellschaftliche Ziele nicht auf der Strecke bleiben. Das Streben nach Konsum und Wohlstand, soziale Gerechtigkeit und der pflegliche Umgang mit unserer Umwelt sind solche Ziele. Auch die Erhaltung der Preisstabilität erachten wir für ein wichtiges gesamtwirtschaftliches Ziel, das dabei nicht geopfert werden darf. Gesucht wird also ein Rezept, das die Arbeitslosigkeit erfolgreich bekämpft, ohne schädliche Nebenwirkungen auszulösen. Schließlich soll die angebotene Lösung nicht nur am Reißbrett überzeugen, sondern muß zur praktischen Umsetzung auch mehrheitsfähig sein.

Die Option: Soziale Marktwirtschaft oder Neoliberalismus

In diesen Tagen, in denen viel über alte und neue Wirtschaftsrezepte, über Globalisierung und Neoliberalismus gesprochen wird, setzt unser Vorschlag bei eben jenem Konzept der Sozialen Marktwirtschaft an, das das Wirtschaftsgeschehen in Westdeutschland seit fünfzig Jahren prägt und das nach dem Untergang der DDR auch in Ostdeutschland eingeführt worden ist. Auch wenn sich die Hoffnungen auf ein zweites Wirtschaftswunder, auf rasch »blühende Landschaften« in Ostdeutschland bisher noch nicht wie erwünscht erfüllt haben: Der großen Mehrheit in Deutschland in Ost und West geht es wirtschaftlich gut. Auch im Osten ist der materielle Wohlstand nach dem Fall der Mauer erheblich gestiegen. Das Leitbild der Sozialen Marktwirtschaft entwickelte Ludwig Erhard, beraten von seinem Staatssekretär Alfred Müller-Armack. Soziale Marktwirtschaft verband den wirtschaftlichen Erfolg mit sozialem Ausgleich. Erhard brachte dies auf die Kurzformel »Wohlstand für alle« – so der Titel des Buches, in dem er sein wirtschaftliches Konzept 1957 der breiten Öffentlichkeit erläuterte.

Die Soziale Marktwirtschaft ist die Ordnungsform, die auf wirtschaftlichem Gebiet die Voraussetzungen für eine offene Gesellschaft sichert. Soziale Marktwirtschaft und die offene Gesellschaft sind nicht gleichzusetzen mit Laissez-faire-Kapitalismus und Neoliberalismus. Walter Eucken, Franz Böhm, Alfred Müller-Armack und andere Vertreter der deutschen ordoliberalen Schule sahen den Staat gleichermaßen in einer starken und einer schwachen Rolle. Der Staat soll im Interesse individueller Freiheitsrechte nicht selbst wirtschaftlich tätig werden und nicht einzelwirtschaftlich intervenieren. Er soll sich den unterschiedlichen Wertvorstellungen, Interessen und Zielen der Konsumenten und Produzenten gegenüber offen verhalten. Eines starken Staates bedarf es dagegen, um einen marktwirtschaftlichen Ordnungsrahmen zu schaffen und zu erhalten und um den potentiell immer bedrohten Wettbewerb zu sichern. Aufgabe des Staates ist es, einen konsistenten und stabilen Rechtsrahmen zu schaffen, der das Verhalten der Menschen gewissen Regeln unterwirft. Diese Regeln sollen die individuelle Freiheit dort begrenzen, wo Interessen Dritter verletzt werden. Sie sind damit letztlich zur Wahrung der individuellen Freiheit erforderlich. Sie sollen verhindern, daß die Freiheitsrechte neue Unfreiheit erzeugen. Eines starken Staates bedarf es auch zur Bereitstellung einer funktionsfähigen Infrastruktur sowie anderer öffentlicher Güter. So sahen es die Vertreter des Ordoliberalismus, die geistigen Wegbereiter der Sozialen Marktwirtschaft in Deutschland.

Aber der Entwurf der Sozialen Marktwirtschaft, in dessen Mitte der Wettbewerb steht, ist im Zuge der Globalisierung der Wirtschaft selbst in einen rauhen Wettbewerb geraten: in den globalen Wettbewerb der Systeme. Der Begriff der Globalisierung der Wirtschaft drückt aus, daß die grenzüberschreitenden Bewegungen von Gütern und Dienstleistungen, Finanz- und Realkapital, von Information und technischem Know-how, aber auch von Ideen und Ideologien zunehmen. Regelrechte Quantensprünge gab es im Bereich des Kapitalverkehrs und des Austausches von Informationen. Der gestiegene Austausch von Finanz- und Realkapital ist eine Folge der Liberalisierung des Kapitalverkehrs und der Freigabe der Wechselkurse nach dem Zusammenbruch der internationalen Währungsordnung von Bretton Woods Anfang der siebziger Jahre. Die neue Qualität des Informations- und Technologieaustausches ist durch die technische Revolution auf diesem Sektor ausgelöst worden. Die gestiegene Mobilität von Kapital und Technologien hat den Wettbewerb nationaler Volkswirtschaften um internationales Investitionskapital verschärft. Wirtschaftsstandorte konkurrieren darum, Kapital und damit Arbeitsplätze anzuziehen. Nationale Regelungen zur Gestaltung der Rahmenbedingungen müssen sich diesem Wettbewerb stellen. Der Wettbewerb der nationalen Regulierungssysteme ist die vielleicht einschneidendste Konsequenz der Globalisierung.

Institutionen und Systeme, die sich jahrzehntelang gut bewährt haben, werden im Zuge der Globalisierung unter Umständen zu einem gravierenden Problem für die Wettbewerbsfähigkeit des Wirtschaftsstandortes. So werden beispielsweise das Steuersystem, die Systeme der sozialen Sicherung oder die Regeln des Arbeitsmarktes zunehmend in Frage gestellt. Kann sich im Wettbewerb der Standorte nur das Land behaupten, das ständig Steuern senkt, den Sozialabbau forciert, Arbeitnehmerrechte beschneidet und die Wirtschaft vor »überzogenen« Umweltauflagen schützt – oder gibt es eine Auffanglinie für diese Art von Wettbewerb?

Ruinöse Anpassungszwänge könnten vermieden werden, indem ein entsprechendes internationales Recht gesetzt wird. Ansätze hierzu gibt es auf wirtschaftspolitischem Gebiet zum Beispiel mit der Welthandelsorganisation (WTO), dem Internationalen Währungsfonds (IMF), der Internationalen Arbeitsorganisation (ILO) sowie der Organisation für wirtschaftliche Zusammenarbeit und Entwicklung (OECD). So wünschenswert auf vielen Gebieten ein einheitliches internationales Recht wäre, es ist ein mühsames und schwieriges Unterfangen. Vordringliche Bereiche für internationale Regeln sind der Welthandel, die Währungsordnung, der Wettbewerb (einschließlich der Beihilfekontrolle) und der Umweltschutz. In anderen Bereichen, wie zum Beispiel in der Frage der Arbeitnehmerrechte, der Sozialpolitik und der Steuerpolitik besteht generell kein Harmonisierungsbedarf. So liegt es zum Beispiel sowohl im Interesse der Industrieländer als auch der Entwicklungsländer, daß reiche Länder die Möglichkeit haben, ein höheres Niveau der sozialen Sicherung und der Besteuerung festzulegen als ärmere Länder. Im Steuerbereich wäre es wünschenswert, im Wege internationaler Vereinbarungen Steueroasen zu beseitigen.

Möglichkeiten und Chancen der internationalen Abstimmung müssen realistisch gesehen werden. So dürfte es nahezu unmöglich sein, die Bahamas oder andere Steueroasen davon zu überzeugen, daß sie im Interesse der anderen Länder Steuerschlupflöcher schließen sollen. Auch im Umweltbereich dürfte bei realistischer Betrachtung in absehbarer Zeit kaum ein wirksames und ausreichendes internationales Recht geschaffen werden. Insgesamt ist es eine Illusion zu glauben, die Antwort auf die Globalisierung der Wirtschaft könne die Globalisierung des Sozialstaates sein. Wir können zumindest in überschaubarer Zukunft nicht allein auf internationale Abstimmung und supranationales Recht setzen. Es führt kein Weg daran vorbei, die nationalen Rahmenregelungen so umzugestalten, daß sie auch ohne internationale Konzertierung im Standortwettbewerb bestehen können. Der internationale Wettbewerb erlegt uns Anpassungszwänge auf, denen wir uns stellen müssen, wenn wir nicht hoffnungslos zurückfallen wollen. In dieser Situation ist es wichtig, klar zu erkennen, welche nationalen Wahlmöglichkeiten oder Optionen bestehen. In den nachfolgenden Kapiteln werden wir zeigen, daß es möglich ist, im internationalen Standortwettbewerb zu bestehen, ohne die nationale Steuerkraft auszuhöhlen, ohne Sozialleistungen abzubauen und Arbeitnehmerrechte zu beschneiden und ohne hemmungslose Umweltzerstörung zu akzeptieren.

Die Gegenposition dazu – für die sich die Bezeichnung »Neoliberalismus« eingebürgert hat – negiert diese Optionen. Die neoliberale Schule wurde begründet von dem Österreicher Friedrich August von Hayek; bekannte Vertreter sind Milton Friedman und Robert E. Lucas. Alle drei haben an der Universität von Chicago gelehrt. Deshalb wird der Neoliberalismus manchmal auch als »Chicago-Schule« bezeichnet. Nach dem Zusammenbruch des Ostblocks hat der Neoliberalismus stark an Einfluß gewonnen. So schrieb die Washington Post 1991 leicht ironisch: »Der Kalte Krieg ist zu Ende, die Universität Chicago hat ihn gewonnen.« Der Neoliberalismus leitet aus der Tatsache der Globalisierung ganz bestimmte, angeblich unvermeidliche Anpassungszwänge ab.

Der Begriff des Neoliberalismus ist, wie jeder andere Sammelbegriff für eine geistige Grundhaltung oder Ideologie, nicht unproblematisch. Zum einen, weil die Vertreter der deutschen ordoliberalen Schule früher ebenfalls als Neoliberale bezeichnet worden sind. Dies hat schon zu erheblichen Mißverständnissen geführt. Zum anderen verbergen sich hinter neoliberalen Positionen oft sehr unterschiedliche Motive. Man könnte zwischen »überzeugten Neoliberalen« und »Neoliberalen wider Willen« unterscheiden. Überzeugte Neoliberale versprechen sich vom schrankenlosen freien Wettbewerb ein Maximum an wirtschaftlichem Wachstum und Fortschritt der Menschheit. Sie sehen den Neoliberalismus als Notwendigkeit der Geschichte an. So verstanden ähnelt der Neoliberalismus seinem Erzfeind, dem Marxismus. Ulrich Beck hat aus diesem Grund den Neoliberalismus als »Wiedergeburt des Marxismus als Management-Ideologie« bezeichnet. Neoliberale wider Willen erkennen die Notwendigkeit staatlicher Sozialpolitik zum Schutz der Schwachen dagegen grundsätzlich an. Sie tragen aber mangels gangbarer Alternativen – mehr oder weniger widerwillig – Einschnitte ins soziale Netz mit, wenn dies zum Erhalt der Leistungsfähigkeit der Wirtschaft und zur Sicherung von Arbeitsplätzen geboten scheint. Die große Mehrheit der Vertreter neoliberaler Positionen dürfte so denken. Es ist aber müßig, über Motive von Personen zu spekulieren, die einer neoliberalen Haltung zuneigen. Ebenso müßig ist es, bestimmte Personen als »neoliberal« einzustufen. Wir verstehen in unserem Zusammenhang den Begriff des Neoliberalismus vor allem als eine geistige Grundhaltung, in der soziale Ziele den vermeintlichen Erfordernissen der Wirtschaft untergeordnet werden.

Neoliberalismus und Ordoliberalismus im Vergleich

Die Wesensmerkmale des Neoliberalismus lassen sich am besten verdeutlichen, wenn wir sie mit den Positionen des Ordoliberalismus vergleichen. Ordoliberalismus und Neoliberalismus unterscheiden sich in drei wesentlichen Punkten:

- Der Ordoliberalismus bildet die geistige Grundlage der Sozialen Marktwirtschaft. Der Neoliberalismus tritt für eine Marktwirtschaft ohne einschränkende Adjektive wie »sozial« oder »ökologisch« ein. Friedrich August von Hayek ging sogar so weit zu behaupten, daß der Begriff der Marktwirtschaft durch die Beifügung des Adjektives »sozial« seine Substanz verliere. Die Sozialpflichtigkeit des Eigentums und eine Einkommensumverteilung zwischen Leistungsstarken und Bedürftigen tritt in den Hintergrund.
- Der Neoliberalismus verwirft die staatliche Aufgabe der Gestaltung der Rahmenbedingungen und vernachlässigt staatliche Infrastrukturaufgaben. Der Rückzug des Staates aus der Wirtschaft wird auf die ordnungssetzende Funktion ausgedehnt. Praktisch jede staatliche Einmischung in wirtschaftliche Angelegenheiten wird abgelehnt. Marktwirtschaft wird als spontane Ordnung begriffen, die mit einem Minimum an rechtlichen Regeln auskommt. Wettbewerbsregeln sind überflüssig, weil etwaige Monopole und Kartelle irgendwann von selbst zerbrechen. Soziale Regeln, Arbeitnehmerrechte und Umweltvorschriften legen der privaten Aktivität unnötige Fesseln an. Sie seien letztlich auch unsozial, weil sie Arbeitsplätze und wirtschaftliches Wachstum kosten. Das Regelwerk kann und soll nach neoliberaler Überzeugung weitgehend von der Wirtschaft selbst entwickelt werden. Andernfalls werde es im Zuge der Globalisierung unter dem Druck des internationalen Wettbewerbs der Systeme von den Marktkräften hinweggespült. Der Staat zieht sich dort zurück, wo der Ordoliberalismus einen starken Staat anmahnt.

- Ideal des Ordoliberalismus ist die offene Gesellschaft, in der unterschiedliche individuelle Wertvorstellungen zur möglichst freien Entfaltung kommen sollen. Der Staat selbst soll auf die individuellen Wertvorstellungen keinen Einfluß nehmen. Der Neoliberalismus ist dagegen bestrebt, die individuellen Wertvorstellungen auf wirtschaftlichen Erfolg hin zu lenken. Die Menschen sollen sich an den Erfordernissen der Wirtschaft orientieren und ihr Handeln ggf. diesen Erfordernissen anpassen. Ulrich Beck spricht im Zusammenhang mit dem Neoliberalismus von dem »Glaubenssatz«, daß alle und alles – Politik, Familie, Kultur – dem Primat des Ökonomischen zu unterwerfen sind.

Neoliberales Gedankengut hat in den Gesellschaften der Industrieländer in den letzten 20 Jahren unbestreitbar an Boden gewonnen. »Thatcherismus« und »Reaganomics« waren zumindest teilweise vom Neoliberalismus inspiriert und durchdrungen. In Deutschland tat sich der Neoliberalismus lange Zeit vergleichsweise schwer, obwohl er auch hier inzwischen an Bedeutung gewinnt. Neoliberalismus profitiert dabei von hoher Arbeitslosigkeit und der Angst der Menschen, in der Konkurrenz zu unterliegen. Die Angst vor einem Verlust des Arbeitsplatzes sowie die Einsicht in die Gefährdung des heimischen Wirtschaftsstandortes im Zeitalter der Globalisierung verschafft ihm eine wachsende Anhängerschar. Die Globalisierung der Wirtschaft ist eine Tatsache, die nicht zu leugnen ist – ebensowenig wie jene des Wettbewerbs der Systeme als Folge der Globalisierung. Dies zwingt uns in der Tat, die sozialen Sicherungssysteme, den Arbeitsmarkt oder Regulierungen aller Art auf Zukunftstauglichkeit zu überprüfen. Unsere Skepsis beginnt dort, wo aus der Globalisierung vorschnell bestimmte unvermeidliche Anpassungszwänge abgeleitet werden. Wir wollen prüfen, welche Anpassungen wirklich unvermeidlich notwendig sind und wo es Optionen gibt, zwischen denen in einer offenen Gesellschaft gewählt werden kann. Damit sollen zugleich praktikable und überzeugende politische Alternativen zum Neoliberalismus entwikkelt werden.

Die Zukunft der Sozialen Marktwirtschaft hängt nicht zuletzt davon ab, daß die Arbeitslosigkeit ohne Rückgriff auf die Rezepte des Neoliberalismus besiegt werden kann. Auf die Suche nach dieser Lösung wollen wir uns begeben. Der Kampf gegen die Arbeitslosigkeit rechtfertigt nicht alle Mittel. Es könnte sein, daß der Preis, der für Vollbeschäftigung bezahlt werden muß, zu hoch wird. Lösungen, bei denen die individuellen Grund- und Freiheitsrechte oder die Demokratie auf der Strecke bleiben, scheiden für uns ebenso aus wie Lösungen auf Kosten der sozialen Gerechtigkeit, der Umwelt oder der Preisstabilität. Das mag manchem zu anspruchsvoll erscheinen. Wenn die Arbeitslosigkeit die Fundamente unserer Gesellschaft aushöhlt, könnte man geneigt sein, bei anderen Zielen Abstriche hinzunehmen. Wir werden sehen, daß es dieser Abstriche nicht bedarf. Vollbeschäftigung ist möglich – auch unter den genannten Voraussetzungen. Sie ist sogar relativ schnell, das heißt in drei bis fünf Jahren erreichbar. Es besteht deshalb kein Anlaß, einen Zuwachs an Arbeitsplätzen mit Einbußen an sozialer Gerechtigkeit oder beim Umweltschutz zu erkaufen. Es besteht auch keine Notwendigkeit, auf defensive Lösungen wie verordnete Arbeitszeitverkürzung, Teilzeitarbeit, Job-sharing oder Überstundenabbau auszuweichen.

Kapitel 2

Aus der Geschichte lernen: Rückblick auf fünfzig Jahre bundesdeutsche Wirtschaftspolitik

In der Wirtschaftspolitik gibt es keinen Laborversuch

An der Wende zum dritten Jahrtausend ist der Blick nach vorne gerichtet. Im Zentrum der wirtschaftspolitischen Diskussionen stehen Strategien zur Bekämpfung der Arbeitslosigkeit vor dem Hintergrund der Globalisierung der Wirtschaft und die Sorgen um die Nachhaltigkeit der wirtschaftlichen Entwicklung unter Umweltaspekten. Chancen und Risiken kommender Herausforderungen werden abgewogen und teilweise sehr kontrovers diskutiert. Warum springen wir nicht mitten hinein in diese aktuellen Diskussionen, sondern wenden den Blick zunächst zurück und das gleich bis in die Nachkriegszeit?

Wer über Rezepte der Zukunft diskutieren will, sollte wenigstens eine annähernd zutreffende Vorstellung über die zurückliegende Entwicklung haben, denn gerade für die Wirtschaftspolitik gilt: Wer nicht aus der Geschichte lernt, ist dazu verurteilt, die Fehler der Vergangenheit stets aufs neue zu wiederholen. Anders als der Naturwissenschaftler kann der Wirtschaftspolitiker nicht auf Experimente im Labor zurückgreifen. Er kann keine Pretests durchführen wie ein Marketingexperte. Er kann sich nicht wie der Meinungsforscher auf eine repräsentative Stichprobe beschränken. Für den Wirtschaftspolitiker ist der Testfall immer zugleich der Ernstfall. »Testgruppe« ist immer die ganze Gesellschaft.

Der Blick sollte dabei nicht nur auf die jüngste Vergangenheit gerichtet werden. Wirtschaftliche Problemlagen und wirtschaftspolitische Antworten auf Probleme ändern sich normalerweise nicht über Nacht. Wirtschaftspolitische Konzepte und Maßnahmen benötigen Zeit, um zu wirken und auf ihren Erfolg hin beurteilt werden zu können. Das gilt vor allem dann, wenn Politikmuster radikal verändert wurden, um Fehler des alten Regimes zu vermeiden und neue Ideen zur Geltung zu bringen. So gesehen sind fünfzig Jahre eher kurz. Es gibt also keinen Grund, für unsere Fragen und Antworten auch nur ein Jahr davon zu verschenken.

Beginnen wir unseren Rückblick mit dem Anschaulichen – einem Bild zur Entwicklung der Beschäftigung und der Arbeitslosigkeit in den letzten fünfzig Jahren. Dabei beschränken wir uns bis 1990 auf Westdeutschland. Die Zahl der Arbeitslosen ergibt sich statistisch gesehen aus der Differenz zwischen denen, die erwerbstätig sein wollen (Erwerbspersonen) und denen, die erwerbstätig sind (Erwerbstätige

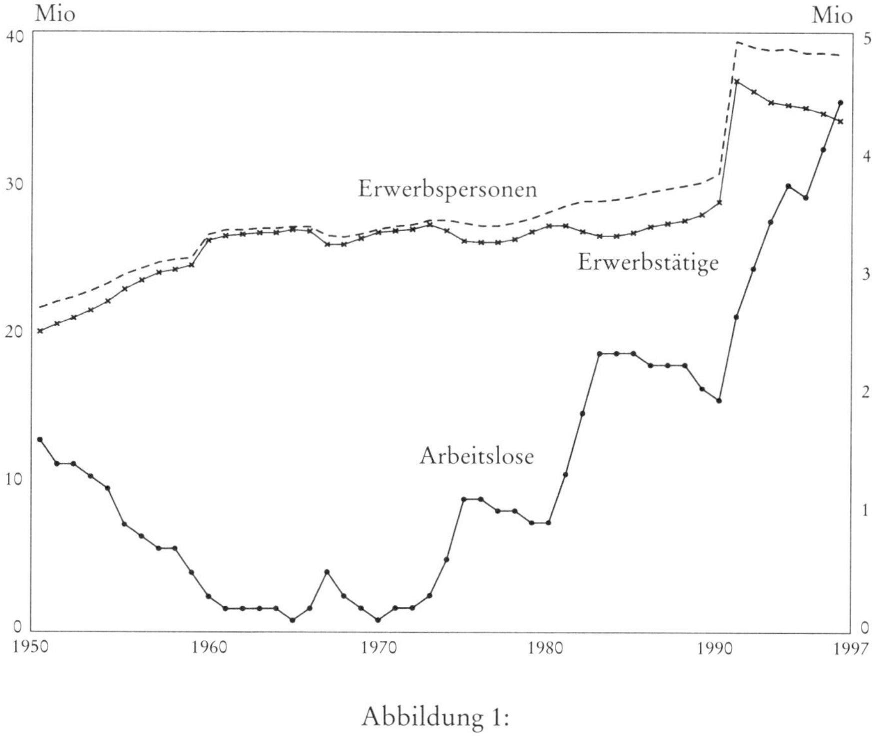

Abbildung 1:
Entwicklung der Beschäftigung (linke Skala)
und der Arbeitslosigkeit (rechte Skala), Deutschland, 1950 bis 1997
(ab 1991 einschließlich neue Länder)

Quelle: Statistisches Bundesamt

oder Beschäftigte). Auffällig ist, daß in den fünfziger Jahren die Arbeitslosigkeit zehn Jahre lang ununterbrochen abgenommen hat. Anschließend gibt es über fünfzehn Jahre – abgesehen von dem kurzen Intermezzo 1967 – praktisch keine Arbeitslosigkeit. Von 1974 bis heute kam es dann zu drei schubartigen Anstiegen der Arbeitslosigkeit. Mit jedem Schub wurde ein höherer Sockel an Arbeitslosigkeit erreicht. Abbildung 1 zeigt das Profil der Arbeitslosigkeit in den letzten fünfzig Jahren.

Der Verlauf der Beschäftigung ist nun nicht etwa exakt das Spiegelbild des Verlaufes der Arbeitslosigkeit, da sich auch die Zahl der Erwerbspersonen ändern kann, sei es aus demographischen Gründen oder weil zum Beispiel die Beteiligung der Frauen an der Erwerbsarbeit zunimmt. Wenn die Zahl der Erwerbspersonen zunimmt, kann die Arbeitslosigkeit auch bei einem Beschäftigungswachstum weiter steigen. Die sprunghaften Anstiege der Arbeitslosigkeit in den Jahren 1967, 1974/75, 1981 bis 1983 und ab 1991 finden gleichwohl ihre Entsprechung in abrupten Rückgängen der Beschäftigung.

Auf der Suche nach Wegen zur Vollbeschäftigung sollten wir mindestens zwei markante Aussagen der Abbildung im Auge behalten. Erstens: Es hat eine lange Phase der Vollbeschäftigung gegeben. Über mehr als ein Jahrzehnt, vom Anfang der sechziger Jahre bis fast zur Mitte der siebziger Jahre, konnten alle, die Arbeit suchten, auch Arbeit finden. Auch später gab es längere Perioden – wie in den Jahren 1976 bis 1980 oder 1984 bis 1990 –, in denen die Beschäftigung deutlich ausgeweitet werden konnte. Zweitens: Arbeitslosigkeit war niemals eine »schleichende Krankheit«. Der Anstieg der Arbeitslosigkeit erfolgte in den zurückliegenden fünfzig Jahren in keinem Fall stetig und unaufhaltsam. Er vollzog sich regelmäßig sprunghaft, ja meistens schockartig, in relativ kurzen Zeiträumen. Charakteristisch für die Entwicklung von Arbeitslosigkeit und Beschäftigung ist seit Mitte der sechziger Jahre ein sägeblattartig gezackter Verlauf. »Natura non facit salta« – die Natur macht keine Sprünge. Dieses Naturgesetz scheint auf den Arbeitsmarkt nicht zuzutreffen.

Wie hat nun die Wirtschaftspolitik auf die Entwicklung von Beschäftigung und Arbeitslosigkeit reagiert? Aus der Vogelperspektive betrachtet, kann man drei Epochen ökonomischer Doktrinen und politischer Konzeptionen ausmachen. Sicher ist es Zufall, aber jede Epoche umfaßt in etwa eineinhalb Jahrzehnte. Von den Anfängen des deutschen Wirtschaftswunders (West) in den fünfziger Jahren bis zur ersten ernsthaften Rezession 1966 waren es rund fünfzehn Jahre. Diese erste Rezession nach dem Krieg beendete das »laisser-faire« auf dem Gebiet der Konjunktur- und Beschäftigungspolitik. Es folgten fünfzehn Jahre der »Globalsteuerung«, bevor im Jahr 1982 die »Wende« von der globalen Nachfragesteuerung zur »Angebotspolitik« eingeläutet wurde. Auch die Angebotspolitik kann nunmehr schon auf gut fünfzehn Jahre zurückblicken.

Das Wirtschaftswunder: der Aufbau der Sozialen Marktwirtschaft

Die ersten fünfzehn Jahre nach der Gründung der Bundesrepublik Deutschland waren die Jahre des Wirtschaftswunders. Es lohnt sich, diesen ersten fünfzehn Jahren besondere Aufmerksamkeit zu schenken, war dies doch die Epoche, in der es gelang, eine hohe Arbeitslosigkeit abzubauen. Ab Anfang der sechziger Jahre wurden sogar verstärkt ausländische Arbeitskräfte, die »Gastarbeiter«, angeworben, um die starke Nachfrage nach Arbeitskräften zu befriedigen. Die Beschäftigung stieg insgesamt um mehr als fünf Millionen! Das westdeutsche Wirtschaftswunder ist vor dem Hintergrund der heutigen Arbeitslosigkeit vor allem auch ein Beschäftigungswunder, das auch noch bei fast völliger Preisstabilität erreicht wurde.

Wie war das möglich geworden? 1945 lag das Land in Schutt und Asche. Die Not der Menschen war groß, selbst an den lebensnotwendigsten Dingen herrschte Mangel. Das Wenige, was es gab, verschwand auf grauen und schwarzen Märkten. So ging es bis zur »Stunde Null«, der Währungsreform des Jahres 1948. Die Währungsreform, verbunden mit einer weitgehenden Freigabe der Preise, machte der wirtschaftlichen Lethargie ein Ende. Sie schaffte die Voraussetzung dafür, daß sich der Wille zum Wiederaufbau entfalten konnte. Sie brachte den Beweis: Auch wenn sonst alle Voraussetzungen für einen raschen Wiederaufbau fehlten, an einem fehlte es nicht: an einem tragfähigen wirtschaftspolitischen Konzept. Schon mitten im Krieg hatten liberale Ökonomen wirtschaftspolitische Strategien für die Zeit nach dem erwarteten Untergang des Dritten Reiches entwickelt. Einer von ihnen war Ludwig Erhard, der 1943 die Umrisse der künftigen Wirtschaftsordnung in einer Denkschrift skizziert hatte. Erhard hoffte auf eine Realisierung seiner wirtschaftspolitischen Vorstellungen durch Carl Goerdeler, das politische Haupt des Verschwörerkreises des 20. Juli 1944, der die Denkschrift als wichtige Grundlage für einen wirtschaftspolitischen Neuanfang ansah.

Bereits seit Anfang 1943 tagte die sogenannte »Arbeitsgemeinschaft Erwin von Beckerath«. Unter dem Vorsitz von Beckeraths trafen sich zehn führende deutsche Ökonomen, die den offiziellen Auftrag »zur Verwirklichung des nationalsozialistischen Programms« auf ihre Weise interpretierten und – unabhängig von Erhard, aber ebenfalls in enger Zusammenarbeit mit Goerdeler – Grundlinien einer neuen Wirtschaftsordnung für die Zeit nach dem Zusammenbruch des Regimes entwarfen. Dieser Arbeitsgemeinschaft gehörten mit Walter Eucken und Franz Böhm die wichtigsten Vertreter der später so genannten »Freiburger Schule« an. Diese Arbeiten an einer neuen Wirtschaftsordnung, die von der Voraussetzung einer deutschen Niederlage im Weltkrieg ausgingen, bedeuteten für die Verfasser ein hohes Risiko. Verschiedene Mitglieder der »Arbeitsgemeinschaft« erlebten das Kriegsende im Konzentrationslager. Erhard entging einer Inhaftierung nur, weil Goerdeler vor seiner eigenen Verhaftung alle Erhard belastenden Unterlagen vernichten konnte.

Erhard wurde im März 1948 Direktor der Verwaltung für Wirtschaft des Vereinigten Wirtschaftsgebietes (Bizone) und nach der Gründung der Bundesrepublik Deutschland der erste Wirtschaftsminister Westdeutschlands. Ein Gremium von Wirtschaftswissenschaftlern zur Beratung des Wirtschaftsministers wurde gebildet, der Wissenschaftliche Beirat beim Bundesministerium für Wirtschaft. Gründungsmitglieder des Wissenschaftlichen Beirates waren etwa zwanzig Hochschullehrer aus dem deutschen Sprachraum. Die erste Sitzung des Beirates fand auf Einladung der Verwaltung für Wirtschaft des Vereinigten Wirtschaftsgebietes am 23./24. Januar 1948 in Königstein/Taunus statt. Den Vorsitz dieses Gremiums führte von 1950 bis 1964 von Beckerath. Die wichtigen Arbeiten zur Vorbereitung einer neuen Wirtschaftsordnung, die im Krieg noch unabhängig voneinander vorangetrieben worden waren, wurden auf diese Weise fast vier Jahre nach dem mißlungenen

Attentat auf Adolf Hitler doch noch zusammengeführt. Die Geld- und Währungspolitik hatte in den Schriften von Erhard und der Arbeitsgemeinschaft einen zentralen Platz eingenommen. Mit der Währungsreform war das erste zentrale Element der neuen Wirtschaftsordnung realisiert worden.

In den meisten ordnungspolitischen Grundfragen gab es eine hohe Übereinstimmung zwischen Erhard und seinem Beratergremium. In einem zentralen Punkt gab es jedoch auch einen Auffassungsunterschied. Der Wissenschaftliche Beirat trat bereits in den ersten Jahren nach Gründung der Bundesrepublik mehrheitlich für eine aktive Konjunkturpolitik auf der Grundlage der Theorien des britischen Ökonomen John Maynard Keynes ein, dessen Werk damals in Deutschland noch kaum bekannt war. Unter ihnen befand sich ein junger Professor aus Hamburg, Gründungsmitglied des Wissenschaftlichen Beirates seit 1948, der das Werk von Keynes sehr gründlich studiert hatte: Karl Schiller. Eine Minderheit des Beirates, angeführt von den Freiburgern Eucken und Böhm, lehnte jedoch eine aktive Konjunkturpolitik wegen ihres interventionistischen Charakters ab. Erhard folgte den Freiburgern.

Erhard selbst hatte sich bereits in der oben erwähnten Denkschrift ausführlich mit den Ursachen der Weltwirtschaftskrise der dreißiger Jahre und den wirtschaftspolitischen Möglichkeiten zur Bekämpfung von Konjunktureinbrüchen befaßt. Wie Keynes erkannte auch Erhard, daß die Weltwirtschaftskrise aus Mangel an Nachfrage ausgelöst wurde. In seiner oben erwähnten Denkschrift schrieb er: »Es sei also festgehalten, daß die letzte schwere (Weltwirtschafts-)Krise nicht durch einen Mangel an Kapital gekennzeichnet war. Die Wirtschaft entbehrte vielmehr einer hinreichenden kaufkräftigen Nachfrage, und die galt es also auf künstliche oder natürliche Weise zu schaffen.«[1] Im Unterschied zu Keynes glaubte Erhard aber nicht, daß die Nachfrageschwäche über eine expansive Geld- oder Fiskalpolitik überwunden werden könnte. Um eine tiefer liegende Krise zu entschärfen, hielt Erhard diese Möglichkeiten für zu beschränkt. Erhard schwebte als Rezept gegen eine Wirtschaftsrezession eine kartellartige Absprache der Wirtschaft vor. Die Wirtschaft sollte sich freiwillig und gemeinsam darauf verständigen, mehr zu produzieren, obwohl aktuell keine ausreichende Nachfrage vorhanden war. Erhard glaubte, die zusätzliche Nachfrage würde als Folge der Mehrproduktion der Wirtschaft entstehen. Die Ablehnung der Keynes'schen Rezepte wurzelte bei Erhard in seiner generellen Skepsis gegenüber staatlichem Interventionismus. So verteidigte er seinen Vorschlag mit der Bemerkung, daß der kollektiv wirksamen Initiative der freien Wirtschaft gegenüber der staatlichen Bevormundung immer noch der Vorzug zu geben sei. Diese skeptische Haltung gegenüber einer staatlichen Konjunkturpolitik behielt er als Wirtschaftsminister der Bundesrepublik Deutschland im Grundsatz bei. In seiner Auffassung zur Ordnungs-, aber auch zur Konjunkturpolitik folgte Erhard weitgehend dem Ordoliberalismus der Freiburger Schule, der mit Recht als geistige Grundlage der Sozialen Marktwirtschaft in Deutschland bezeichnet werden kann.

Die Währungsreform brachte stabiles Geld, die Deutsche Mark. Die befürchtete Inflation nach der Freigabe der Preise blieb aus. Es folgten die »goldenen Jahre« ununterbrochenen Wirtschaftswachstums bei Preisstabilität. Der Export boomte, im Außenhandel gab es immer neue Rekordüberschüsse. Die Zahl der Arbeitslosen ging laufend zurück. Dynamisches Wachstum, Preisstabilität und steigende Beschäftigung, eine Traumkonstellation! Innerhalb und außerhalb Deutschlands ist viel gerätselt worden, wie das westdeutsche Wirtschaftswunder möglich wurde. Der Erfolg hat bekanntlich viele Väter, die Erklärungen sind entsprechend Legion. Den Menschen jedenfalls kam es damals wie ein Wunder vor, das weder erwartet worden war, noch so recht erklärt werden konnte. Als Wunder erschien bereits die Bereitschaft der Bevölkerung, den Willen zum Wiederaufbau nach dem verlorenen Krieg aufzubringen. Symbol des Willens zum Wiederaufbau wurden die Trümmerfrauen, die Aufgaben übernahmen, die bis dahin als Männersache galten. Die meisten fühlten jedoch, daß die Aufbauleistung nicht allein dem Schweiß und den Anstrengungen der Menschen zu verdanken waren. In der Tat hat erst die Wirtschaftspolitik Erhards die Voraussetzungen geschaffen, daß eigene Leistung mit wirtschaftlichem Erfolg belohnt wurde. Allgemein wurde deshalb Erhard als Vater des Wirtschaftswunders angesehen. Er hatte ein Konzept sowie die Kraft und das politische Geschick, dieses Konzept gegen vielfältige Widerstände – oft auch gegen den Widerstand Konrad Adenauers – durchzusetzen.

Die Verdienste Erhards sind unumstritten. Erhard selbst war jedoch der erste, der betonte, daß die damalige Aufbauleistung von vielen Voraussetzungen abhing. Ein wichtiger Punkt war zweifellos die Entwicklung der Lohnkosten, die im Zeitraum 1952 bis 1960 deutlich langsamer als in einigen wichtigen europäischen Nachbarländern voranschritt. Teilweise wurde der Wiederaufbau auch von äußeren Faktoren begünstigt, wozu natürlich die Marshall-Plan-Hilfe zu rechnen ist. Auf einen dieser äußeren Faktoren wollen wir die Aufmerksamkeit in besonderer Weise lenken. Im Jahre 1948 war der Dollar-Kurs auf 3,33 D-Mark festgesetzt worden. Dies schien der damaligen Kaufkraft zu entsprechen. Nur ein Jahr später wurde die D-Mark um rund 20 Prozent auf 4,20 D-Mark pro Dollar abgewertet. Da sich die Preise in den USA und in Westdeutschland in den fünfziger Jahren etwa im Gleichschritt entwickelten, entstand nunmehr ein preislicher Wettbewerbsvorsprung auch gegenüber den USA. Das Regime fester Wechselkurse gegenüber dem Dollar und den Währungen der anderen wichtigen Industrieländer ermöglichte, daß sich die preisliche Wettbewerbsfähigkeit Westdeutschlands aufgrund des vergleichsweise geringen Lohnstückkostenanstiegs fortwährend verbesserte. Das sicherte Deutschland gegenüber den Konkurrenten einen steigenden Anteil am weltwirtschaftlichen Nachfrage-Kuchen. Wie groß dieser Kuchen insgesamt war und vor allem, wie stark er wuchs, lag indes nicht in eigenen Händen. Das Regime fester Wechselkurse brachte es mit sich, daß die Expansion der weltwirtschaftlichen Nachfrage praktisch allein von der größten Wirtschaftsmacht der Welt, den USA, bestimmt wurde. Eine steigende Gesamtnachfrage der USA steigerte zugleich den Außenbeitrag Deutschlands. Der feste Wechselkurs zwischen Dollar und D-Mark führte dazu, daß die Expansion der Gesamtnachfrage in den USA Westdeutschland ebenso ereilte, als sei es ein Bundesstaat der USA.

Das Regime fester Wechselkurse bedeutete für Deutschland, daß keine nationale Souveränität im Bereich der Geldpolitik bestand. Die Geldpolitik auch für Deutschland lag in den Händen des amerikanischen Federal Reserve Board (Fed). Für Deutschland brachte dies zunächst den großen Vorteil, daß sich während der fünfziger Jahre das Problem einer ausreichenden volkswirtschaftlichen Gesamtnachfrage nicht stellte. Allerdings tauchte in den sechziger Jahren ein bis dahin nicht bekanntes Problem auf: Die Preisstabilität geriet in Gefahr. Alle Versuche, mit einer nationalen Geldpolitik den Preisanstieg zu bekämpfen, erwiesen sich als vergeblich, solange an den festen Währungsparitäten festgehalten wurde. Mit den national gegebenen geldpolitischen Instrumenten konnten jeweils nur Pyrrhussiege erzielt werden, die kurze Verschnaufpausen gewährten, aber den Keim der nächsten Niederlage schon in sich trugen.

Das Muster war stets das gleiche: In Reaktion auf einen Anstieg der Preise trat die Geldpolitik auf die Zins- und Kreditbremse. Die Zinsen stiegen, die Nachfrage schwächte sich ab und mit ihr zunächst auch der Preisauftrieb. Wegen der dadurch verbesserten preislichen Wettbewerbsfähigkeit der deutschen Wirtschaft stiegen die Exporte weit schneller als die Importe. Dem deutlichen Anstieg des Positivsaldos in der Handels- und Leistungsbilanz entsprach ein Anstieg der Nachfrage nach D-Mark auf den Devisenmärkten. Bei den herrschenden festen Wechselkursen war die Deutsche Bundesbank – bis 1957 die Bank deutscher Länder – gezwungen, die steigende D-Mark-Nachfrage über den Ankauf von Dollars zu befriedigen. Die dadurch steigende D-Mark-Liquidität machte alle Bemühungen um eine restriktive Geldpolitik wieder zunichte: da capo al fine!

Aus dieser »Hydraulik« im System fester Wechselkurse gab es ohne Aufwertung der D-Mark oder Freigabe der Wechselkurse kein Entkommen. Der »Spagat der Geldpolitik«, wie es der spätere Bundesbankpräsident Helmut Schlesinger einmal ausgedrückt hat, war nie lange durchzuhalten. Die Geldmengenentwicklung blieb eine abhängige Variable der außenwirtschaftlichen Entwicklung. De facto entschied über die tendenzielle Entwicklung der Geldmenge in der Bundesrepublik nicht die Deutsche Bundesbank, sondern die an den internen amerikanischen Zielen ausgerichtete Geldpolitik der USA. Wegen des Festkurssystems konnte die Deutsche Bundesbank nur nachvollziehen, was durch die »leading economy« angelegt war. Für die Bundesrepublik Deutschland bedeutete dies stets einen »Import« von Nachfrage, allerdings mit unterschiedlichen Wirkungen auf die deutsche Wirtschaft. In den fünfziger Jahren machte der Nachfrageimport bei moderater Lohnentwicklung eine anhaltend starke Expansion von Einkommen und Beschäftigung möglich. In den sechziger Jahren wurde aus dem Nachfrageimport ein Inflationsimport, weil die Lohnentwicklung, gemessen am Produktivitätsanstieg, weniger moderat verlief als in den fünfziger Jahren und bereits Überbeschäftigung erreicht war. Mehr Nachfrage brachte unter diesen neuen Bedingungen nicht mehr zusätzliches reales Wachstum, sondern vor allem höhere Inflation.

Die Globalsteuerung: antizyklische Anreize und mehr Staat

Konzeption und Praxis der Globalsteuerung

Bis Mitte der sechziger Jahre war das konjunkturelle Auf und Ab ohne absolute Wachstums- und Beschäftigungsverluste vonstatten gegangen. Ab 1964 hatte sich der Aufschwung wieder beschleunigt und mit ihm der Preisauftrieb. 1965 lag die Inflation bei gut 3,5 Prozent. Die Bundesbank reagierte darauf mit einer deutlichen Anhebung der Kurzfristzinsen und einer Verringerung der Liquidität. Diese Dämpfung der Nachfrage traf auf einen hohen Sockel an Kosteninflation; von beiden Seiten in die Zange genommen, kam es erstmalig in der Nachkriegszeit zu einem realen »Minuswachstum« des Bruttoinlandsprodukts, mit entsprechenden Auswirkungen auf den Arbeitsmarkt. Im Winter 1966/67 gab es fast 700.000 Arbeitslose.

Das Vertrauen in die Selbstheilungs- und -steuerungskräfte der Marktwirtschaft war erschüttert. Dies fiel zusammen mit dem Ende der Kanzlerschaft von Erhard und dem Ende des »laisser-faire« in der Konjunkturpolitik. Dreißig Jahre nach dem Erscheinen der »General Theory« von Keynes war die Zeit reif für eine »Globalsteuerung« der gesamtwirtschaftlichen Aggregate. Auf dem Tiefpunkt der Konjunktur trat das »Gesetz zur Förderung der Stabilität und des Wachstums der Wirtschaft« am 8. Juni 1967 in Kraft. Ein Gesetz solchen Umfangs konnte indes nicht vom Himmel fallen, es hatte lange und intensive Vorarbeiten gegeben.

Der Wissenschaftliche Beirat hatte – wie erwähnt – seit langem für eine aktive Konjunkturpolitik geworben. Zusätzlich zum Wissenschaftlichen Beirat wurde 1963 ein weiteres Beratungsgremium der Bundesregierung eingerichtet: der Sachverständigenrat zur Begutachtung der gesamtwirtschaftlichen Entwicklung, besser bekannt als die »fünf Weisen«. Der Rat bekam den gesetzlichen Auftrag zu untersuchen, wie im Rahmen der marktwirtschaftlichen Ordnung gleichzeitig Stabilität des Preisniveaus, hoher Beschäftigungsstand und außenwirtschaftliches Gleichgewicht bei stetigem und angemessenem Wachstum gewährleistet werden können. Damit waren die Ziele des berühmten »Magischen Vierecks« angesprochen.

Das Magische Viereck und die Konzertierte Aktion

Die vier gesamtwirtschaftlichen Ziele Preisstabilität, Vollbeschäftigung, außenwirtschaftliches Gleichgewicht und Wachstum werden bisweilen als »Magisches Viereck« bezeichnet. Oft schien es so, als bedürfe es magischer Kräfte, um alle Ziele gleichzeitig unter einen Hut zu bringen. Im Stabilitäts- und Wachstumsgesetz von 1967 wurden die Ziele des Magischen Vierecks als Zielvorgabe der Wirtschaftspolitik festgeschrieben. Der Gesetzgeber war sich dabei bewußt, daß die staatliche Wirtschaftspolitik zur Erreichung der Ziele des Magischen Vierecks der Unterstützung durch die Tarifparteien bedurfte. Zwar sollte die Lohnpolitik weiterhin Sache von Arbeitgebern und Gewerkschaften bleiben. Die Tarifparteien sollten jedoch über die sogenannte »Konzertierte Aktion« – Karl Schiller bezeichnete sie gerne als den »Tisch der kollektiven Vernunft« – aktiv in die Wirtschaftspolitik einbezogen werden. Wie es Norbert Kloten, langjähriges Mitglied des Zentralbankrates, einmal ausdrückte, sollten sich die Tarifparteien so bewußt werden, daß sie gesamtwirtschaftliche Entscheidungsträger sind.

National und international wuchs in Wissenschaft und Politik der Glaube an die Machbarkeit und Quantifizierbarkeit des konjunkturellen Geschehens. Auch wenn das Stabilitäts- und Wachstumsgesetz hier der Strömung der Zeit folgte, trägt es doch klar die Handschrift des seit 1966 amtierenden Wirtschaftsministers Schiller. Er sah in dem neuen Gesetz ein »Grundgesetz der Prozeßpolitik«. Worin lag das Neue dieses Gesetzes?

- Das Gesetz gibt gesamtwirtschaftliche Ziele, das berühmte »Magische Viereck«, vor und entwickelt einen Instrumentenkasten zur Erreichung dieser Ziele im Wege der makroökonomischen Globalsteuerung.
- Das Gesetz betont die Rolle der gesamtwirtschaftlichen Nachfrage für Wachstum und Beschäftigung. Es erkennt an, daß stetiges Wachs-

tum der Absicherung durch stabilitätsgerechtes Verhalten der Tarifparteien bedarf. Der Tarifpolitik wird damit ausdrücklich eine gesamtwirtschaftliche Verantwortung zugewiesen.
- Statt auf einkommenspolitischen Dirigismus etwa in Form von Lohnleitlinien vertraut das Gesetz auf einkommenspolitische Vernunft und Konsensfähigkeit. Quantitative Orientierungsdaten sollen Einsicht in die gesamtwirtschaftlichen Folgen tarifpolitischer Entscheidungen vermitteln. Zur einkommenspolitischen Absicherung der Globalsteuerung wird die »Konzertierte Aktion« ins Leben gerufen, die – wie es Schiller einmal ausdrückte – Institution und Verhalten zugleich sein soll.

Das Stabilitäts- und Wachstumsgesetz war ein Meilenstein auf dem Gebiet der Konjunktur- und Beschäftigungspolitik.

Grenzen und Scheitern der Globalsteuerung

Vom Stabilitäts- und Wachstumsgesetz wurde zunächst reger Gebrauch gemacht. Schon relativ bald ging die Wirtschaftspolitik aber dazu über, auch auf antizyklisch wirkende Maßnahmen außerhalb des Gesetzes zurückzugreifen. Den Anfang machten zwei expansive Konjunkturprogramme im Jahr 1967. Kurz darauf setzte der Konjunkturaufschwung ein. Bereits die schnelle wirtschaftliche Erholung der Jahre 1968/69 sollte aber beileibe nicht allein der expansiven Fiskalpolitik zugeschrieben werden. Ein gewaltiger Exportboom, der nach dem Muster der fünfziger Jahre von der international erneut verbesserten preislichen Wettbewerbsfähigkeit der deutschen Wirtschaft getragen wurde, unterstützte die Fiskalexpansion. Der Impuls aufgrund des expandierenden Außenbeitrags war sogar doppelt so stark wie der fiskalpolitische Impuls in Form des »deficit spendings«. Das Wachstum explodierte förmlich. Es erreichte 1969 eine Rate von nicht weniger als 7,5 Prozent. Wie in den fünfziger Jahren sorgte die Lohnpolitik dafür, daß die zusätzliche Nachfrage für reale Expansion genutzt werden konnte. Der Lohnanstieg blieb um etwa 2,5 Prozent hinter dem Produktivitätsanstieg zurück. Von 1967 bis 1968 sank der Anteil des Lohneinkommens am gesamten Volkseinkommen (Lohnquote) um fast zwei Prozentpunkte. Anfang der siebziger Jahre änderte sich jedoch bereits das Bild. Die Lohnpolitik gab ihre bis dahin geübte Zurückhaltung auf. Die Lohnpolitik brauchte nur zwei Jahre, um den Rückgang der Lohnquote von 1968 zu kompensieren und anschließend weiter draufzusatteln. Eingeläutet durch wilde Streiks im Jahr 1969 wurde nunmehr Lohnpolitik als Umverteilungspolitik begriffen. Der Lohnanstieg explodierte von 3,5 Prozent (1967) auf 15,5 Prozent (1970). Auch in den folgenden Jahren blieben die Steigerungsraten der Löhne zweistellig.

In diesem »Weiter-so« einer aggressiven Lohnpolitik kam es zu einer grundlegenden Änderung der währungspolitischen Rahmenbedingungen, die der Umverteilungspolitik die bisherige Geschäftsgrundlage entzog: der Zusammenbruch des Festkurssystems von Bretton Woods. Wie erwähnt, hatte sich die nationale Geld- und Währungspolitik mit zunehmender Verzweiflung gegen den durch feste Wechselkurse erzwungenen Zufluß an Liquidität gewehrt. Im September 1969 kam es zu einer Aufwertung der D-Mark gegenüber dem Dollar um etwa 9 Prozent. Aber bereits nach kurzer Zeit setzte eine forcierte Spekulation auf eine weitere D-Mark-Aufwertung ein. Der Druck wurde schließlich so stark, daß 1971 der Wechselkurs der D-Mark für ein halbes Jahr freigegeben werden mußte. Nach einer kurzen Entspannung an der Währungsfront explodierte in den ersten beiden Monaten des Jahres 1973 die inländische Geldmenge aufgrund der Interventionspflicht trotz des inzwischen deutlich niedrigeren Dollars. Dies brachte das Faß zum Überlaufen. Am 1. März 1973 wurde der deutsche Devisenmarkt geschlossen. Die D-Mark ging – im Geleit des Europäischen Währungsverbundes – gegenüber dem Dollar zum Floaten über. Dabei ist es bis auf den heutigen Tag geblieben. Das Ende des Systems von Bretton Woods war der Anfang der geldpolitischen Autonomie der Deutschen Bundesbank. Diese machte sofort davon Gebrauch und trat kräftig auf die Bremse. Der Zuwachs der Zentralbankgeldmenge halbierte sich binnen eines Jahres. Entsprechend stark waren die Bremsspuren beim nominalen Wachstum: Von 1973 bis 1975 sank die Wachstumsrate des nominalen Sozialprodukts von 11,5 Prozent auf 4,5 Prozent.

Die geldpolitisch erzwungene drastische Einschränkung der nominalen Nachfrage traf auf einen Sockel hoher lohnkostenbedingter Inflation. Die reale Nachfrage und damit die Beschäftigungsentwicklung wurden wie schon 1967 von zwei Seiten in die Zange genommen.

In diese kritische Phase platzte zu allem Unglück auch noch die erste Ölkrise. Monetäre Restriktion plus lohnpolitische Expansion plus dramatische Verteuerung der Einfuhren – das Ergebnis war verheerend. Die Unternehmensgewinne brachen ein und im Anschluß daran auch die Beschäftigung. Die Arbeitslosigkeit schnellte um 800.000 Personen nach oben und sprang erstmals seit den fünfziger Jahren wieder über die Millionengrenze. Zugleich erreichte die Inflation mit rund sieben Prozent ein Rekordniveau.

Von diesem Schock erholte sich der Arbeitsmarkt in der gesamten zweiten Hälfte der siebziger Jahre nicht mehr, trotz eines massiven fiskalpolitischen Gegensteuerns. 1974 wurden gleich drei Programme für mehr Investitionen, Wachstum und Beschäftigung beschlossen. Weitere expansive Maßnahmen folgten in den beiden folgenden Jahren. In den Jahren 1977 und 1978 wurde die fiskalpolitische Expansion weiter gesteigert. In nur gut einem Jahr wurden nicht weniger als sechs expansive Programme verabschiedet, darunter das sogenannte »Programm für Zukunftsinvestitionen«. Das fiskalpolitische Anrennen gegen den Sturm erwies sich jedoch als unzureichend, um einen Nachfrageeinbruch aufzufangen, der auf eine Kollision von Lohn- und Geldpolitik zurückzuführen war. Das fiskalpolitische Strohfeuer reichte lediglich für einen bescheidenen Anstieg der Beschäftigung. Damit hatte die Fiskalpolitik ihr Pulver verschossen. Der Preis der fiskalpolitischen Expansion Ende der siebziger Jahre war hoch. Die Staatsquote war von 39 Prozent (1970) auf 49 Prozent (1980) expandiert. Die Defizite der öffentlichen Haushalte hatten sich mehr als verdoppelt, der Schuldenstand fast vervierfacht. Der dramatische Anstieg der Staatsverschuldung setzte jedem Versuch einer weiteren Fiskalexpansion strikte Grenzen.

Als die Möglichkeiten der Fiskalpolitik weitgehend erschöpft waren, explodierten die Ölpreise Ende 1979 ein zweites Mal. Erneut stand ein Ölpreisschock am Beginn eines zweiten drastischen Einbruchs der Beschäftigung. Im Zeitraum 1980 bis 1983 gingen etwa 700.000 Arbeitsplätze verloren. Die Arbeitslosigkeit überschritt die Zwei-Millionen-Grenze. Die Inflation stieg erneut über sechs Prozent. Die aus dem Ruder gelaufene gesamtwirtschaftliche Entwicklung wurde der Globalpolitik angelastet, die seither in der Öffentlichkeit in Deutschland so gut wie jeden Kredit verspielt hat. Allgemein gilt der Versuch der

Globalsteuerung der siebziger Jahre als gescheitert. Richtig ist, daß die Globalpolitik auf der Grundlage des Stabilitäts- und Wachstumsgesetzes mit ihrem Latein am Ende war. Ein generelles Urteil zu den Chancen und Risiken einer makroökonomischen Globalsteuerung sollten wir damit aber noch nicht verknüpfen.

Eine der größten Enttäuschungen war das Abschneiden der Konzertierten Aktion. Die Konzertierte Aktion war als Eckstein des Instrumentariums des Stabilitäts- und Wachstumsgesetzes konzipiert. Ihr Scheitern, das mit dem Rückzug der Gewerkschaften im Jahr 1977 endgültig besiegelt wurde, bedeutete letztlich auch das Scheitern des Schillerschen Konzeptes der Globalsteuerung als Gesamtansatz. Aufgabe der Konzertierten Aktion war es, das Wachstum und die Beschäftigung von der lohnpolitischen Flanke her abzusichern. Im Rückblick wird vielfach schon dieser Anspruch für überzogen gehalten. So zog beispielsweise Kloten aus dem Scheitern der Konzertierten Aktion den Schluß, daß jeder Versuch einer gesamtwirtschaftlichen Steuerung der Lohnpolitik im Konsens zum Scheitern verurteilt sei. Einkommenspolitik sei nun einmal Konfliktpolitik. Dieser Interessengegensatz könne nicht über eine Konzertierte Aktion aufgehoben werden. Quantitative Zielprojektionen als Orientierungsdaten hätten den Konflikt nicht objektivieren können; sie seien vielmehr vor allem von den Gewerkschaften eher als Selbstbindung und »Fesseln« empfunden worden.[2] Weniger hart urteilt Schiller über sein Lieblings- und Sorgenkind. Er erinnerte in späteren Jahren daran, »daß die im Stabilitäts- und Wachstumsgesetz verankerte Konzertierte Aktion wenigstens die Garantie bot, daß der Wirtschaftspolitiker den organisierten Gruppen das tableau économique vorlegen und die gesamtwirtschaftlichen Grenzen ihres Tuns aufzeigen konnte.«[3]

Angebotspolitik: die Renaissance des klassischen Ansatzes

Wie auch immer die Globalsteuerung rückblickend beurteilt wird, Tatsache bleibt, daß sie durch ihr Versagen in der Beschäftigungspolitik nachhaltig diskreditiert war. Stagnation plus Inflation, »Stagflation« lautete die Anklage. Offenbar gab es nicht einmal mehr eine Wahl zwischen der Scylla der Rezession und der Charybdis der Inflation. Wer Inflation zuließ, bekam am Ende auch noch das Übel der Arbeitslosigkeit an den Hals. Hier setzte der Angriff auf die Globalsteuerung an: Überwindung der Wachstumsschwäche durch Angebotspolitik, Stabilisierung der Preisentwicklung durch monetaristische Geldpolitik. Für Vertreter der Angebotspolitik ist es gerade der Staat, der durch Interventionen die Stabilität des privaten Sektors stört. Aus gutgemeinter Antizyklik werde so in der Realisierung fast regelmäßig schlechte Prozyklik. Also statt Öl auf die Wogen Öl ins Feuer! Manfred J.M. Neumann, einer der ersten Anhänger der Angebotspolitik in Deutschland, brachte dies auf den Punkt: »Wichtigste Aufgabe der Stabilisierungspolitik ist ihre eigene Stabilisierung.«[4] Das bedeutete: Rückzug des Staates aus der Konjunkturpolitik. Soviel privat wie möglich, sowenig Staat wie nötig, lautet das Enthaltsamkeitspostulat der Angebotspolitik.

Allein aus der Kritik an der Globalsteuerung ergab sich aber noch kein neuer allgemein akzeptierter wirtschaftspolitischer Ansatz zur Bekämpfung der Arbeitslosigkeit. Neue tragfähige Grundlagen der Wirtschaftspolitik mußten entwickelt werden. Die ersten Konturen gewann das neue Konzept dort, wo konservative Parteien wahlwirksame Formeln für sich entdeckten: Steuersenkung, Abbau der Staatsverschuldung, Rückführung der Staatstätigkeit sowie stabiles Geld. Diese Forderungen bildeten Kernelemente der politischen Programmatik von Margaret Thatcher und Ronald Reagan. Teilweise wurde die neue Lehre sogar als »Reaganomics« und »Thatcherismus« apostrophiert. Durchgesetzt hat sich aber letztlich der Begriff der »Angebotspolitik«, angelsächsisch »supply-side economics«. Semantisch konnte es keine stärkere Polarisierung gegenüber der bisherigen Praxis der Nachfragesteuerung geben. Damit waren klare Fronten geschaffen: Konjunkturpolitik hatte ausgedient, Strukturpolitik war in Mode.

Die konzeptionelle Ausformung der Angebotspolitik

Eine tiefere konzeptionelle Ausprägung des neuen Politikansatzes stand indes noch aus. Wie so oft kamen die am meisten beachteten Beiträge aus den USA. Arthur D. Laffer, einer der Protagonisten der Supply-side-Politik, betonte stark die Rückbesinnung auf alte, durch den Keynesianismus verschüttete Traditionen der Wirtschaftspolitik. Er machte gar keinen Hehl daraus, daß Angebotspolitik nichts anderes war als klassische Ökonomie in neuem Gewande, alter Wein in neuen Schläuchen. Eines dieser neuen mediengerechten Gewänder war die nach ihm so benannte Laffer-Kurve. Dahinter stand die unbestreitbare, bisweilen auch ein wenig belächelte Logik, daß der Staat bei einem Steuersatz von Null, aber auch bei einem Satz von hundert Prozent keine Einnahmen hat und so der aufkommensmaximale Satz irgendwo dazwischen liegen muß. Für die Supply-siders in den USA war klar – und das ist der politische Gehalt dieser Trivialität –, daß die aktuellen Steuersätze weit oberhalb des in diesem Sinne optimalen Satzes lagen. Ihre konsequente Forderung: Runter mit den Steuersätzen! Aber nicht zum Zwecke des »deficit-spending«, sondern zur Stärkung der wirtschaftlichen Anreize und damit letztlich zum Abbau der Budgetdefizite.

Nach George Gilder, einem weiteren Wegbereiter der Supply-side-Politik, ist die Angebotsseite die Quelle aller Gaben des Kapitalismus: Man muß geben, um etwas zu erhalten, anbieten, um nachfragen zu können. Keynes und seine Adepten hätten Say's Gesetz, wonach sich jedes Angebot seine Nachfrage schaffe, auf den Kopf gestellt. Gilder räumte zur Ehrenrettung von Keynes allerdings ein, daß die wirtschaftliche Situation in den dreißiger Jahren, als Keynes seine »General Theory« schrieb, als klare Widerlegung des Say'schen Gesetzes erscheinen mußte. Der Angebotstheoretiker Irving Kristol stampfte den Keynesianismus noch nicht in Grund und Boden und nahm in seiner Erklärung des neuen Ansatzes eine vermittelnde Position ein: Die Keynesianer schauen »von oben« auf die Wirtschaft und sehen in ihr in erster Linie das Zusammenspiel gesamtwirtschaftlicher Aggregate wie Konsum, Ersparnis und Investition. Angebotspolitiker betrachten die Wirtschaft »von unten«, aus der Sicht der Unternehmer und Investoren. Die Sichtweisen zeigten aber die beiden Seiten der gleichen Medaille, die zur Koexistenz verurteilt seien und zwischen denen man nicht wählen könne. Diese versöhnliche Position hinderte ihn indes nicht, die Angebotspolitik zu einer humanistischen Rebellion gegen die herkömmliche mathematisch-mechanistische ökonomische Analyse zu überhöhen.

Viele Vertreter der Angebotspolitik sahen den entscheidenden Unterschied zur Globalsteuerung in der neuen Einschätzung der Rolle des

Sparens. Das Denken von Keynes sei von der Sorge geleitet gewesen, daß Sparen einen Nachfrageausfall nach sich ziehen könnte, weil die Investitionen hinter der Ersparnis zurückbleiben könnten. Nach angebotspolitischer Auffassung sei nicht zu viel, sondern zu wenig Ersparnis das Problem. Es sei deshalb notwendig, die Steuern zu senken, um die Ersparnisbildung der Privaten zu stärken. Die Rückführung der Haushaltsdefizite sei geboten, um über eine Senkung der Zinsen die private Investitionstätigkeit zu stimulieren.

Die Angebotspolitik war manchem Zeitgenossen zu Anfang als griffiges Etikett einer kurzlebigen Mode erschienen. Diese Einschätzung erwies sich jedoch schnell als irrig. Bei den eben erwähnten ersten tastenden Versuchen zur Ausformung der Angebotspolitik blieb es nicht. Deutlich klarere Konturen erhielt das angebotspolitische Konzept durch die Organisation für wirtschaftliche Zusammenarbeit und Entwicklung (OECD). Bereits 1979 hatte der OECD-Ministerrat unter dem Eindruck der Stagflation in den Industrieländern eine hochrangige Gruppe für positive Anpassungspolitiken eingesetzt. Aufgabe dieser Gruppe war es, Möglichkeiten zur Überwindung von Strukturanpassungsproblemen aufzuzeigen. Die Gruppe legte die Ergebnisse ihrer umfangreichen Arbeit 1982 vor. Die durchschnittliche Inflation der OECD-Länder lag 1982 bei zehn Prozent, die durchschnittliche Arbeitslosenquote bei über sieben Prozent. Dieser Zustand der Stagflation könne – so hieß es im OECD-Bericht – nicht allein als Ergebnis eines konjunkturellen Abschwungs interpretiert werden, sondern sei auf tiefgreifende Rigiditäten der Angebotsseite zurückzuführen. Inflexibilität und mangelnde Mobilität der Wirtschaftssubjekte, Trägheit von Institutionen, Aufblähung des öffentlichen Sektors und der sozialen Sicherungssysteme sowie Erhaltungssubventionen für absterbende Branchen hätten zu einer »Verkrustung« auf der Angebotsseite geführt. Zusätzliche Nachfrage würde deshalb lediglich zu Preissteigerungen, nicht zur Ausweitung des Angebots führen. Die Wachstumskräfte seien dadurch gelähmt.

Um zu einem inflationsfreien Wachstum zurückzukehren, empfahl die OECD-Studie wirksame angebotsbezogene Maßnahmen, ergänzt durch eine angemessene nachfrageorientierte Globalsteuerung. Mikroökonomische Flexibilität sei Voraussetzung für eine erfolgreiche nachfrageorientierte Globalsteuerung. Zur Förderung des Wirtschaftswachstums und der Strukturanpassung komme es vor allem auf die Schaffung eines innovationsfreundlichen Klimas an. Insbesondere auf dem Arbeitsmarkt bedürfe es einer Verbesserung der Mobilität der Arbeitskräfte und einer höheren Flexibilität der Löhne. Die Notwendigkeit staatlicher Vorschriften sei im Interesse einer möglichst weitgehenden Deregulierung und zum Abbau von Bürokratie regelmäßig zu überprüfen. Subventionen zur Unterstützung strukturell schwacher Industriezweige sollten abgebaut, protektionistischen Tendenzen müsse entgegengetreten werden. Soziale Gerechtigkeit sowie arbeits- und sozialpolitische Maßnahmen dürften nicht die wirtschaftliche Effizienz beeinträchtigen.

In Deutschland äußerte sich der Sachverständigenrat zur Begutachtung der gesamtwirtschaftlichen Entwicklung bereits in seinem Jahresgutachten 1976/77 ausführlich zum Verhältnis von Nachfrage- und Angebotssteuerung. Aufgabe globaler Konjunktursteuerung sei es, Schwankungen im Auslastungsgrad des Produktionspotentials durch Steuerung der gesamtwirtschaftlichen Nachfrage zu mildern und den Anstieg des Preisniveaus in Grenzen zu halten. Dieser Nachfragesteuerung müsse eine Angebotspolitik für mehr Wachstum und eine bessere Wirtschaftsstruktur zur Seite gestellt werden.

Fünf Jahre später hatte sich für den Sachverständigenrat die Waage zwischen Angebots- und Nachfragesteuerung deutlich zugunsten einer forcierten Angebotspolitik geneigt. In seinem Jahresgutachten 1981/82 räumte er zwar einleitend noch ein, daß auch Nachfragestörungen auf die Angebotsseite übergreifen können. Im folgenden wurde jedoch eine klare Priorität für die Angebotspolitik deutlich. Unter Verweis darauf, daß er schon seit seiner Gründung für eine mittelfristig orientierte Wirtschaftspolitik geworben habe, entwickelte er ein umfassendes angebotspolitisches Programm. Der Rat betonte dabei, daß angebotsorientierte Politik auf langfristige Wirkungen angelegt sei und einen langen Atem brauche.

Der Wissenschaftliche Beirat beim Bundesministerium für Wirtschaft vollzog die Wende zum neuen angebotspolitischen Leitbild etwas zurückhaltender mit. In dem Gutachten »Konjunkturpolitik – neu betrachtet« aus dem Jahr 1983 konstatierte der Beirat zwar ebenfalls einen eingeschränkten Spielraum, konjunkturpolitisch zu einem Abbau der gravierenden Arbeitslosigkeit beizutragen. Die Arbeitslosigkeit sei überwiegend nicht konjunkturell bedingt, sondern Ergebnis einer zu geringen Profitrate. Die geringe Profitrate sei verantwortlich für die Wachstumsschwäche, die ihrerseits eine »Kapitalmangelarbeitslosigkeit« nach sich gezogen habe. Große Beachtung schenkte der Beirat der außenwirtschaftlichen Flanke. Der Beirat warnte vor einer Überbewertung der eigenen Währung als Folge einer »vergleichsweise strikten monetären Stabilisierungspolitik« wegen der Folgen für die internationale Wettbewerbsfähigkeit, die konjunkturelle Entwicklung und das Beschäftigungsziel. Er hielt vor allem an der Auffassung fest, daß »die Geldpolitik einen wichtigen beschäftigungspolitischen Beitrag leisten kann und leisten muß«. Zur Lösung der Arbeitsmarktprobleme plädierte der Beirat für eine Konsenslösung zwischen den gesellschaftlichen Gruppen. Im Unterschied zum Sachverständigenrat sah der Beirat in der Angebotspolitik eher das bisher vernachlässigte Pendant zur Globalsteuerung: »Konjunkturpolitik einerseits und Struktur- und Wachstumspolitik andererseits können nicht losgelöst voneinander betrieben werden. Beide müssen aufeinander abgestimmt werden.«

Die wirtschaftspolitische Neuorientierung nach der Wende von 1982

Schon Ende der siebziger Jahre erhielten die staatlichen Nachfrageprogramme immer mehr auch angebotsseitig orientierte Elemente, so beispielsweise das bereits erwähnte Zukunftsinvestitionsprogramm von 1977. Anfang der achtziger Jahre wurde aus dem Attribut die Hauptsache. Als Durchbruch der neuen Programmatik in Deutschland kann der Jahreswirtschaftsbericht 1982 gelten. Dort heißt es: »Die akute Wachstumsschwäche und die sich auch mittelfristig abzeichnenden Beschäftigungsprobleme können nur durch eine mehrjährige wachstums- und beschäftigungspolitische Strategie überwunden werden. Im Mittelpunkt dieser Strategie muß über die ganze Breite der volkswirtschaftlichen Angebotspalette hin eine Verstärkung der Investitionen (private und öffentliche Anlageinvestitionen), der Innovationen und des Produktivitätsanstiegs stehen.«

Beim damaligen Bundeswirtschaftsminister Otto Graf Lambsdorff wuchsen jedoch zunehmend Zweifel, daß die angebotspolitischen

Maßnahmen, die zur Bewältigung der wirtschaftlichen Schwierigkeiten geboten schienen, vom sozialdemokratischen Koalitionspartner mitgetragen würden. Eine schon lange in der Schublade liegende Streichliste von Subventionen wurde zum sogenannten Lambsdorff-Papier erweitert, an dessen Forderungskatalog die sozialliberale Koalition zerbrach. Das brachte die Wende zur liberal-konservativen Regierung unter Bundeskanzler Helmut Kohl. Die neue Bundesregierung kündigte sogleich eine grundlegende Neuorientierung in der Wirtschafts-, Finanz- und Sozialpolitik an. Die angebotspolitische Ausrichtung wurde dabei deutlich akzentuiert. Die neue Politik sollte gekennzeichnet sein durch die konsequente Ausrichtung der Politik an den Grundsätzen der Sozialen Marktwirtschaft, durch konstante und in sich widerspruchsfreie Rahmenbedingungen und die Konzentration der Staatstätigkeit auf ihre eigentlichen Aufgaben. Vordringlich waren die Konsolidierung der sozialen Sicherungssysteme, die investitionsfreundliche Umgestaltung des Steuersystems und die Rückführung der öffentlichen Defizite. Weitere zentrale Programmpunkte waren die Privatisierung, eine Politik zur strukturellen Verbesserung der Wettbewerbsfähigkeit der deutschen Wirtschaft, der Abbau von bürokratischen Behinderungen und anderen Investitionshemmnissen sowie eine Förderung von Forschung und Entwicklung. Unter ausdrücklichem Hinweis auf ihre Autonomie wurde die Deutsche Bundesbank ermutigt, auch künftig die ihr gegebenen Spielräume für weitere Zinssenkungen zu nutzen. Die Tarifpartner wurden zur Unterstützung der Wachstums- und Beschäftigungspolitik der Bundesregierung aufgefordert, für eine hinreichend verläßliche mittelfristige Orientierung der Einkommensentwicklung sowie für eine verstärkte regionale, sektorale und qualifikationsbezogene Differenzierung der Lohnabschlüsse zu sorgen.

Angebotspolitik auf dem Weg zum (Weltwirtschafts-)Gipfel

Bis zum Zusammenbruch des Systems von Bretton Woods mit seinen festen, aber veränderbaren Wechselkursen gab es auf dem Gebiet der Geld- und Währungspolitik kaum Bedarf an internationaler Koordinierung. Der US-Dollar war die unumstrittene Leitwährung. Alle anderen Industrieländer mußten den Vorgaben der USA folgen. Die Einführung flexibler Wechselkurse hatte die führenden Industrienationen der Welt auf dem Gebiet der makroökonomischen Politik zu gleichberechtigten Partnern gemacht. Rasch hatte sich dabei gezeigt, daß konjunktur- und beschäftigungspolitische Maßnahmen eines Landes auch deutliche Auswirkungen auf andere Länder hatten. Die enge wirtschaftliche Verflechtung der Industrieländer fand ihre Entsprechung in einem engen internationalen Konjunkturzusammenhang. Aus dieser wechselseitigen Abhängigkeit der Länder resultierte – so die damals herrschende Meinung – eine Notwendigkeit zur internationalen Abstimmung konjunkturpolitischer Maßnahmen. Insbesondere der damalige Bundeskanzler Helmut Schmidt setzte sich stark für eine Intensivierung der internationalen Zusammenarbeit auf diesem Gebiet ein. Mit dem ersten Weltwirtschaftsgipfel 1975 in Rambouillet wurde ein geeignetes Forum für die internationale Koordinierung der Konjunkturpolitik der sieben größten westlichen Industrienationen, der »Group of Seven« (G 7), gefunden.

Der intensive Austausch über die nationalen Konjunkturpolitiken bildete bei den G 7-Gipfeln jeweils den Kern der Tagesordnung. Als Höhepunkt des auf internationaler Ebene praktizierten keynesianischen »demand management« kann der Bonner Weltwirtschaftsgipfel Ende Juli 1978 angesehen werden. Dort wurde ein Maßnahmenpaket beschlossen, das für Deutschland zur Stimulierung der Nachfrage fiskalpolitische Programme in einer Größenordnung von einem Prozentpunkt des Bruttosozialprodukts vorsah. In den Folgejahren gerieten mehr und mehr die USA wegen ihres explodierenden Haushaltsdefizits und eines chronisch negativen Handelsbilanzsaldos – des sogenannten Zwillings-Defizits – auf die Anklagebank. Zugleich wurden Länder wie Japan und Deutschland mit ihren dazu spiegelbildlichen Außenhandelsüberschüssen aufgefordert, diese durch Verstärkung ihrer Wachstumsdynamik zu reduzieren. Diese wechselseitigen Aufforderungen zur nationalen Ausgestaltung des konjunkturpolitischen Instrumentariums durchzogen noch während der gesamten achtziger Jahre die Kommuniqués der Wirtschaftsgipfel wie ein roter Faden. Auf dem Gebiet der internationalen Koordinierung der makroökonomischen Politik hinterließ der Übergang zur Angebotspolitik zunächst nur relativ wenig sichtbare Spuren. Zwar fanden sehr schnell gewisse angebotspolitische Elemente auch Eingang in die Kommuniqués internationaler Konferenzen. Die Weltwirtschaftsgipfel liefen aber noch lange Zeit nach den gewohnten Mustern ab.

Ab Mitte der achtziger Jahre galt die Aufmerksamkeit der Weltwirtschaftsgipfel zunehmend der Geld- und Währungspolitik. Nach der zweiten Ölpreiskrise nahmen die Spannungen auf den Devisenmärkten zwischen den führenden Industrienationen rasch zu. Während Deutschland und Japan – ganz auf angebotspolitischer Linie – ihr Haushaltsdefizit drastisch zurückführten, stieg in den USA der Fehlbetrag im Budget zwischen 1981 und 1985 auf das Vierfache. Der Dollar-Kurs legte seit seinem Tiefstand 1979 mit 1,73 D-Mark bis Anfang 1985 auf 3,47 D-Mark zu. Angesichts dieser außenwirtschaftlichen Instabilität, die in den USA Rufe nach protektionistischen Maßnahmen aufkommen ließ, verstärkten die Regierungen der Gruppe der Sieben ihre Koordinierungsbemühungen. Den Anfang machte das Plaza-Abkommen vom September 1985 mit dem unerklärten, aber faktischen Ziel, den Dollar wieder in Einklang mit der Kaufkraftparität zu bringen. Binnen achtzehn Monaten bildete sich der Dollar tatsächlich auf 1,85 D-Mark zurück. Im Louvre-Abkommen vom Februar 1987 bilanzierten die großen westlichen Industrieländer befriedigt das Ergebnis ihres konzertierten Vorgehens und vereinbarten eine engere währungspolitische Zusammenarbeit.

Auf dem Gipfel von Toronto 1988 nahmen erstmalig Vereinbarungen über Maßnahmen zur Verbesserung der Angebotsseite einen größeren Raum ein. Bis zum Wirtschaftsgipfel von Tokio 1993 hatte sich dann auch in der internationalen Koordinierung der Wirtschaftspolitik die Waage deutlich zugunsten der Angebotspolitik geneigt. So befindet das damalige Gipfelkommuniqué, daß ein beträchtlicher Teil der gegenwärtigen Arbeitslosigkeit struktureller Natur sei. Der Abbau der Arbeitslosigkeit erfordere daher eine doppelte Strategie von makroökonomischer Politik zur Förderung eines inflationsfreien dauerhaften Wachstums und von Strukturreformen zur Verbesserung der Effizienz der Märkte, insbesondere der Arbeitsmärkte. Der Schwerpunkt liegt jetzt eindeutig auf der Angebotsseite. So wird erklärt: »Zur Verbesserung der Beschäftigungs- und Wachstumsmöglichkeiten kommt es entscheidend darauf an, daß die strukturellen Fragen angegangen werden, die einer starken wirtschaftlichen Erholung und einem längerfristigen Wachstumspotential entgegenstehen«. Ausdrücklich genannt werden neben der Stärkung des multilateralen Handelssystems und der Erhöhung der Effizienz der Finanzmärkte eine größere Effizienz des Arbeitsmarktes, Verbesserung von Bildung und Ausbildung, Abbau von Subventionen sowie Kostenbegrenzung im Gesundheitswesen. Spiegelbildlich zum Vordringen der Angebotspolitik nahmen die Bemühungen um eine internationale Koordinierung der makroökonomischen Politik ab, bis dieses Thema zuletzt auf den Tagesordnungen kaum noch eine Rolle spielte.

Eine neue Perspektive: Globalisierung und Standort Deutschland

Gegen Ende der achtziger und zu Beginn der neunziger Jahre hielten zwei neue Schlüsselworte Einzug in das wirtschaftspolitische Vokabular: »Globalisierung« und »Standort«. Was steht dahinter? Ähnlich wie in den Anfängen der Angebotspolitik sehen manche in diesen Begriffen nur Schlagworte und eine kurzlebige Modeerscheinung. Diese Einschätzung dürfte sich auch diesmal als falsch erweisen. Sicher hat die Debatte um die Globalisierung schon manche künstliche Aufgeregtheit erzeugt, mögen die Folgen der Globalisierung für den Wirtschaftsstandort manchmal überzeichnet worden sein. Natürlich sind grenzüberschreitende Wirtschaftsaktivitäten und Integrationsprozesse nichts grundlegend Neues. Nicht alle Winkel dieser Welt werden von der Globalisierung bereits in gleichem Maße erreicht. Nationale Bindungen sind auf vielen Feldern nach wie vor noch recht stark. Aber wo Rauch ist, ist meistens eben auch Feuer. Neue Wirtschaftsräume öffnen sich dem Wettbewerb, und neue Wettbewerber treten hinzu. Neue Kommunikations- und Informationstechnologien senken auf vielen Feldern radikal Transaktionskosten. Das Internet wird zur Chiffre für den Sieg über Zeit und Raum: Die Welt – ein Dorf! Insgesamt also: kein »business as usual«.

Zusätzliche Standortalternativen gehen in die Investitionskalküle transnational operierender Unternehmen ein. Teilweise kann kaum noch von Unternehmensstandorten gesprochen werden. Unternehmen aus aller Herren Länder schließen sich in wechselnden strategischen Allianzen zu sogenannten »virtuellen Unternehmen« zusammen. Diese kurzlebigen Zweckgemeinschaften haben überhaupt keinen festen Standort mehr; sie existieren nur als Kooperation auf Zeit. So entstehen Netzwerke zur Abwicklung bestimmter Projekte, die sich schnell wieder auflösen, um wieder neue Allianzen mit neuen Partnern einzugehen. Der weltweit intensivere Wettbewerb erfordert auf Unternehmensebene oft eine Konzentration auf Kernkompetenzen. »Verschlankung« in Produktion und Verwaltung sowie »Outsourcing« stehen auf der Tagesordnung.

Ein wichtiger Schritt auf dem Weg zur Globalisierung vollzog sich für die deutsche Wirtschaft mit der Vollendung des Europäischen Binnenmarktes bis zum Jahr 1992. Das Konstruktionsprinzip des Europäischen Binnenmarktes lautete: Harmonisierung der rechtlichen Rahmenbedingungen der Mitgliedsländer nur soweit zwingend nötig, ansonsten gegenseitige Anerkennung der unterschiedlichen Rechtsvorschriften durch alle Mitgliedsländer. Waren und Dienstleistungen, die nach den Rechtsvorschriften eines Mitgliedslandes rechtmäßig in Verkehr gebracht worden sind, müssen freien Zugang zu allen anderen Mitgliedsländern haben. Folge dieses Konstruktionsprinzips war ein »Wettbewerb der Systeme«. Die Konkurrenz beschränkt sich nicht mehr allein auf den Austausch von Waren und Dienstleistungen, die Wirtschaftsstandorte selbst treten in Konkurrenz zueinander. Investitionsstandorte wie Portugal und Irland konkurrieren innerhalb der Europäischen Union mit dem Investitionsstandort Deutschland.

Meilensteine auf dem Weg zur Globalisierung bildeten auch die länderübergreifenden Zusammenschlüsse nach dem Vorbild der Europäischen Wirtschaftsgemeinschaft: Nordamerika einschließlich Mexiko bildeten die NAFTA, die Länder Südamerikas schlossen sich zum MERCOSUR zusammen. Auch das südliche Afrika fand zu regionaler Kooperation. Unter Globalisierungsaspekten am bedeutsamsten sind aber sicher die Entwicklungen in Südostasien. China leitete sehr erfolgreiche Wirtschaftsreformen ein und öffnete sich. Die »vier kleinen Tiger« Hongkong, Singapur, Korea und Taiwan erzielten traumhafte Wachstumsraten. Der Zusammenschluß der Länder Südostasiens zu den ASEAN-Staaten verlieh der Region zusätzliche Wachstumsimpulse und übte einen starken Sog auf westliche Investoren aus. Die Wirtschaftspolitik Deutschlands und Europas war gefordert, Antworten auf diese neuen Herausforderungen zu geben. Sollte man sich auf die »Festung Europa« zurückziehen oder die Herausforderungen offensiv annehmen?

Die deutsche Einheit

Mitten hinein in die ersten Diskussionen um Chancen und Risiken der Globalisierung für den Wirtschaftsstandort Deutschland platzte völlig unerwartet eine Herausforderung ganz anderer Art. Mit der Öffnung der Mauer im Herbst 1989 wurde die von der Politik gerade angeschobene Diskussion um die Vorbereitung auf den Europäischen Binnenmarkt und die Sicherung des Wirtschaftsstandortes zunächst stark in den Hintergrund gedrängt. Die Deutsche Demokratische Republik befand sich in Auflösung. Die ostdeutsche Bevölkerung wollte die Wiedervereinigung auf dem schnellsten Weg. Die Chance zur Wiedergewinnung der deutschen Einheit war plötzlich da. Diese Chance wurde von Bundeskanzler Kohl erkannt, außenpolitisch abgesichert und mit großer Schnelligkeit realisiert.

Was aus tausend anderen Gründen als Geschenk in ganz Deutschland dankbar begrüßt wurde, war aus ökonomischer Sicht ein »Ritt über den Bodensee«. Deutschland war größer geworden, aber die Wirtschaftsleistung pro Kopf und damit der Verteilungsspielraum war im Vergleich zum westdeutschen Niveau drastisch gesunken: um knapp 16 Prozent. Die Situation ähnelte im Prinzip derjenigen der beiden Ölpreisexplosionen. Der Verteilungsspielraum schrumpfte abrupt, diesmal aber in ungleich größerem Maße. Leider setzte sich die Parallele weiter fort: Im Osten wollte man die möglichst rasche Angleichung der Löhne an das Westniveau, im Westen wollte man nicht zur Kenntnis nehmen, daß der gesamtdeutsche Kuchen pro Kopf kleiner geworden war. Die Konsequenzen für die Beschäftigung waren entsprechend. Nach der Eins-zu-eins-Umstellung der Währung, der sich ein rascher Lohnanstieg anschloß, brach der Arbeitsmarkt im Osten zusammen. Innerhalb von zwei Jahren verloren rund drei Millionen Ostdeutsche ihren Arbeitsplatz.

Der wirtschaftliche Aufbau im Osten erforderte massive finanzielle Unterstützung aus den alten Ländern. Jährliche Transfers in dreistelliger Milliardenhöhe wurden geleistet. Diese riesigen Transferleistungen flossen gerade in der ersten Zeit in Form von Nachfrage nach Konsum- und Investitionsgütern meist umgehend wieder in den Westen zurück. Die Transfers wirkten damit auf die alten Länder zunächst wie ein riesiges fiskalpolitisches Konjunkturprogramm. In der Euphorie des Vereinigungsbooms sattelten die Tarifpartner bei den anstehenden Lohnabschlüssen in Westdeutschland noch drauf. 1991 und 1992 erreichte der Lohnanstieg jeweils knapp die Marke von sechs Prozent. Dieser Anstieg ging weit über die Produktivität hinaus. So stiegen die Lohnstückkosten im Jahre 1992 um etwa fünf Prozent. Der Anstieg der Lohnstückkosten lag damit deutlich über denen wichtiger konkurrierender Industrienationen. Für sich genommen mußte dieser Verlust an preislicher Wettbewerbsfähigkeit zu einer Abwertung der D-Mark führen. Das Gegenteil trat aber ein. Die D-Mark entwickelte sich ganz anders, als es die Kaufkraftparität signalisierte. Im Zeitraum 1989 bis 1993 kam es zu einer Aufwertung der D-Mark gegenüber 18 wichtigen Industrieländern um gut neun Prozent. Geradezu schockartig verteuerte sich die D-Mark gegenüber den Währungen wichtiger europäischer Handelspartner und Konkurrenten gegen Ende 1992. Binnen eines Vierteljahres sank die italienische Lira gegenüber der D-Mark um 13,5 Prozent, die spanische Peseta um zehn Prozent und das britische Pfund um 14 Prozent.

Die Folge war ein Einbruch des Exports und der Beschäftigung auch in den alten Bundesländern. Die Arbeitslosigkeit schnellte in Westdeutschland um etwa eine Million nach oben. Der Konjunktureinbruch im Westen erfaßte auch den Osten. Die mitten im Aufbau befindlichen jungen Unternehmen im Osten, die noch mit vielfältigen Kinderkrankheiten zu kämpfen hatten, wurden so mit in den allgemeinen Abwärtstrend hineingerissen. Hinzu kam in dieser schwierigen Lage nach dem Fall des quer durch Europa laufenden Eisernen Vorhangs neue Konkurrenz aus Mittel- und Osteuropa sowie den Nachfolgestaaten der ehemaligen Sowjetunion. Der Warnruf »Hongkong vor der Haustüre« erscholl. Zwar sah ein Teil der Unternehmen langfristig auch neue Chancen aufgrund wachsender Absatzmärkte im Osten, die Furcht vor neuen Konkurrenten bei arbeitsintensiver Massenfertigung bestimmte aber zunächst das Bild.

Wirtschaftspolitische Antworten auf neue Herausforderungen

Der Konjunktureinbruch 1993 und die neuen weltwirtschaftlichen Herausforderungen lenkten den Blick zurück auf die Standortdiskussion, die – wie erwähnt – bereits vor der deutschen Einheit begonnen hatte. Im Spätsommer 1993 legte die Bundesregierung einen umfangreichen Bericht zur »Zukunftssicherung des Standortes Deutschland« vor. Der Standortbericht der Bundesregierung markierte eine Zäsur in der Wirtschaftspolitik. Zum einen bedeutete er das Ende der starken Fixierung auf die Integration der neuen Bundesländer. Zum anderen wurde die Wirtschaftspolitik deutlich aktionsorientierter. Mit dem Jahreswirtschaftsbericht 1994 verkündete die Bundesregierung ein »Aktionsprogramm für mehr Wachstum und Beschäftigung«, das einen 30-Punkte-Maßnahmenkatalog enthielt. Anfang 1996 verabschiedete die Bundesregierung ein »Aktionsprogramm für Investitionen und Arbeitsplätze«, diesmal in 50 Punkten. Im April des gleichen Jahres beschloß die Regierungskoalition ein »Programm für mehr Wachstum und Beschäftigung«. Ebenfalls Anfang 1996 verständigte sich die Bundesregierung mit den großen Wirtschaftsverbänden und Gewerkschaften auf ein »Bündnis für Arbeit und zur Standortsicherung«. Ziel des Bündnisses ist es, die Zahl der Arbeitslosen bis zum Ende des Jahrzehnts um die Hälfte zu senken.

Die zur Sicherung des Standortes beschlossenen Maßnahmen führen zum einen die bisherigen Linien der Angebotspolitik weiter. Schwerpunkte sind dabei eine Offensive für unternehmerische Selbständigkeit und Innovation, eine wachstums- und beschäftigungsfördernde Steuerpolitik, die Gewährleistung dauerhaft solider Staatsfinanzen sowie mehr Beschäftigung durch Wettbewerb. Maßnahmen zur Entbürokratisierung, Deregulierung oder Privatisierung sowie zur Verbesserung der Innovations- und Qualifizierungsbedingungen stehen ebenfalls in der Tradition der Angebotspolitik der achtziger Jahre. Neu dagegen ist die Konzentration vielfältiger Maßnahmen auf das Ziel, die Kosten der Arbeit zu senken. Hierfür steht zum einen die Einbindung der Tarifpartner in das Bündnis für Arbeit und zur Standortsicherung. Dies zielt auf Moderation bei den Löhnen sowie den tariflichen und freiwilligen Lohnnebenkosten. Zum anderen sollen über Reformmaßnahmen im Bereich der Sozialversicherung die gesetzlichen Lohnnebenkosten gesenkt werden. Mit der Änderung des Gesetzes über die Lohnfortzahlung im Krankheitsfall wird der Gestaltungsspielraum hier deutlich ausgeweitet. »Wer die Löhne festlegt, bestimmt wesentlich das Beschäftigungsniveau« heißt es kurz und bündig im Standortbericht. Es liegt in der Konsequenz dieses Befundes, nunmehr parallel zur Steigerung der Produktivität auch auf die Senkung der Arbeitskosten zu setzen.

Die Standortpolitik der neunziger Jahre bezog in zunehmendem Maße die europäische Ebene mit in die Betrachtungen ein. Schon die Vollendung des Europäischen Binnenmarktes wurde als wichtiger Schritt gesehen, um die Wettbewerbsfähigkeit Europas im Vergleich zu den USA und Japan zu verbessern. Mit der Initiative zum Ausbau transeuropäischer Netze wurden neue Anstrengungen im Infrastrukturbereich angestoßen. Das ehrgeizigste Projekt stellt aber zweifellos die Europäische Währungsunion dar. Mit der Europäischen Währungsunion soll zugleich auch eine neue wirtschaftliche Dynamik in Europa freigesetzt werden.

Bereits 1989 faßte der Wissenschaftliche Beirat beim Bundesministerium für Wirtschaft in seinem Gutachten »Europäische Währungsordnung« die Vorteile einer Währungsunion wie folgt zusammen: »Für die Ergänzung des europäischen Binnenmarktes durch eine Währungsunion spricht, daß die Kosten der grenzüberschreitenden Transaktionen sinken, daß die Risiken von Wechselkursänderungen verschwinden und daß die Möglichkeit beseitigt wird, durch diskretionäre Wechselkurspolitik die Wettbewerbsverhältnisse zu verzerren. (...) Ein Binnenmarkt in Verbindung mit einer Währungsunion macht zudem ein einzelnes Mitgliedsland gegenüber monetären außenwirtschaftlichen Störungen weniger anfällig.« Diesen unbestrittenen Vorteilen steht allerdings die Sorge um die Stabilität des Euro gegenüber.

Der Euro bringt jedoch eine weitere wichtige Veränderung, die man vorab weder als Vor- noch als Nachteil einstufen kann. Innerhalb des EWS galt bisher in ganz ähnlicher Weise wie im System von Bretton Woods, daß die Geldpolitik der führenden Wirtschaft den geldpolitischen Kurs der anderen Mitgliedsländer des Festkurssystems bestimmte. Der damaligen Führungsrolle des Dollars entsprach im EWS eine Führungsrolle der D-Mark, die zur europäischen Ankerwährung wurde. Länder, die die Währungsparität gegenüber der D-Mark halten wollten, waren gezwungen, dem geldpolitischen Kurs der Bundesbank strikt zu folgen. Neben dem Wunsch zur Beseitigung von Währungsturbulenzen war die Beendigung dieser Führungsrolle der Bundesbank ein eigenes Motiv der Mitgliedsländer der Europäischen Union, die gemeinsame Währungsunion zu wagen. Mit der Europäischen Währungsunion verliert die Bundesbank diese europäische Führungsrolle.

Die Geldpolitik wird sozusagen vergemeinschaftet und einer unabhängigen Europäischen Zentralbank anvertraut. Viele Mitgliedsländer der Europäischen Union hoffen, daß die neue gemeinsame europäische Geldpolitik ihren jeweiligen konjunkturpolitischen Erfordernissen stärker Rechnung tragen wird, als dies die Bundesbank in der Vergangenheit getan hat. Wie die Europäische Zentralbank diesen Erwartungen gerecht werden kann, ohne das Stabilitätsziel zu gefährden, soll eingehend im fünften Kapitel diskutiert werden.

Beschäftigungspolitische Bilanz der Angebotspolitik

Auch mit dem seit 1982 verfolgten angebotspolitischen Kurs ist es bislang in Deutschland nicht gelungen, der Arbeitslosigkeit Herr zu werden. Das Beschäftigungsproblem hat sich sogar weiter verschärft. Muß das Konzept der Angebotspolitik deshalb beschäftigungspolitisch als gescheitert angesehen werden? Man kann auch die Auffassung vertreten, Angebotspolitik sei bisher noch nicht intensiv genug betrieben worden. Ein schwer zu widerlegendes Argument – oder eine Immunisierung gegen Kritik? Auch wenn man berücksichtigt, daß angebotsorientierte Politik auf langfristige Wirkungen angelegt ist und einen langen Atem braucht, sollten fünfzehn Jahre genug sein, um eine erste Bilanz zu ziehen. Das jedenfalls unternimmt der Sachverständigenrat in seinem Jahresgutachten 1997/98.

Tatsächlich hält der Rat es dabei für verfehlt, von fünfzehn Jahren angebotsorientierter Politik zu sprechen. Zwar stellt er der Politik bei der Privatisierung und der Deregulierung ein gutes Zeugnis aus. Als unbestreitbarer Erfolg der angebotspolitischen Ära wird die Inflationsbekämpfung eingestuft. Aber der Rat findet auch viele Haare in der Suppe. Die Reformen der sozialen Sicherungssysteme stuft er als ein Kurieren an den Symptomen ein. Er vermißt in der Fiskalpolitik eine Strategie der qualitativen Konsolidierung, um finanzpolitischen Handlungsspielraum wiederzugewinnen. So sei es nicht gelungen, die Steuerquote zurückzuführen. Die Beitragssätze zur Sozialversicherung und damit die Lohnnebenkosten seien sogar erheblich gestiegen. Die Defizitquote verharre auf hohem Niveau. Der Rat stellt dabei in Rechnung, daß die deutsche Einheit enorme finanzielle Belastungen und vielfältige neue und unerwartete Probleme mit sich gebracht hat, die nicht von heute auf morgen gelöst werden können.

Wie sieht die Bilanz in den Bereichen aus, die nicht in der Verantwortung der Regierung liegen? Die Geldpolitik sollte nach angebotspolitischer Vorstellung am mittelfristigen Potentialwachstum der Wirtschaft ausgerichtet sein und stetig verlaufen. Sie sollte so zur Stabilisierung der Erwartungen der Investoren beitragen. Seit Anfang der achtziger Jahre sind die Schwankungen der Geldmenge jedoch keineswegs geringer geworden. Auch in den neunziger Jahren sind die Geldmengenziele ebenso oft verfehlt wie erreicht worden.

Wie schnitt die Lohnpolitik ab, für die die Tarifpartner verantwortlich zeichnen? Von 1981 bis heute lag der durchschnittliche Anstieg der Reallöhne unter dem Anstieg der Arbeitsproduktivität. Mit anderen Worten: Hier wurde eine wichtige angebotspolitische Norm erfüllt. Der Rat wendet allerdings auch hier ein, daß die Löhne noch nicht genügend hinter dem Produktivitätsanstieg zurückgeblieben seien. Außerdem seien die Produktivitätssteigerungen zumindest teilweise auch ein Ergebnis von Entlassungen von Arbeitskräften. Der gemessene Produktivitätsanstieg sei deshalb keine geeignete Richtschnur für die Lohnabschlüsse. Defizite gebe es überdies nach wie vor bei der Differenzierung der Löhne und der Flexibilität des Arbeitsmarktes.

Dem Rat ist zuzustimmen, daß die Widerstände gegen die Angebotspolitik bisher enorm waren. Aber können diese Widerstände künftig überwunden werden? Worauf soll sich unsere Hoffnung stützen, daß die Angebotspolitik in Zukunft gerade beschäftigungspolitisch erfolgreicher sein wird? Oder gibt es vielleicht doch einen Weg zu mehr Beschäftigung, der nicht allein über die Angebotspolitik führt?

Kapitel 3

Ökonomische Grundlagen der Beschäftigungspolitik

Im zweiten Kapitel haben wir die groben Linien der Wirtschaftsentwicklung und -politik in Deutschland seit der Währungsreform im Jahr 1948 nachgezeichnet. Nach diesem Parforceritt durch die jüngere deutsche Wirtschaftsgeschichte stellt sich die Frage nach den Möglichkeiten der Wirtschaftspolitik. Hätte sie in der Bekämpfung der Arbeitslosigkeit mehr leisten können? Kann sie für die Zukunft mehr leisten? Die Antworten auf diese Fragen setzen eine Vorstellung darüber voraus, wie ein Rückgang oder ein Anstieg der Beschäftigung zustande kommt. Je nachdem, welcher Theorie man anhängt, gelangt man zu völlig unterschiedlichen Antworten auf diese Fragen. In der Medizin gilt der Grundsatz: Keine Therapie ohne Diagnose. Entsprechend brauchen wir zum Kurieren vom Übel der Arbeitslosigkeit eine brauchbare Theorie. Theorie und Praxis stehen also keinesfalls in einem Gegensatz zueinander. Immanuel Kant hat dies auf die einprägsame Formel gebracht: »Es gibt nichts Praktischeres als eine gute Theorie«. Anders ausgedrückt, ist die gute Theorie eben daran zu erkennen, daß sie in der Praxis anwendbar ist und dort funktioniert. Angesichts der Komplexität der Realität ist Theorie dabei immer auf Vereinfachung angewiesen. In der »richtigen« Vereinfachung liegt gerade das Geniale einer guten Theorie. Es macht deshalb keinen Sinn, eine Theorie wegen ihrer realitätsfernen Annahmen zu kritisieren. Entscheidend ist, ob sie wahre Aussagen über die Realität treffen kann. Daran entscheidet sich, ob die Annahmen zu restriktiv waren oder ob die wesentlichen Elemente der komplexen Wirklichkeit als »stylized facts« eingefangen wurden. Die Richtigkeit der Theorie erweist sich letztlich am praktischen Erfolg einer auf diese Theorie gestützten Wirtschaftspolitik.

Was ist Angebotspolitik? Eine Kurzcharakteristik und kritische Fragen

Der grobe Überblick über die jüngere Wirtschaftsgeschichte im zweiten Kapitel hat gezeigt, daß die seit Anfang der achtziger Jahre betriebene angebotsorientierte Wirtschaftspolitik ein ganzes Bündel von Maßnahmen umfaßt. Lassen sich diese Maßnahmen in eine gewisse systematische Ordnung bringen? Was ist im Kern gemeint, wenn von Angebotspolitik die Rede ist?

Befragt man dazu einen Vertreter der angebotsorientierten Wirtschaftspolitik mit der Bitte um kurze Antwort, würde er seine Haltung vielleicht in den folgenden zehn Grundpositionen zusammenfassen:

- Unfreiwillige Arbeitslosigkeit: das Problem Nummer eins der Wirtschaftspolitik.
- Die Tarifparteien sind für die Beschäftigung verantwortlich.
- Der Arbeitsmarkt ist zu inflexibel, die Arbeitskräfte sind zu immobil.
- Das Angebot schafft sich seine Nachfrage.
- Mehr Wachstum schafft mehr Beschäftigung.
- Eine zu hohe Staatsquote lähmt die Wirtschaft.
- Leistung muß sich wieder lohnen: wirtschaftliche Anreize durch Steuersenkung.
- Beschäftigung schaffen heißt, sich im internationalen Standortwettbewerb zu behaupten.
- Fiskalpolitik: nichts als beschäftigungspolitisches Strohfeuer.
- Geldpolitik muß für stabile Preise sorgen.

Diese Grundpositionen sollen nachfolgend kurz erläutert und kommentiert werden. Wo nötig, müssen auch bereits einige Fragen an die Angebotspolitik gerichtet werden.

Unfreiwillige Arbeitslosigkeit: das Problem Nummer eins der Wirtschaftspolitik

Jeder kennt die Stammtischparolen, wonach die meisten Arbeitslosen gar nicht arbeiten wollen, da sie von der »Stütze« und von Schwarzarbeit viel besser leben als bei einem geregelten Arbeitsverhältnis. Zweifellos gibt es Arbeitslose, die nicht arbeiten wollen und Sozialleistungen mißbräuchlich in Anspruch nehmen. Fatal wäre jedoch, die Ausnahme zur Regel zu erklären und das Problem der unfreiwilligen Arbeitslosigkeit einfach zu negieren. Die angebotsorientierte Politik tut das nicht. Zwar geht man in der Praxis wohl zu Recht davon aus, daß ein gewisser Teil der Arbeitslosen dem Arbeitsmarkt nicht zur Verfügung steht und daß es einen Mißbrauch von Sozialleistungen gibt. Es gibt also fraglos so etwas wie freiwillige oder auch unechte Arbeitslosigkeit. Über die Höhe ihres Anteils an der Gesamtarbeitslosigkeit kann man streiten. Unzweifelhaft dürfte jedoch sein, daß der weit überwiegende Teil der Arbeitslosigkeit unfreiwilliger Natur ist. Deshalb hat die Politik die Arbeitslosigkeit zum Problem Nummer eins erklärt. Die Unterscheidung zwischen freiwilliger und unfreiwilliger Arbeitslosigkeit ist wirtschaftspolitisch von außerordentlich hoher Bedeutung, weil die Maßnahmen zur Bekämpfung der Arbeitslosigkeit in beiden Fällen höchst unterschiedlich sein müssen. Bei ausschließlich freiwilliger Arbeitslosigkeit würde es im wesentlichen ausreichen, Mißbrauch von Sozialleistungen zu bekämpfen und das Lohnabstandsgebot einzuhalten, das heißt, der Abstand zwischen den untersten Lohngruppen und dem Sozialhilfesatz dürfte nicht zu gering werden. Zum Abbau der unfreiwilligen Arbeitslosigkeit hilft das nicht weiter.

Die Tarifparteien sind für die Beschäftigung verantwortlich

Lohnhöhe und Lohnstruktur werden im Rahmen der Tarifautonomie zwischen Arbeitgeberverbänden und Gewerkschaften ausgehandelt. Bei der Suche nach den Schuldigen an der Beschäftigungsmisere fällt der Blick deshalb schnell auf Arbeitgeberverbände und Gewerkschaften. Die Angebotspolitik macht denn auch die Hauptverantwortung für die Beschäftigungsentwicklung bei den Tarifparteien fest. Weniger zurückhaltend ausgedrückt lautet der Vorwurf: Die Gewerkschaften sind schuld.

Bedacht werden sollte jedoch, daß den Gewerkschaften nur dann die Schuld gegeben werden kann, wenn sie wirklich über die reale Lohnhöhe und Lohnstruktur bestimmen. Nach Auffassung der Vertreter der angebotsorientierten Politik ist dies der Fall. Keynes dagegen betonte, daß die Tarifparteien nur die Nominallöhne festlegen, nicht jedoch die Reallöhne. Hier kommen Preisentwicklung und damit die Geldpolitik mit ins Spiel. Keynes hatte vor Augen, daß in der Weltwirtschaftskrise die Nominallöhne kräftig – teilweise bis zu einem Drittel – gesunken waren, ohne daß dadurch eine positive Beschäftigungsentwicklung ausgelöst worden wäre. Die Nominallohnsenkungen führten vielmehr vor allem zu Preissenkungen. Die Preise fielen manchmal sogar schneller als die Löhne, so daß die Reallöhne trotz fallender Nominallöhne stiegen. Zumindest damals konnte die Schuld an der Krise also nicht den Gewerkschaften angelastet werden. Die Angebotspolitik geht jedoch davon aus, daß die Tarifparteien heute eine in etwa zutreffende Vorstellung über die künftige Preisentwicklung haben. Lohnvereinbarungen hätten deshalb immer die Reallohnentwicklung im Blick. Zur Klärung der Schuldfrage bleibt in jedem Fall die Frage zu beantworten, ob die Beschäftigung tatsächlich über Reallohnanpassungen nach Belieben gesteuert werden kann oder ob der gesamtwirtschaftlichen Nachfrage eine eigenständige Rolle zukommt.

Der Arbeitsmarkt ist zu inflexibel, die Arbeitskräfte sind zu immobil

Die Angebotspolitik geht davon aus, daß Starrheiten auf dem Arbeitsmarkt eine rasche und flexible Anpassung der Reallöhne unterbinden oder zumindest verzögern. Als größtes Hindernis für mehr Flexibilität gilt dabei der Flächentarifvertrag, der für ganze Branchen Löhne vorschreibt, die von den einzelnen Betrieben nicht unterschritten werden dürfen. Der Flächentarifvertrag wird als kollektive Vereinbarung zwischen Arbeitgeberverbänden und Gewerkschaften auf Kosten der Arbeitslosen gebrandmarkt. Arbeitsplatzbesitzer setzten dabei ihr Interesse an möglichst hohen Löhnen ohne Rücksicht auf die Arbeitslosen durch. Den Arbeitslosen werde die Möglichkeit genommen, durch Zugeständnisse bei den Löhnen ihre Chancen am Arbeitsmarkt zu verbessern. Wegen der davon ausgehenden Beschränkung der individuellen Vertragsfreiheit könnten die Reallöhne ihre Funktion, Angebot und Nachfrage auf den Arbeitsmärkten auszugleichen, nur mangelhaft erfüllen. In der Dezentralisierung der Lohnfindung sehen Anhänger der Angebotspolitik deshalb einen entscheidenden Schlüssel für mehr

Beschäftigung. Eine kritische Auseinandersetzung mit dieser Position stellen wir im Interesse einer möglichst geschlossenen Darstellung der Positionen der Angebotspolitik bis zum fünften Kapitel zurück.

Neben dem Flächentarifvertrag werden von der Angebotspolitik noch weitere Flexibilitätshemmnisse am Arbeitsmarkt beklagt. So baue beispielsweise das unübersichtliche und zu arbeitnehmerfreundliche Arbeitsrecht zusätzliche Beschäftigungshemmnisse auf. Hinzu komme die oft mangelnde Mobilität und Flexibilität der Arbeitslosen selbst. Was ist dran an diesen Vorwürfen? Arbeitnehmerfreundliche arbeitsrechtliche Bestimmungen, wie zum Beispiel der gesetzliche Kündigungsschutz, verteuern für Unternehmen die Beschäftigung von Arbeitskräften. Ein Abbau des Kündigungsschutzes würde also die Kosten der Arbeit für die Unternehmen senken. Dem ist soweit nicht zu widersprechen. Gefragt werden kann aber, ob eine gegebenenfalls erforderliche Senkung der Kosten der Arbeit über diesen Weg oder über eine Senkung der Reallöhne in gleichwertiger Höhe angestrebt werden soll. Die hier bestehenden Optionen sollten den Betroffenen klar vor Augen geführt werden.

Wie sieht es beispielsweise mit der Mobilität aus? Ist es beschäftigungspolitisch notwendig, daß die Menschen mobiler werden? In einer Marktwirtschaft sollten Mobilitätsentscheidungen von Individuen individuell getroffen werden. Wer mobil ist, kann dabei selbstverständlich auch Chancen nutzen, die sich überregional bieten. Höhere Mobilität kann so zu höherem Einkommen führen. Weniger mobile Menschen müssen sich dagegen mit dem Einkommen »vor Ort« begnügen. Bei einer klugen gesamtwirtschaftlichen Beschäftigungspolitik läßt es sich – wie wir später sehen werden – stets so einrichten, daß die Option lautet: Mobilität oder Einkommenseinbuße und nicht etwa Mobilität oder Arbeitslosigkeit.

Das Angebot schafft sich seine Nachfrage

Angebotspolitik sucht – wie schon der Name ausdrückt – die Lösung wirtschaftlicher Probleme primär auf der Angebotsseite. Sie geht davon aus, daß bei hoher angebotsseitiger Flexibilität Nachfrage stets in ausreichendem Maße vorhanden ist. Diese Auffassung – dem Ökonomen geläufig als »Say'sches Gesetz« – steht in deutlichem Kontrast zur Alltagserfahrung. Waren und Dienstleistungen, die zu teuer sind oder an den Bedürfnissen der Konsumenten vorbeigehen, finden keinen Absatz. Die Unternehmen investieren bekanntlich hohe Summen in Marktforschung, Werbung und Absatzförderung. Das Gesetz von Say hat noch keinem Unternehmen die Sorgen um den Absatz seiner Produkte genommen. Unternehmer würden das Gesetz von Say auf den Kopf stellen: Jeden Tag aufs neue machen sie die Erfahrung, daß sie nur dann anbieten können, wenn eine entsprechende Nachfrage vorhanden ist oder wenigstens vermutet werden kann.

Ein akademischer Streit über das Say'sche Gesetz hilft uns aber nicht weiter. Erklärt werden muß letztlich, was Unternehmer veranlaßt, ihr Angebot auszuweiten und mehr zu investieren als bisher. Auf diese Frage gibt es eine einfache Antwort, der sich Angebotspolitiker jeder Couleur anschließen können: Unternehmen werden ihr Angebot ausweiten, wenn sie einen ausreichenden Absatz, also genügend Nachfrage erwarten. Allerdings ist es keineswegs selbstverständlich, daß gesamtwirtschaftlich stets ausreichende Nachfrage vorhanden ist. Wir müssen also neben der Angebotsseite gleichzeitig auch die Nachfrageseite in den Blick nehmen, wenn wir mehr Beschäftigung schaffen wollen – »God gave us two eyes«. Um nicht falsch verstanden zu werden: Wenn Steuerungsfehler eindeutig und abgrenzbar auf der Angebotsseite zu suchen sind, sind sie auch dort zu beheben. Angebotspolitik ist auch künftig auf vielen Feldern notwendig. Von einer guten Angebotspolitik kann man gar nicht genug bekommen. Wer das eine Auge öffnet, muß nicht das andere schließen.

Mehr Wachstum schafft mehr Beschäftigung

Unter dem Gesichtspunkt ihrer beschäftigungspolitischen Wirkung müssen wir unterscheiden zwischen angebotspolitischen Maßnahmen, die an der Verbesserung der Produktivität, und solchen, die an den Kosten der Arbeit ansetzen. Auch der umfassendste angebotspolitische Maßnahmenkatalog läßt sich beschäftigungspolitisch gesehen auf diese zwei Bereiche reduzieren. Maßnahmen zur Stärkung des Wettbewerbs, Deregulierung und Privatisierung, der Abbau bürokratischer

Belastungen, Aktivitäten im Bereich Bildung, Forschung und Entwicklung zielen alle auf eine Steigerung der Produktivität und damit auf eine Stärkung der Wachstumskräfte. Angebotspolitik ist insoweit Wachstumspolitik. Anstrengungen zur Begrenzung der Löhne und der Lohnnebenkosten sowie zur Flexibilisierung des Arbeitsmarktes zielen dagegen auf die Senkung der Kosten der Arbeit. Wachstumspolitik dient der Steigerung des Produktionspotentials, dagegen soll mit der Senkung der Kosten der Arbeit eine bessere Auslastung des Produktionspotentials erreicht werden. Weder über angebotsseitige Maßnahmen zur Produktivitätssteigerung noch über die Senkung der Kosten der Arbeit kann jedoch die beschäftigungspolitisch durchgängig erforderliche Abstimmung von Verteilungsspielraum und Ansprüchen an das Sozialprodukt effizient geleistet werden.

Wachstumspolitik kann allenfalls dazu beitragen, Verteilungskonflikte und daraus resultierende Risiken für die Beschäftigung zu entschärfen. Mehr Wachstum führt aber nicht zwingend auch zu mehr Beschäftigung. Wenn im Zuge des Wachstums die Reallöhne schneller steigen als die Produktivität, ist das Ergebnis unter Umständen mehr Wachstum bei weniger Beschäftigung. So verlockend es auf den ersten Blick ist: Allein über einen Produktivitätsanstieg ist mehr Beschäftigung nicht zu sichern. Tatsächlich hoffte man in Deutschland lange Zeit vergebens, aus der Arbeitslosigkeit »herauszuwachsen«. Die Hoffnung war, über einen beschleunigten Produktivitätsanstieg die Reallöhne einzuholen. Löhne, die unter den gegebenen Verhältnissen zu hoch sind, um Vollbeschäftigung zu ermöglichen, könnten zu einer Wirtschaft auf einem höheren Wachstumsniveau passen. In einer Anpassung der Reallöhne an die Produktivität wurde dagegen ein rein defensiver Ansatz gesehen, dem die offensive Strategie einer Stärkung des Wachstums entgegengesetzt wurde. Die Erfahrung zeigte jedoch, daß der Wettlauf zwischen Hase und Igel bisher nicht zugunsten des Hasen entschieden werden konnte. Mehr und mehr setzte sich deshalb – wie im zweiten Kapitel dargestellt – die Überzeugung durch, daß durchgreifende beschäftigungspolitische Erfolge nur zu erzielen sind, wenn zugleich auch an den Arbeitskosten angesetzt wird.

Die Senkung der Kosten der Arbeit zielt prinzipiell darauf ab, die beschäftigungspolitisch erforderliche Übereinstimmung von Verteilungsspielraum und Ansprüchen an das Sozialprodukt herbeizuführen, kann diese Abstimmung aber – wie im vierten Kapitel gezeigt wird – nicht befriedigend leisten. Nur in einem Zusammenwirken von Angebots- und Nachfragepolitik kann diese Aufgabe effizient geleistet werden, niemals allein angebotspolitisch.

Wenn wir Angebotspolitik unter Beschäftigungsgesichtspunkten auf Wachstumspolitik und Maßnahmen zur Senkung der Kosten der Arbeit reduzieren, soll damit nicht behauptet werden, daß von anderen angebotspolitischen Maßnahmen, wie etwa der Senkung der Staatsquote, der Steuer- und Sozialpolitik oder der Umweltpolitik keine Beschäftigungswirkungen ausgehen. Wie anschließend gezeigt wird, kommt es in diesen Bereichen der Wirtschaftpolitik jedoch darauf an, die dort heute bestehenden, teilweise massiven Konflikte zum Beschäftigungsziel aufzulösen. In dem Maße, wie dies gelingt, stehen diese Politikbereiche aber als aktive Instrumente der Beschäftigungspolitik nicht zur Verfügung.

Eine zu hohe Staatsquote lähmt die Wirtschaft

Nach angebotspolitischer Auffassung hat der Staat zu viele Aufgaben übernommen. Die Rückführung der Staatstätigkeit und die Senkung der Staatsquote ist deshalb ein zentrales Anliegen der Angebotspolitik. Was kann eine Senkung der Staatsquote für die Beschäftigung bringen? Soweit tatsächlich Staatsproduktion entfällt, also privatisiert wird, kann man zumindest auf einen Produktivitätsanstieg hoffen. Die Staatsproduktion umfaßt die Leistungen, die von Staatsbediensteten erstellt werden. Der Staat beschäftigt knapp 15 Prozent der Erwerbspersonen. Die Staatsquote liegt aber bei rund 50 Prozent. Sie umfaßt eben wesentlich mehr als die eigentliche Staatsproduktion. Zur Staatsquote werden auch Leistungen gerechnet, die privatwirtschaftlich im Auftrag der öffentlichen Hand erstellt werden, also zum Beispiel praktisch sämtliche Infrastrukturleistungen. Die Staatsquote umfaßt auch reine Transferleistungen, wie etwa Sozialversicherungsleistungen und die Bedienung der Staatsschulden. Mit einem Produktivitätsgewinn aus einer Senkung der Staatsquote kann hier nicht argumentiert werden. Gerade bei der Infrastruktur gilt genau das Gegenteil: Je besser die Infrastrukturausstattung einer Volkswirtschaft, desto produktiver sind Investitionen der privaten Wirtschaft. Einen sehr hohen Anteil an der

Staatsquote machen Zinszahlungen zur Bedienung der Staatsschulden aus. Etwa ein Viertel der öffentlichen Ausgaben dient nur dazu, Zinsen auf früher eingegangene Schulden zu bezahlen. Dieser Schuldenberg kann aber – wenn man den Weg der schleichenden Enteignung der Sparer über Inflation einmal ausschließt – nur über höhere Steuern abgetragen werden, was den Zielen der angebotsorientierten Politik diametral entgegenlaufen würde.

Man kann es drehen und wenden wie man will, die Senkung der Staatsquote kann zur Verbesserung der Beschäftigungssituation wenig beitragen. Der Grund dafür ist einfach: Der Staat muß ein gewisses Maß an öffentlichen Gütern bereitstellen, also Verteidigung, öffentliche Sicherheit, Verwaltung, Rechtssicherheit, Bildung, Infrastruktur und vieles mehr. Gemessen an den Bedürfnissen der Bürger, aber auch am Rentabilitätskalkül der Unternehmer gibt es ein optimales Verhältnis zwischen öffentlichen und privaten Gütern. Dieses Optimum sollte der Staat anstreben. Die Staatsquote scheidet damit als Instrument der Beschäftigungspolitik aus.

Leistung muß sich wieder lohnen: wirtschaftliche Anreize durch Steuersenkung

An die Steuerpolitik knüpft die Angebotspolitik die Forderung, daß privatwirtschaftliche Initiative möglichst wenig beeinträchtigt wird. Soweit besteht Konsens: Niedrigere Steuern sind für die Wirtschaft besser als hohe. Spielraum für Steuersenkungen gibt es jedoch nur im Wege der Ausgabensenkung bzw. der Erhöhung der Defizite der öffentlichen Haushalte. Angesichts der derzeitigen Verschuldungssituation in Deutschland sowie der Verpflichtung zur Begrenzung der Budgetdefizite, die der im Rahmen der Europäischen Währungsunion geschlossene Stabilitätspakt vorsieht, scheidet eine Ausweitung der Verschuldung aus. Auch Ausgabensenkungen, die einen vom Volumen her nennenswerten Beitrag leisten könnten, sind kaum in Sicht. Der Staat hat unabweisbare Aufgaben zur Bereitstellung öffentlicher Güter und riesige Zinslasten aus der Verschuldung. Bei der Steuerpolitik bestehen nach Lage der Dinge kaum Spielräume für allgemeine Steuersenkungen.

Nach angebotspolitischer Auffassung müssen für mehr Wachstum und Beschäftigung die wirtschaftlichen Anreize insbesondere für die sogenannten Leistungsträger verbessert werden. Eine Senkung der Spitzensteuersätze steht deshalb auf dem Wunschzettel der Angebotspolitik ganz oben. Angesichts der insgesamt begrenzten Steuersenkungsspielräume lassen sich aber die Spitzensteuersätze nur senken, wenn eine »Gegenfinanzierung« zum Beispiel im Bereich der Sozialleistungen gefunden oder die Steuerstruktur verändert wird. Dieser Punkt ist gewichtig genug, um ihm ein eigenes Kapitel zu widmen. Die Diskussion der Möglichkeiten, über die Steuer- und Sozialpolitik einen beschäftigungspolitischen Beitrag zu leisten, wird also bis zum sechsten Kapitel zurückgestellt. Dort werden wir zu ähnlichen Ergebnissen kommen wie bei der Staatsquote: Aufgabe der Steuerpolitik ist es, die steuerliche Beeinträchtigung von wirtschaftlicher Aktivität zu minimieren und das Steuersystem so zu gestalten, daß gesellschaftspolitisch gewünschte Umverteilungsziele verfolgt werden können. Als Instrument der Beschäftigungspolitik fällt die Steuerpolitik damit aus.

Beschäftigung schaffen heißt, sich im internationalen Standortwettbewerb zu behaupten

Im Zuge der Globalisierung der Wirtschaft wurde – wie im zweiten Kapitel beschrieben – die Angebotspolitik zur Standortpolitik weiterentwickelt. Aus dem europäischen Integrationsprozeß sowie der Globalisierung der Wirtschaft folgt nicht nur eine Intensivierung des Wettbewerbs, der Wettbewerb erhält auch eine völlig neue Dimension. Konkurrenz besteht nicht mehr allein auf Unternehmensebene, sondern der Wettbewerb erstreckt sich auf ganze Volkswirtschaften. Der gesamte Rechts- und Ordnungsrahmen einer Volkswirtschaft, wie zum Beispiel das Steuersystem, muß sich im Wettbewerb mit Regulierungssystemen anderer Staaten bewähren. Auch das System der sozialen Sicherung ist dem Wettbewerb der Systeme unterworfen.

Bekanntlich werden im Rahmen der Sozialversicherung die Beiträge je zur Hälfte von Arbeitnehmern und Arbeitgebern aufgebracht. Der Arbeitgeberanteil zur Sozialversicherung ist ein quantitativ bedeutendes Element der vielbeklagten sogenannten Lohnnebenkosten. Diese

Lohnnebenkosten sind etwa in Großbritannien viel niedriger. Wegen der Freizügigkeit für Arbeitskräfte in der Europäischen Union können aber deutsche Arbeiter, für die Sozialversicherungsbeiträge abgeführt werden müssen, und britische Arbeiter, für die keine Beiträge abzuführen sind, gemeinsam auf einer Baustelle arbeiten. Zwangsläufig sind die britischen Arbeitskräfte unter diesen Umständen für die Arbeitgeber billiger als die deutschen. Also werden die deutschen Arbeitskräfte entlassen und verstärkt britische Arbeitskräfte angeworben. Die unterschiedlichen sozialen Sicherungssysteme schaffen also eine Wettbewerbsverzerrung im gemeinsamen Binnenmarkt. In dieser Situation hilft protektionistischer Schutz der deutschen Arbeitskräfte gegen die britische Konkurrenz nicht weiter. Aus der Logik des Wettbewerbs der Systeme folgt vielmehr ein Zwang zur Anpassung des Systems der sozialen Sicherung in Deutschland. Die Angebots- und Standortpolitik fordert, daß wir uns diesem Anpassungszwang stellen müssen. Soweit ist nicht zu widersprechen. Wir müssen das System der sozialen Sicherung in Deutschland umbauen, um keine Standortnachteile in Kauf nehmen zu müssen. Ein Abbau des Niveaus der sozialen Sicherung muß damit aber nicht verbunden sein, wenn man klug vorgeht. Wir müssen nur ein System finden, das einen Zielkonflikt zwischen Beschäftigungs- und Sozialpolitik vermeidet. Wie ein solches System aussehen könnte, wird im sechsten Kapitel zu diskutieren sein.

Auch die nationale Umweltpolitik ist dem internationalen Wettbewerb der Systeme ausgesetzt. Vertreter der Angebots- und Standortpolitik behaupten, daß wir uns angesichts der Intensivierung des Wettbewerbs eine nationale Vorreiterrolle im Umweltschutz nicht leisten können. Umweltschutz koste Arbeitsplätze, wenn die heimischen Unternehmen im Vergleich zur internationalen Konkurrenz stärker mit Umweltkosten belastet würden. Zwischen der Umweltpolitik und der Beschäftigungspolitik wird also ein Zielkonflikt gesehen. Gerade in wirtschaftlich schwierigen Zeiten wird schnell dic Forderung nach einem Stillstand der Umweltpolitik laut. Andere halten dagegen: Umweltpolitik schaffe gesamtwirtschaftlich Arbeitsplätze. Moderne Umweltschutztechnik sei ein Zukunftsmarkt von strategischer Bedeutung. Wer hier im internationalen Wettbewerb die Nase vorn habe, leiste einen unschätzbaren Beitrag zur Sicherung und Schaffung von Arbeitsplätzen. Zu klären, wer hier recht hat, ist bedeutsam genug, um die Frage des Zusammenhangs zwischen Umwelt- und Beschäftigungspolitik im sechsten Kapitel gesondert aufzugreifen. Bereits hier sei jedoch festgehalten: Es gibt einen Zielkonflikt zwischen Umweltqualität und materiellem Wohlstand, solange nicht alle materiellen Bedürfnisse befriedigt sind. Allerdings ist es bei einer klugen Umweltpolitik – auch im nationalen Alleingang – möglich, den Zielkonflikt zur Beschäftigungspolitik aufzulösen. Wie das erreicht werden kann, soll ebenfalls im sechsten Kapitel gezeigt werden.

Was bleibt dann aber übrig von der Position, daß ein hoher Beschäftigungsstand gleichzusetzen ist mit Erfolg im internationalen Standortwettbewerb? Zunächst mutet es merkwürdig an, daß eine marktwirtschaftliche Ordnung, von der sich Ökonomen aus guten Gründen den größten gegenseitigen Nutzen versprechen, nunmehr doch nach merkantilistischem Muster Gewinner und Verlierer bei der Beschäftigung hervorbringen soll. Noch irritierender ist aber, daß offenbar gar keine Gewinner der Globalisierung mehr auszumachen sind, sondern nur Verlierer und in ihrer Position Bedrohte und Gefährdete. Selbst das lange als Erfolgsmodell gepriesene Japan kämpft seit Jahren mit wirtschaftlichen Schwierigkeiten und steigender Arbeitslosigkeit. Südostasien wird von einer schweren Finanzkrise geschüttelt. Oder sollten wir das Beispiel der USA zum Vorbild nehmen? Dort gibt es seit anderthalb Jahrzehnten erhebliche beschäftigungspolitische Erfolge, aber nicht deshalb, weil dort die internationale Wettbewerbsfähigkeit und die Produktivität besonders rasch gestiegen wären. Im Gegenteil weisen gerade die USA eine relativ ungünstige Entwicklung bei der Handelsbilanz und der Produktivität auf. Der wirtschaftliche Vorsprung der USA vor anderen Industrieländern ist eher kleiner geworden.

Es führt kein Weg daran vorbei: Die Höhe der Beschäftigung in einer Volkswirtschaft ist niemals eine Frage ihrer absoluten Leistungsfähigkeit. Beschäftigungschancen sind immer eine Frage der Relation zwischen den Ansprüchen an das Sozialprodukt und dem Verteilungsspielraum. Selbst Länder, die im internationalen Standortwettbewerb zurückfallen, können Vollbeschäftigung bei geeigneter Beschäftigungspolitik aus eigener Kraft erreichen. Welche Politikfelder wir auch immer im Zusammenhang mit einem internationalen Wettbewerb von Systemen betrachten, das Ergebnis ist stets das gleiche: Wettbewerbsvorteile gegenüber Konkurrenten verbessern die Wachstumschancen der heimischen Wirtschaft. Ein Vorsprung gegenüber anderen Ländern verschafft der heimischen Wirtschaft bessere Absatzchancen und Vorreitergewinne. Dies führt gesamtwirtschaftlich zu Verbesserungen der Einkommen, nicht zwingend zu mehr Beschäftigung.

Fiskalpolitik: nichts als beschäftigungspolitisches Strohfeuer

Fiskalpolitik ist der Versuch, über Defizite und Überschüsse der öffentlichen Haushalte die volkswirtschaftliche Gesamtnachfrage zu beeinflussen. Ein Haushaltsüberschuß wirkt restriktiv, ein Haushaltsdefizit expansiv auf die Nachfrage. Von der angebotsorientierten Wirtschaftspolitik wird die Fiskalpolitik als Instrument zur Steuerung der wirtschaftlichen Entwicklung kaum noch eingesetzt. Der Glaube an die Beschäftigungswirksamkeit einer keynesianischen Fiskalpolitik ist verlorengegangen. Allenfalls könne die Fiskalpolitik zur Abwehr von gesamtwirtschaftlichen Störungen eingesetzt werden – dies aber auch nur dann, wenn eine sogenannte »keynesianische Situation« vorliegt, das heißt bei einer Unterauslastung der Produktionskapazitäten. Außerdem müsse ein entsprechender Spielraum der Fiskalpolitik gegeben sein, was zuletzt in Deutschland regelmäßig nicht der Fall war. Fiskalpolitik könne also kurzfristig für eine höhere Kapazitätsauslastung sorgen, nicht jedoch nachhaltig zum Abbau der Arbeitslosigkeit beitragen. Die Begründung lautet, daß aufgrund von Inflexibilitäten auf der Angebotsseite die Fähigkeit der Wirtschaft zur strukturellen Anpassung begrenzt sei. Eine Mehrnachfrage des Staates, die nicht auf bestehende Kapazitätsreserven trifft, müßte deshalb in Preissteigerungen verpuffen. Außerdem bestehe die Möglichkeit, daß die Bürger auf eine höhere Staatsverschuldung in Erwartung einer künftig steigenden Steuerlast mit einer erhöhten privaten Ersparnis reagieren. In diesem Fall käme es trotz expansiver Fiskalpolitik erst gar nicht zu einem Anstieg der volkswirtschaftlichen Gesamtnachfrage.

Der empirische Befund deutet darauf hin, daß die Fiskalpolitik zumindest kurz- bis mittelfristig nach wie vor eine gewisse Wirkung auf die volkswirtschaftliche Gesamtnachfrage und die wirtschaftliche Entwicklung hat. Gerade der Ausgabenanstieg im Zuge der deutschen Einheit, der erheblich zu dem nachfolgenden Vereinigungsboom beigetragen hat, ist dafür ein guter Beleg. Die Fiskalpolitik kann daher prinzipiell als Instrument der kurzfristigen Stabilisierung von konjunkturellen Schwankungen eine Rolle spielen. Voraussetzung ist, daß in Phasen besserer Wirtschaftsentwicklung eine ausreichende Konsolidierung der Staatsfinanzen stattgefunden hat und damit ein entsprechender fiskalpolitischer Spielraum besteht. Eine forcierte Ausgabenkürzung zu Beginn einer konjunkturellen Abschwächung wirkt in der Tendenz nach aller Erfahrung krisenverschärfend und sollte möglichst vermieden werden. Einen substantiellen Beitrag zum Abbau der Arbeitslosigkeit kann die Fiskalpolitik aber in der Tat nicht leisten.

Geldpolitik muß für stabile Preise sorgen

Auch die Geldpolitik kann nach angebotspolitischer Vorstellung keinen Beitrag zum Abbau der Arbeitslosigkeit leisten. Geldpolitik soll im Rahmen der Angebotspolitik vor allem die Preisstabilität sichern. Stabile Preise würden die Erwartungen der Investoren verstetigen und deren Planungen auf eine sichere Grundlage stellen. Dies strebt die Deutsche Bundesbank mit ihrem Konzept der potentialorientierten Geldmengensteuerung an. Von einer frühzeitigen und glaubwürdigen Ankündigung von Geldmengenzielen verspricht sich die Bundesbank, daß auf mittlere Sicht inflatorische Prozesse verhindert werden. Indem die Bundesbank klar zum Ausdruck bringt, daß sie nicht bereit ist, zu hohe Ansprüche an das Sozialprodukt über eine Geldmengenerhöhung abzufedern, sollen Erwartungen angepaßt und überzogene Forderungen rechtzeitig korrigiert werden. Das Vertrauen im In- und Ausland in die langfristige Stabilität soll dadurch erhalten werden.

Das Geldmengenziel bildet die Bundesbank auf der Grundlage von Schätzungen des Potentialwachstums und der Veränderung der Umlaufgeschwindigkeit des Geldes sowie einer normativen Vorgabe für die Inflationsrate. Das Potentialwachstum ermittelt die Bundesbank aus der durchschnittlichen Höhe der Beschäftigung der jüngeren Vergangenheit sowie dem Bestand an Sachkapital. Beschäftigungspolitisch entscheidend an diesem Konzept ist, daß jeder Rückgang in der Beschäftigung als geringeres Wachstum des Produktionspotentials interpretiert wird. Jede Ausweitung der Geldmenge über das nach diesem Konzept bestimmte Geldmengenziel hinaus wird als stabilitätsgefährdend angesehen. Dieses Konzept ist bei Vollbeschäftigung eine angemessene Regel. Ist es aber auch anwendbar bei sieben Millionen fehlenden Arbeitsplätzen?

Unfreiwillige Arbeitslosigkeit: die lange Suche nach einer Erklärung

Im ersten Teil dieses Kapitels kamen uns bereits erste Zweifel an der beschäftigungspolitischen Wirksamkeit der Angebotspolitik. Auf welcher wissenschaftlichen Grundlage basiert die angebotsorientierte Beschäftigungspolitik? Sind diese Grundlagen allgemein akzeptiert oder gibt es rivalisierende Erklärungsansätze der Arbeitslosigkeit? Wir haben uns am Beginn dieses Kapitels davon leiten lassen, daß die Suche nach einer brauchbaren Theorie am Anfang eines beschäftigungspolitischen Konzepts stehen muß. Sehen wir uns deshalb an, welche Antworten die ökonomische Wissenschaft zum Problem der Arbeitslosigkeit bisher gegeben hat. Wir beschränken uns dabei im wesentlichen auf das, was später für eine geschlossene theoretische Grundlage zur Bekämpfung der Arbeitslosigkeit notwendig ist.

Arbeitslosigkeit gibt es nicht

Das Problem der Arbeitslosigkeit ist so alt wie die Marktwirtschaft selbst. Seit den Anfängen der industriellen Revolution hat es immer wieder Phasen der Arbeitslosigkeit gegeben, sei es in Form von eher kurzfristigen Wirtschaftskrisen oder in der Form länger anhaltender Unterbeschäftigung. Dies legt es nahe, nach Theorien zu suchen, die Krisen und Arbeitslosigkeit als Wesensmerkmal marktwirtschaftlicher Ordnungen begreifen und erklären. Karl Marx und andere haben diesen Versuch unternommen, sie sind aber in der Wirtschaftswissenschaft damit stets Außenseiter geblieben. Der wissenschaftliche »mainstream« ist andere Wege gegangen. Die klassischen Vertreter der Wirtschaftswissenschaften, Adam Smith, John Stuart Mill und viele andere in ihrer Tradition, stellten das Problem auf den Kopf. Sie suchten nicht nach Erklärungen für die Arbeitslosigkeit, sondern Erklärungen dafür, warum es in der Wettbewerbswirtschaft keine Arbeitslosigkeit geben könne.

Das Bestreben der klassischen Ökonomen war zu zeigen, daß die Wettbewerbswirtschaft die beste aller denkbaren Organisationsformen zur Überwindung der Knappheit darstellt: Über den Marktmechanismus werden die Pläne der Produzenten und Konsumenten so koordiniert, daß ein Optimalzustand der Gesamtwirtschaft erreicht wird. Glückt dieser Nachweis, ist aber zugleich bewiesen, daß es in der Wettbewerbswirtschaft keine Arbeitslosigkeit – zumindest keine unfreiwillige Arbeitslosigkeit – gibt. Aus dieser Sicht der Dinge muß nicht erklärt werden, wie in einer Wettbewerbswirtschaft unter Einsatz wirtschaftspolitischer Instrumente Vollbeschäftigung herbeigeführt werden kann. Vollbeschäftigung ist die Regel, Arbeitslosigkeit die unerklärte Ausnahme. Sinn des Wirtschaftens ist, die Knappheit zu überwinden und die materiellen Bedürfnisse der Menschen so gut wie möglich zu befriedigen. Bleiben Arbeitskräfte ohne Beschäftigung, so ist klar, daß es bessere Wege geben muß, die Knappheit zu überwinden.

Der Weg der Wissenschaft in dem Bemühen um den Nachweis, daß die Marktwirtschaft der beste Weg zur Überwindung der Knappheit ist, war lang. Am Anfang stand das schon früher angesprochene Theorem von Jean Baptiste Say, wonach sich jedes Angebot selbst seine Nachfrage schafft. Gemeint ist damit, daß bei jeder Ausweitung der Produktion in gleicher Höhe zusätzliches Einkommen entsteht. Die Wettbewerbswirtschaft entspricht somit einem geschlossenen Kreislauf, in dem nichts versickern kann: Die Ausgaben des einen sind immer die Einnahmen des anderen. Bei genauerem Hinsehen wird jedoch klar, daß dieses Theorem alles andere als ein Beweis dafür ist, daß in einer Wettbewerbswirtschaft stets Vollbeschäftigung herrschen muß. Kann man nicht auch Ausgaben verschieben und Ersparnisse bilden? Natürlich können die Ersparnisse zinsbringend angelegt werden, was zugleich heißt, daß immer auch ein Kreditnehmer da ist, der diese Mittel investiv oder konsumtiv verwendet, also wieder Ausgaben tätigt. Denn warum sollte jemand einen Kredit aufnehmen, wenn nicht zum Zwecke der Verwendung des geliehenen Geldes? Aber was ist, wenn die Ersparnisse nicht verliehen, sondern als Bargeld gehortet werden? Könnten nicht alle Wirtschaftsteilnehmer gleichzeitig beschließen, eine Zeitlang nichts mehr auszugeben? Dann gibt es auch keinerlei Einkommen, keine Produktion, keine Beschäftigung. Natürlich ist dieser Fall irrational und unrealistisch, aber das Say'sche Theorem ist nicht in der Lage, diesen Fall auszuschließen.

Anzuführen ist also zumindest die Annahme des individuellen Rationalverhaltens. Dies hat Adam Smith getan. Er unterstellt, daß Konsumenten versuchen, ihren Nutzen zu maximieren, und Produzenten versuchen, ihren Gewinn zu maximieren. Das individuelle Rationalverhalten folgt also dem Prinzip des Eigennutzes. Konsumenten bieten ihre Arbeitskraft an und fragen Konsumgüter nach. Umgekehrt fragen Produzenten Arbeitskräfte nach und bieten Konsumgüter an. Auf den Arbeitsmärkten und den Gütermärkten herrscht freier Wettbewerb. Alle Individuen können frei entscheiden. Adam Smith stellt nun die Behauptung auf, daß die Wettbewerbswirtschaft unter diesen Annahmen – zumindest im Modell – gegen einen Zustand der »prästabilierten Harmonie« strebt. Von »unsichtbarer Hand« – so Adam Smith – gesteuert, tendiert die Wettbewerbswirtschaft gegen einen stabilen Gleichgewichtszustand bei Vollbeschäftigung. Es gibt für keinen Menschen – auch nicht für den weisesten Wirtschaftspolitiker – die Möglichkeit, diesen Zustand zu verbessern. Das erste formale mathematische Modell eines allgemeinen Marktgleichgewichts lieferte Leon Walras im Jahre 1874. Wie sich später zeigte, waren für den Beweis der Stabilität dieses allgemeinen Marktgleichgewichts neben der Rationalitätsannahme und der Annahme des vollständigen Wettbewerbs auf allen Märkten aber noch einige weitere Annahmen erforderlich. Zentral ist dabei die Annahme, daß die Individuen erst dann ihre Käufe und Verkäufe durchführen, wenn der Gleichgewichtszustand erreicht ist, das heißt, wenn die Gleichgewichtspreise für alle Märkte gefunden sind. Tausch im Ungleichgewicht, »false trading«, ist also unzulässig. Warum ist diese Annahme so wichtig?

Dazu folgendes Beispiel: Ein Arbeiter wird gegen seinen Willen entlassen und ist zunächst einmal unfreiwillig arbeitslos. Sein Einkommen sinkt, er bekommt nicht mehr den vollen Arbeitslohn, sondern die niedrigere Arbeitslosenunterstützung. Die Höhe seiner künftigen Einnahmen ist unsicher, weil er ja nicht weiß, wann und zu welchem Lohn er wieder Beschäftigung findet. Was wird er tun? Normalerweise wird er mit seinen Ausgaben vorsichtiger sein und zunächst nur die nötigsten Anschaffungen vornehmen. Damit würde gesamtwirtschaftlich Nachfrage ausfallen. Wenn es sich bei dem Arbeitslosen um keinen Einzelfall handelt, kann der Nachfrageausfall Größenordnungen annehmen, die sich auf die Gesamtwirtschaft auswirken. Das kann bedeuten, daß Unternehmen ihre Produktion senken, Investitionen zurückstellen und weitere Arbeiter entlassen. Damit fällt weitere Nachfrage aus. Der Teufelskreis eines sich kumulativ verstärkenden Abschwungs kann in Gang gesetzt werden.

Was sagt die allgemeine Gleichgewichtstheorie dazu? Die Ausgangssituation ist im Modell noch zulässig, der Arbeiter wird also gegen seinen Willen entlassen. Am Arbeitsmarkt entsteht ein Ungleichgewicht. Das Angebot an Arbeit ist größer als die Nachfrage nach Arbeit. Der Arbeiter plant seine Konsumnachfrage aber weiterhin unter der Annahme, daß er zu dem am Arbeitsmarkt herrschenden Reallohn Arbeit erhält. Er verhält sich dabei nicht etwa irrational, denn annahmegemäß darf ja erst wieder getauscht werden, wenn das neue Gleichgewicht erreicht ist, er also wieder eine Beschäftigung zu einem Reallohn hat, der von ihm freiwillig akzeptiert wird. Wenn alle Individuen so planen, gibt es nach dem sogenannten Gesetz von Walras, das eine Erweiterung des Say'schen Gesetzes auf Ungleichgewichtssituationen ist, auf den Gütermärkten insgesamt einen Nachfrageüberschuß in Höhe des Angebotsüberschusses auf dem Arbeitsmarkt. Also sind zunächst auch die Gütermärkte im Ungleichgewicht. Jetzt kommt es zu Preisanpassungen. Auf den Gütermärkten herrscht ein Nachfrageüberhang, also steigen dort die Preise. Umgekehrt auf dem Arbeitsmarkt: Dort gibt es einen Angebotsüberhang, und die Nominallöhne fallen. Zu dem im Ergebnis gesunkenen Reallohn – dem Verhältnis von Nominallöhnen zu den Güterpreisen – findet der entlassene Arbeiter eine neue Anstellung. Erst jetzt darf wieder getauscht werden. Kurz und bündig: Nach der allgemeinen Gleichgewichtstheorie besteht nicht die Gefahr einer spiralförmigen Abwärtsentwicklung als Folge einer Störung des Gleichgewichts. Die Wirtschaft wird aus sich selbst heraus – gesteuert duch eine »invisible hand« – zurück zum Gleichgewichtszustand tendieren.

Arbeitslosigkeit gibt es nur vorübergehend

Die Pioniere der allgemeinen Gleichgewichtstheorie waren sich natürlich der Realitätsferne ihrer Annahmen bewußt. Sie erhoben nicht den Anspruch, mit ihrer Theorie die wirtschaftliche Realität vollständig zu erklären. Sie waren aber überzeugt, den Kern des Marktmechanismus freigelegt zu haben und schlossen daraus, daß es in einer marktwirtschaftlich organisierten Wirtschaft in Reaktion auf eine Abweichung von der Vollbeschäftigung starke Kräfte gibt, die die Wirtschaft nach einer nicht allzu langen Zeit zur Vollbeschäftigung zurückführen. Diese berühmten Selbstheilungskräfte der Wirtschaft beruhen auf dem Preismechanismus, das heißt der Anpassung von Preisen, Löhnen, Zinsen oder Wechselkursen, sobald Marktungleichgewichte auftreten.

Die theoretische Erklärung von Anpassungsprozessen unter realitätsnäheren Annahmen im Rahmen von allgemeinen Gleichgewichtsmodellen ging wegen ihrer außerordentlichen Komplexität einstweilen über die Möglichkeiten der Wissenschaft hinaus. Dies ist im übrigen bis heute weitgehend so geblieben. Empirisch testbare Theorien zu Marktprozessen außerhalb des Gleichgewichts wurden angesichts dieser Lage zunächst nur auf der Basis der sogenannten Partialanalyse gewonnen. Damit ist gemeint, daß nur einzelne Märkte betrachtet werden. Wirkungen auf andere Märkte und deren Rückwirkungen auf den untersuchten Markt werden aus Gründen der Vereinfachung vernachlässigt. Das einfachste partialanalytische Modell eines Arbeitsmarktes unterstellt dabei die Abhängigkeit von Arbeitsangebot und Arbeitsnachfrage vom Reallohn. Bei einer gegebenen Kapitalausstattung kann mit zusätzlichem Arbeitseinsatz die Produktion zwar gesteigert werden. Die Zunahme entwickelt sich aber nicht proportional zum vermehrten Einsatz von Arbeitskräften, sondern das zusätzliche Produkt, das mit weiteren Arbeitskräften hergestellt werden kann, wird immer geringer. Dieser Zusammenhang wird auch als »Gesetz abnehmender Grenzerträge« bezeichnet. Die Produzenten sind deshalb nur bei sinkenden Reallöhnen bereit, zusätzliche Arbeitskräfte einzustellen. Dies ist der Kern der partialanalytischen »Grenzproduktivitätstheorie« der Arbeit. Einfacher ausgedrückt heißt dies, daß Arbeitskräfte eingestellt werden, solange der Reallohn niedriger liegt als die Arbeitsproduktivität. Liegt er höher, so werden Arbeitskräfte entlassen.

Die Vertreter der klassischen Theorie erklärten Phasen der Arbeitslosigkeit, deren vorübergehendes Auftreten sie für möglich hielten, mit einer zeitweiligen Abweichung der Reallöhne von der Produktivität der jeweiligen Arbeitskräfte. Wirtschaftspolitischer Eingriffe zur Beseitigung der Lohn-Produktivitäts-Differenz bedarf es nach Auffassung der Klassiker aber nicht. Über eine Senkung der Nominallöhne als Reaktion der Arbeitslosen auf die Unterbeschäftigung ist eine rasche Wiederherstellung der Vollbeschäftigung auch ohne wirtschaftspolitische Maßnahmen zu erwarten.

Auch für den Geldmarkt wurde von Alfred Marshall, Arthur Cecil Pigou und Irving Fisher ein partialanalytischer Erklärungsansatz entwickelt, die sogenannte Quantitätstheorie des Geldes. Da der Geldmarkt für den weiteren Gang unserer Überlegungen eine entscheidende Rolle spielen wird, ist es nützlich, diese theoretischen Ansätze hier einzuführen. Die Quantitätstheorie versucht, die Höhe der Kassenhaltung oder Geldnachfrage zu erklären, das heißt, wieviel liquide Mittel Produzenten und Konsumenten zu einem bestimmten Zeitpunkt halten. Der Grundgedanke ist, daß Kassenhaltung teuer ist. Sie kostet, da Geld nicht verzinst wird, den entgangenen Zinsgewinn. Alle werden deshalb so sparsam wie möglich mit ihrer Kassenhaltung sein und nicht unnötig viel Geld halten. Auf der anderen Seite benötigt man aber Geld, um am Wirtschaftsprozeß teilzunehmen und Käufe und Verkäufe (Transaktionen) durchzuführen.

Die Quantitätstheorie behauptet eine einfache Proportionalität zwischen Kassenhaltung und Transaktionen. Für eine Verdoppelung des Transaktionsvolumens wird also die doppelte Menge an Geld benötigt. Diese erhöhte Geldmenge kann nun auf zwei verschiedene Weisen bereitgestellt werden. Entweder verdoppelt die Notenbank ihr Geldangebot, dann werden alle Preise konstant bleiben. Aber auch ohne die Notenbank könnte das Transaktionsvolumen verdoppelt werden. Dazu muß nur der reale Wert der Geldmenge verdoppelt werden, das heißt, die Preise müßten sich halbieren. Die Theorie liefert damit eine einfache Erklärung für Inflation: Verdoppelt die Notenbank beispielsweise die Geldmenge, ohne daß die Transaktionen steigen, so müssen sich auch die Preise verdoppeln. Damit wird zugleich behauptet, daß eine

Veränderung der Geldmenge keine Wirkung auf den »realen Sektor« der Wirtschaft hat, oder, wie Pigou es ausdrückte: »Geld ist ein Schleier«. Die Geldpolitik ist nach klassischer Vorstellung beschäftigungspolitisch zur Unwirksamkeit verurteilt.

Es gibt dauerhafte Arbeitslosigkeit

Die klassische Position wurde durch die Arbeiten von Joseph Alois Schumpeter und John Maynard Keynes schwer erschüttert. Schumpeter formulierte seine Kritik lange vor der Weltwirtschaftskrise der dreißiger Jahre. Sein Thema war die Konjunktur, das Auf und Ab der wirtschaftlichen Entwicklung im Zeitverlauf mit entsprechenden Beschäftigungsschwankungen. Das Anliegen von Keynes war dagegen – unter dem Eindruck der verheerenden Weltwirtschaftskrise – die Erklärung und wirtschaftspolitische Überwindung langanhaltender Phasen hoher Arbeitslosigkeit.

Schumpeter: Wirtschaftliche Entwicklung außerhalb des Gleichgewichts

Lange vor Keynes hat Schumpeter mit seiner 1911 erschienenen »Theorie der wirtschaftlichen Entwicklung« das Denkgebäude der Klassiker ins Wanken gebracht. Anders als Keynes, der geradezu ängstlich bemüht war, seine klassischen Gegner auf ihrem eigenen Feld zu schlagen, verließ Schumpeter dabei das Spielfeld der Klassiker. Diese beschäftigten sich, wie oben erwähnt, mit der Frage des optimalen Einsatzes wirtschaftlicher Ressourcen in einer Zeitperiode. Die wirtschaftliche Entwicklung im Zeitverlauf wurde nicht als eigenständiges Problem gesehen. Die zeitliche Abfolge des Wirtschaftsgeschehens hat man sich in der Klassik als eine Aneinanderreihung verschiedener allgemeiner Marktgleichgewichte vorzustellen.

Schumpeter war nun der Meinung, daß dieser statische Theorieansatz ein grundlegendes Element der Wettbewerbswirtschaft außer acht lasse, nämlich die Dynamik wirtschaftlicher Entwicklung. Denn gerade das Aufbrechen von Gleichgewichtszuständen durch dynamische Unternehmer, die neue innovative Produkte und Produktionsverfahren durchsetzen, sei charakteristisch für jede Entwicklung. Innovation und Kapitalbildung als wesentliche Bestimmungsgründe der Beschäftigungsentwicklung blieben in der Klassik unberücksichtigt.

Schumpeter entwarf seine Theorie der wirtschaftlichen Entwicklung, aufbauend auf Ansätzen von Marx, Böhm-Bawerk und Wicksell, als Kritik am System von Walras. Im walrasianischen Gleichgewicht erzielt kein Produzent einen Gewinn, ebensowenig gibt es einen Produzenten, der Verluste macht. Der Gewinn jedes einzelnen Produzenten ist gleich Null. Doch wo bleibt dann, so Schumpeter, für Produzenten der Anreiz, unternehmerische Risiken einzugehen und Neues zu wagen, wenn dem nicht entsprechende Gewinnerwartungen gegenüberstehen. Eine Theorie der wirtschaftlichen Entwicklung muß nach Schumpeter von den Gewinnerwartungen ausgehen, wenn sie praktischen Gehalt haben soll. »Ohne Entwicklung kein Unternehmergewinn, ohne Unternehmergewinn keine Entwicklung« – auf diese prägnante Formel bringt Schumpeter seinen Ansatz.[1] Dabei geht es zunächst um die Gewinnerwartungen des einzelnen Produzenten. Diese seien der Anreiz, unternehmerische Wagnisse einzugehen. Aufgabe des dynamischen Unternehmers ist es dabei, möglichst gewinnträchtige Projekte zu entwickeln und auf den Märkten umzusetzen.

Schumpeter bleibt aber nicht bei dieser betriebswirtschaftlichen Betrachtungsweise stehen. Er stellt den dynamischen Unternehmer vielmehr in einen gesamtwirtschaftlichen Zusammenhang. Das Entwicklungsgesetz der Gesamtwirtschaft ist dabei das gleiche wie beim einzelnen Unternehmen: Die gesamtwirtschaftlichen Gewinnerwartungen sind das treibende Element der wirtschaftlichen Entwicklung. Gesamtwirtschaftliches Wachstum gründet auf positiven Gewinnerwartungen aller oder zumindest der großen Mehrzahl der Produzenten. Umgekehrt sind wirtschaftlich rezessive Phasen oder Depressionen auf die Erwartung mangelnder Rentabilität unternehmerischer Aktivitäten zurückzuführen. Die Gewinnerwartungen der Unternehmen können und werden sich nach Schumpeter relativ gleichgerichtet verändern. Es ist also durchaus nicht so, daß sich Gewinn- und Verlusterwartungen der Unternehmen gerade ausgleichen. Auch die Summe der Gewinnerwartungen über alle Unternehmen einer Volkswirtschaft hinweg kann langfristig von Null abweichen, positiv oder negativ sein.

Im System von Walras kann keine Differenz zwischen Sachkapital- und Finanzkapitalrendite, also kein Unternehmensgewinn auftreten.

Wenn diese Differenz aber die Steuerungsgröße der Entwicklung sein soll, muß nachgewiesen werden, auf welche Weise eine dauerhafte Abweichung der beiden Größen möglich ist. Die Erklärung von Schumpeter ist: das Geld. Im Unterschied zu einer Tauschwirtschaft ist es nach Schumpeter in der Geldwirtschaft möglich, daß Unternehmen, die innovative Produkte und Prozesse auf dem Markt durchsetzen wollen, die Verfügung über die dafür notwendigen Ressourcen im Wege des Kredits erhalten. Dieser Kreditschöpfungsprozeß seinerseits beruhe auf einer Ausweitung der Geldmenge, der zunächst noch kein entsprechendes Warenangebot gegenübersteht. Erst nach Durchsetzung von innovativen Investitionen werde auch das Warenangebot steigen. Ein monetär ausgelöster Entwicklungsprozeß sei deshalb ohne Anstieg der Inflationsrate auch langfristig möglich. Veränderungen der gesamtwirtschaftlichen Gewinnerwartungen können nach Schumpeter also geldpolitisch angestoßen werden. Eine Ausweitung der Geldmenge ist bei Schumpeter zumindest eine notwendige Bedingung, um den Entwicklungsprozeß zu flankieren. Ohne sie würde der Entwicklungsprozeß bereits im Ansatz erstickt.

Worin besteht die bleibende Leistung von Schumpeter? Nicht alle Elemente der Analyse Schumpeters können vor dem Hintergrund neuerer theoretischer Erkenntnisse aufrechterhalten werden. Der Entwicklungsprozeß der Wirtschaft im Zeitverlauf kann – wie wir heute wissen – theoretisch durchaus über intertemporale Gleichgewichte bei Unsicherheit und unvollständiger Information beschrieben werden. Wirtschaftliche Entwicklung als einen Prozeß zu begreifen, der außerhalb des walrasianischen Gleichgewichts in einem Zustand der Unterbeschäftigung stattfindet, hat aber auch heute weiterhin seine volle Berechtigung. Zur Würdigung von Schumpeters Leistung muß man sich vergegenwärtigen, daß er sein Theoriegebäude ein Vierteljahrhundert vor Keynes entwickelt hat. Er hat damit die Keynes'sche Erkenntnis, daß langanhaltende Unterbeschäftigungszustände in einer Wettbewerbswirtschaft auftreten können, vorweggenommen. Bei Unterbeschäftigung hat die Schumpetersche Theorie der Steuerung der wirtschaftlichen Aktivität über die Differenz von Sachkapital- und Finanzkapitalrendite nach wie vor volle Gültigkeit.

Keynes: Eine Revolution der Beschäftigungstheorie

Unter dem Eindruck der langanhaltenden hohen Arbeitslosigkeit in der Weltwirtschaftskrise wollte Keynes – in diesem Punkt an Marx anknüpfend – nachweisen, daß unfreiwillige Arbeitslosigkeit in einer Wettbewerbswirtschaft kein ungewöhnlicher Ausnahmezustand ist, der allein durch Marktkräfte rasch korrigiert wird. Keynes ließ offen, ob es im strengen theoretischen Sinn stabile Gleichgewichte bei Unterbeschäftigung gibt oder ob langfristig die Marktkräfte doch für eine Rückkehr zur Vollbeschäftigung sorgen würden. Diese Frage erschien Keynes zu akademisch und für die praktische Politik schlicht irrelevant: »In the long run, we are all dead ...«. Wichtig für ihn war, daß in einer Wettbewerbswirtschaft Arbeitslosigkeit lang anhalten kann, und daß es Möglichkeiten für die Wirtschaftspolitik gibt, über geeignete Maßnahmen die Rückkehr zur Vollbeschäftigung zu beschleunigen. An dem Gedankengebäude der Klassik waren für Keynes nur zwei Korrekturen nötig, um beides zumindest plausibel erscheinen zu lassen: die Zulässigkeit von Tausch im Ungleichgewicht und die Zinsabhängigkeit der Geldnachfrage.

Wenn – was in der Realität natürlich der Fall ist – Transaktionen auch vor Erreichen des allgemeinen Marktgleichgewichts durchgeführt werden, korrigieren die Individuen ihre Pläne, wenn ein Ungleichgewicht auf einem Markt auftritt. Um in unserem obigen Beispiel zu bleiben: Abhängig Beschäftigte werden jetzt, wenn sie sich rational verhalten, ihre Ausgaben reduzieren, sobald sie arbeitslos werden. Wenn aufgrund einer Wirtschaftskrise in kurzer Zeit eine größere Zahl von Arbeitskräften ihre Beschäftigung verliert, droht damit der oben beschriebene Teufelskreis einer wirtschaftlichen Abwärtsbewegung, die sich lange Zeit selbst immer mehr verstärkt. Der Nachfrageausfall, den die Arbeitslosen verursachen, beschränkt den Absatz der Produzenten bei zunächst noch unveränderten Preisen und Nominallöhnen. Die Beschäftigung wird an die niedrigere Nachfrage angepaßt, das heißt, weitere Arbeitskräfte werden entlassen. Diese Mengenbeschränkungen – oder wie die Ökonomen sagen: Mengenrationierungen – konnten im klassischen Modell nicht auftreten. Dort sind die getauschten Mengen im Gleichgewicht ausschließlich von den Preisen einschließlich Nominallöhnen, Zinsen und Wechselkursen, nicht jedoch von den auf anderen Märkten getauschten Mengen abhängig. Bei Keynes ist die Höhe der Beschäftigung jedoch nicht mehr allein von den Reallöhnen abhängig, sondern auch von der sogenannten Gesamtnachfrage. An der partialanalytischen klassischen Grenzproduktivitätstheorie der Arbeit hat Keynes – wie er nicht müde wurde zu betonen – nichts verändert.

Mit der Einführung des Begriffes der Gesamtnachfrage in die Ökonomie begründete Keynes ein ganz neues Feld der wirtschaftswissenschaftlichen Forschung: die sogenannte Makroökonomie. Sie verwendet Mengenaggregate wie die Gesamtnachfrage, den Gesamtkonsum, die Gesamtinvestitionen oder die Gesamtersparnis zur Analyse gesamtwirtschaftlicher Zusammenhänge. Die zweite fundamentale Korrektur, die Keynes einführte, war die Zinsabhängigkeit der Kassenhaltung. Wie erwähnt, entsprechen die Kosten der Kassenhaltung dem entgangenen Zinsgewinn. Was liegt also näher als die Annahme, daß bei besonders hohen Zinsen die Produzenten und Konsumenten noch genauer als sonst darauf achten, daß sie keine unnötig hohen Geldbestände halten. Bei niedrigen Zinsen werden die Anstrengungen, mit möglichst geringen Kassenbeständen auszukommen, dagegen weniger ausgeprägt sein. Mit der Einführung der Zinsabhängigkeit der Kassenhaltung legte Keynes gemeinsam mit der Zulässigkeit von Tausch im Ungleichgewicht den Grundstein für die Möglichkeit einer geldpolitischen Beeinflussung der Gesamtnachfrage und damit der Beschäftigung.

Keynes hat seine Theorie nicht etwa auf der Annahme starrer Preise und Löhne aufgebaut, obwohl ihm dies fälschlicherweise später immer wieder zum Vorwurf gemacht wurde. Keynes betonte vielmehr, daß langanhaltende unfreiwillige Arbeitslosigkeit nicht durch eine Senkung der Nominallöhne verhindert werden kann. Flexible Preise und Löhne führen im klassischen Modell dazu, daß bei Arbeitslosigkeit die Reallöhne fallen. Bei Keynes verläuft die Entwicklung anders: Zwar sinken die Nominallöhne, oder sie bleiben zumindest hinter dem nominalen Produktivitätsanstieg zurück. Ein Rückgang der Reallöhne wird jedoch unter Umständen sehr lange ausbleiben, denn auf den Ausfall von Nachfrage auf den Gütermärkten reagieren die Produzenten bei Keynes ganz nach klassischem Muster mit Preissenkungen. Die Preise würden etwa parallel zu den Löhnen fallen, das heißt, die Reallöhne blieben unverändert. Die unfreiwillige Arbeitslosigkeit könne deshalb sehr hartnäckig bestehen bleiben oder sich sogar selbst verstärken. Keynes schreibt in seiner General Theory: »There is therefore no ground for the belief that a flexible wage policy is capable of maintaining a state of continuous full employment.«[2]

Keynes leugnete die Selbstheilungskräfte des Marktes aber nicht völlig. Er räumt ein, daß der kumulative abwärtsgerichtete Prozeß irgendwann aus sich selbst heraus zum Stillstand kommen kann. Eine Tendenz in Richtung auf das Vollbeschäftigungsgleichgewicht könne sich – auch ohne wirtschaftspolitische Eingriffe – durchsetzen. Der Grund ist nach Keynes folgender: Wenn Preise und Löhne zunächst parallel fallen, so erhöht sich der Realwert der Kassenhaltung, vorausgesetzt natürlich, die Notenbank verändert die Geldmenge nicht. Damit steigt aber aus zwei Gründen die Nachfrage auf den Gütermärkten an. Die Leute stellen fest, daß ihre Kassenhaltung zu hoch ist. Teilweise werden sie dieses zusätzliche Geld sparen wollen, teilweise werden sie es ausgeben. Wird das Geld gespart, so drückt dies auf den Zinssatz, und zwar solange, bis bei gesunkenen Kassenhaltungskosten das zusätzliche Geld freiwillig gehalten wird. Die niedrigeren Zinsen beleben aber die Investitionsnachfrage. Wird das Geld für Konsum ausgegeben, wird direkt die Nachfrage stimuliert. Insgesamt steigt die Gesamtnachfrage, die Preise steigen oder sinken zumindest langsamer als die Nominallöhne. Damit sinken also schließlich doch die Reallöhne, und die Wirtschaft kehrt zur Vollbeschäftigung zurück.

Entscheidend für die Rückkehr zur Vollbeschäftigung ist nach Keynes also der Anstieg des realen Wertes der Kassenhaltung (Realkassenhaltungseffekt). Warum sollte man aber warten, bis sich dieser Anstieg der realen Geldmenge nach umständlichen und zeitraubenden Anpassungsprozessen von Nominallöhnen und Preisen über den Marktmechanismus von selbst ergibt? Viel einfacher und schneller ist es doch, wenn die Erhöhung der realen Geldmenge direkt von der Wirtschaftspolitik über eine Erhöhung des Geldangebots der Notenbank aktiv herbeigeführt wird. So kommt Keynes zu dem Schluß: »Flexible wage policy and flexible money policy come, analytically, to the same thing, inasmuch as they are alternative means of changing the quantity of money in terms of wage units.«[3] Geldpolitik ist nach Keynes also nichts anderes als die bewußte wirtschaftspolitische Imitation einer Nominallohnsenkung. Sie sollte bei Unterbeschäftigung eingesetzt werden, um möglichst schnell zur Vollbeschäftigung zurückzukehren. Expansive Geldpolitik ist der schnellste und kostengünstigste Weg, die reale Geldmenge zu erhöhen.

Dies hat nichts damit zu tun, daß man die Leute täuschen wollte, indem man etwa über Inflation eine Reallohnsenkung herbeiführt, in der Hoffnung, die abhängig Beschäftigten würden, befangen in Geldillusion, den Verfall des Geldwertes nicht bemerken. Für Keynes ist vielmehr völlig klar, daß die Geldmengenexpansion, die bei konstanten Nominallöhnen in der Regel zu einer gewissen Senkung der Reallöhne führt, in vollem Konsens mit den Arbeitslosen, den abhängig Beschäftigten sowie deren Vertretern, den Gewerkschaften, erfolgt bzw. erfolgen muß: Ist die Bereitschaft zu Reallohneinbußen nicht vorhanden, könne von einer unfreiwilligen Arbeitslosigkeit nicht die Rede sein. Die Bereitschaft der Arbeitslosen, eine Lohneinbuße hinzunehmen, um einen Arbeitsplatz zu bekommen, ist für Keynes das entscheidende Kriterium zur Definition unfreiwilliger Arbeitslosigkeit.[4] Entsprechend den Vorstellungen der Klassiker, die Keynes in diesem Punkt teilt, würde dies unter Konkurrenzbedingungen auf dem Arbeitsmarkt zu Nominallohnsenkungen führen. Im Unterschied zur Klassik ist Keynes aber der Meinung, daß der Weg zur Vollbeschäftigung über Nominallohnsenkungen sehr lange, vielleicht mehrere Jahre dauern wird, und daß der Anpassungsprozeß zurück zur Vollbeschäftigung über die Geldpolitik verkürzt werden kann. Er behauptet also nicht, daß die Löhne starr sind, sondern er fordert, daß sie starr sein sollten.

Liquiditäts- und Investitionsfalle: Fallstricke der Geldpolitik

Die Geldpolitik könnte aber nach Keynes in zwei Fällen wirkungslos sein. Diese beiden Ausnahmefälle sind unter den Bezeichnungen Liquiditäts- bzw. Investitionsfalle berühmt geworden. Was bewirken diese Grenzfälle? Der positive Beschäftigungseffekt einer Geldmengenerhöhung bleibt aus, wenn weder über den Konsum, die Investitionen noch über den Export ein positiver Impuls auf die Gesamtnachfrage ausgeht. Dies wäre möglich, wenn bei einer Erhöhung der Geldmenge lediglich die Kassenhaltung zunimmt, das zusätzliche Geld also in vollem Umfang gehortet wird. Dies ist die sogenannte Liquiditätsfalle. Der Nachfrageimpuls bleibt aber auch dann aus, wenn bei einer Zinssenkung die Investitionen nicht steigen und auch vom Konsum oder Export keine Anstöße kommen. Das ist die Investitionsfalle. Theoretisch gesehen sind dies Extremfälle, die nur bei recht unwahrscheinlichen Konstellationen auftreten können.

Die praktische Relevanz der Grenzfälle ist von Keynes selbst als außerordentlich gering eingeschätzt worden. Keynes schreibt zur Liquiditätsfalle: »I know of no example of it hitherto.« Er fügt aber hinzu: »This limiting case might become practically important in the future.«[5] Dieser Satz hat sich auf wundersame Weise bewahrheitet, aber in einem völlig anderen Sinn, als von Keynes intendiert. In der Tat wurde die von Keynes postulierte Liquiditätsfalle immer wichtiger. Nicht, daß sie seither jemals aufgetreten wäre. Dafür gibt es bis heute nicht den geringsten Beleg. Aber in der weiteren wirtschaftswissenschaftlichen Forschung drängten die Ausnahmefälle immer mehr in den Vordergrund. Vielfach werden die beiden Spezialfälle sogar als Kern des Keynes'schen Ansatzes mißverstanden, indem behauptet wird, Keynes hätte mit der Liquiditäts- bzw. Investitionsfalle den Nachweis eines stabilen Gleichgewichts bei Unterbeschäftigung geführt. Dies war für Keynes allenfalls ein nachrangiges Anliegen. Zusammen mit der Behauptung, Keynes Theorie setze starre Preise und Löhne voraus, findet sich dieses Mißverständnis jedoch bis heute in vielen Lehrbüchern.[6] Die Grenzfälle der Liquiditäts- und Investitionsfalle unterscheiden sich gegenüber »normalen« Unterbeschäftigungssituationen vor allem in bezug auf die wirtschaftspolitischen Möglichkeiten, beschäftigungsfördernd einzugreifen.[7] Sie sind von Keynes in keiner Weise als Ursachen langanhaltender Unterbeschäftigungssituationen begriffen worden.

Wir könnten uns hier die Erwähnung dieser Fälle sparen, wenn diese theoretischen Spielereien nicht so ernste Konsequenzen in der Wirtschaftspolitik ausgelöst hätten. Im Gegensatz zur Geldpolitik ist die Fiskalpolitik in beiden Grenzfällen wirksam. Über eine defizitfinanzierte Erhöhung der Staatsausgaben ist es also prinzipiell möglich, die Gesamtnachfrage und Beschäftigung zu erhöhen. Dies ist das berühmte »deficit spending«, das landläufig mit dem keynesianischen Rezept zur Überwindung von Arbeitslosigkeit gleichgesetzt wird. Damit erlangten die Keynes'schen Spezialfälle eine geradezu tragische Bedeutung für die Wirtschaftspolitik. Wie konnte es dazu kommen?

Der theoretische Ansatz von Keynes ist von seinen Schülern immer mehr trivialisiert worden. So arbeitete schon Hicks, der die erste mathematische Version eines keynesianischen Modells entwickelte, mit der Annahme starrer Preise und Löhne. Die Formalisierung des Modells hat unbestreitbare Vorteile gebracht. Viele Zusammenhänge werden einfacher und klarer abgebildet und dadurch auch verständlicher. Die Ableitung von Schlußfolgerungen aus dem Modell wird auf sichere Füße gestellt. Auch für die empirische Wirtschaftsforschung sind mathematische Modelle gesamtwirtschaftlicher Zusammenhänge unverzichtbar. Für die Ökonometrie waren die Arbeiten von Hicks bahnbrechend. Die Formalisierung hatte jedoch ihren Preis. So wurden wesentliche Elemente der Keynes'schen Theorie, die sich einer Formalisierung entzogen, an den Rand gerückt und später fast ganz aus den Augen verloren. Die Wirkung war fatal. Da Keynesianismus zunehmend mit der Annahme starrer Preise gleichgesetzt wurde, führte die Wiederentdeckung der Quantitätstheorie des Geldes durch Milton Friedman zu einer schweren Erschütterung des Keynesianismus. Die angebliche Keynes'sche Annahme starrer Preise erschien bei steigender Inflation nicht mehr ausreichend fundiert.

Aber das Mißverständnis der Keynes'schen Spezialfälle war noch folgenreicher. Immer mehr setzte sich die Vorstellung fest, daß nur in der Liquiditäts- und Investitionsfalle länger anhaltende Unterbeschäftigung auftreten könne. Damit wurde die Wirksamkeit der Geldpolitik zur Bekämpfung von Arbeitslosigkeit schon lange vor Friedman angezweifelt. Berühmt sind die Äußerungen von Schiller, der die Geldpolitik mit einem Seil verglich. Mit einem Seil könne man ziehen, aber eben nicht stoßen. Ebensowenig könne die wirtschaftliche Entwicklung mittels Geldpolitik angestoßen werden. Auch das Bild von den Pferden, die man zwar zur Tränke führen, aber nicht zum Saufen zwingen kann, wurde gern zur Illustration der Unwirksamkeit der Geldpolitik bemüht. Hinter beiden Vergleichen steckt die Vorstellung, expansive Geldpolitik könne wirkungslos verpuffen, wenn das zusätzliche Geld lediglich gehortet würde. Eine Wirksamkeit zur Bekämpfung der Arbeitslosigkeit wurde mehr und mehr nur noch der Fiskalpolitik zugebilligt. Die Prioritätensetzung von Keynes zwischen Geld- und Fiskalpolitik wurde damit auf den Kopf gestellt: Aus der Ausnahme wurde die Regel gemacht, und die Regel wurde fast vergessen.

In den fünfziger und sechziger Jahren setzten sich als Lehrbuchversionen der keynesianischen Theorie simple Multiplikatormodelle durch. Danach hat eine defizitfinanzierte Erhöhung der Staatsausgaben eine Steigerung der Gesamtnachfrage um ein Vielfaches zur Folge. Dies bereitete den Weg für die konjunkturelle Feinsteuerung (»fine tuning«) und den euphorischen Glauben an die Steuerbarkeit und Machbarkeit wirtschaftlicher und konjunktureller Entwicklung. Multiplikatormodelle haben weiter zu einer Reduktion des Keynes'schen Ansatzes auf die Fiskalpolitik beigetragen.

In den sechziger Jahren kam die sogenannte Phillipskurve in Mode. Die Phillipskurve fußt auf der empirischen Beobachtung eines Zusammenhangs zwischen Arbeitslosigkeit und Lohnanstieg bzw. der Inflationsrate. Einzuräumen ist, daß Keynes bei Lohnänderungen eine zunächst weitgehend parallele Entwicklung der Preise unterstellte. Ansonsten ist jedoch nicht nachvollziehbar, weshalb die Phillipskurve mit der Keynes'schen Theorie in Zusammenhang gebracht wurde. Keynes hielt bekanntlich an der Grenzproduktivitätstheorie der Arbeit fest, das heißt, bei ihm gehen Schwankungen der Beschäftigung in der Regel mit Reallohnänderungen einher. Solche treten im Phillipskurven-Modell nicht auf. Vor allem aber gibt es bei Keynes überhaupt keinen Anhaltspunkt dafür, daß eine höhere Inflation beschäftigungsfördernd sein sollte. Eine höhere Inflation bei unveränderten Reallöhnen hat bei Keynes keine positiven Wirkungen auf die Gesamtnachfrage und die Beschäftigung. Realkassenhaltungseffekte, über die bei Keynes der Transmissionsprozeß geldpolitischer Impulse läuft, wirken ja gerade dann positiv auf die Gesamtnachfrage, wenn die Preise fallen. Was die Phillipskurve mit Keynes zu tun haben soll, bleibt ein Rätsel. Die Gleichsetzung der Phillipskurve mit der Theorie von Keynes ist wohl darauf zurückzuführen, daß die Phillipskurve bis heute die einfachste Ausdrucksform des Glaubens an die Globalsteuerung der Wirtschaft geblieben ist. So wurde die Phillipskurve als »Speisekarte« (»menu of choice«) der Makropolitik begriffen. Wirtschaftspolitiker können sozusagen mit dem Instrument der Fiskalpolitik wählen, ob sie niedrigere Arbeitslosigkeit bei entsprechender Inflation oder höhere Arbeitslosigkeit bei Preisstabilität wünschen. Als theoretische Grundlage dafür kann aber ganz sicher nicht auf Keynes verwiesen werden.

Die Reprise: Arbeitslosigkeit gibt es nicht

Nichtsdestotrotz war die Diskussion um die Phillipskurve Ausgangspunkt der sogenannten monetaristischen Revolution gegen das keynesianische Paradigma. Wie erwähnt schienen empirische Beobachtungen darauf hinzudeuten, daß die Arbeitslosigkeit in Zeiten höherer Inflationsraten niedriger sei als in Phasen annähernder Preisstabilität. Dies wurde auf der Grundlage des klassischen Preismechanismus mit Lohnzurückhaltung bei Arbeitslosigkeit und einer Mark-up-Preisbildung, das heißt einer einfachen Zuschlagskalkulation der Unternehmen bei konstantem Aufschlag auf die Lohnkosten erklärt. Edmund Phelps gab 1967 eine alternative Erklärung des Zusammenhangs. Danach bestimmen nicht allein die Löhne die Inflationsrate, sondern auch eine umgekehrte Wirkungsrichtung ist zu beachten: Die erwartete Inflationsrate beeinflußt die Löhne. Bei einer erwarteten Inflationsrate sind Lohnerhöhungen allein zur Sicherung des Reallohns erforderlich. In den Lohnverhandlungen werden zwar Vereinbarungen über Nominallöhne getroffen, die Gewerkschaften verbinden aber damit eine sehr genaue Vorstellung über die dadurch erreichbaren Reallöhne, das heißt, sie haben eine ganz bestimmte Erwartung über die Höhe der Inflationsrate während der Laufzeit des Tarifvertrags. Letztlich zielen die Lohnverhandlungen also auf die Durchsetzung eines bestimmten Reallohnniveaus ab.

Dieser Gedankengang von Phelps wurde von Milton Friedman aufgegriffen und weiterentwickelt. Friedman erklärte Beschäftigungsschwankungen mit Irrtümern der Gewerkschaften in der Erwartung künftiger Inflationsraten. Friedman argumentiert dabei zunächst ganz auf keynesianischem Boden. Ausgangspunkt ist eine unerwartete Erhöhung der Geldmenge. Nach keynesianischem Muster führt dies zunächst zu einem Anstieg der realen Geldmenge, damit steigt die Nachfrage auf den Gütermärkten, Konsum, Export und Investitionen nehmen zu. Sobald es zu Kapazitätsengpässen kommt, steigt auch die Inflation. Die Reallöhne sinken wegen des zunächst unveränderten Nominallohnanstiegs, und deshalb steigt die Beschäftigung. Anders als bei Keynes sind nach Friedman die abhängig Beschäftigten bzw. die Gewerkschaften nicht bereit, diese Reallohneinbuße hinzunehmen. Sie hätten schon in der zurückliegenden Tarifrunde die vereinbarten

Nominallöhne nicht akzeptiert, wenn sie den tatsächlichen Anstieg der Inflationsrate richtig vorhergesehen hätten. Das Ergebnis der Tarifverhandlungen gründet also auf falschen Erwartungen der Gewerkschaften über den Preisanstieg. Die Gewerkschaften werden, sobald sie ihren Irrtum erkennen, ihre Inflationsprognose korrigieren und in der nächsten Tarifrunde entsprechend höhere Nominallöhne durchsetzen. Wenn es nicht erneut zu einer unvorhergesehenen Geldmengenerhöhung kommt, so treffen die Inflationserwartungen der Gewerkschaften zu. Sie werden dann einen Nominallohn durchsetzen, der den abhängig Beschäftigten gerade das ursprüngliche Reallohnniveau wieder sichert. Der Reallohn steigt also wieder an, und die Beschäftigung fällt zurück auf das Ausgangsniveau. Wenn die Wirkungen der Geldpolitik auf die Gesamtnachfrage und die Beschäftigung auf Erwartungsfehlern beruhen, so ist klar, daß geldpolitisch nur kurzfristig Erfolge im Kampf gegen die Arbeitslosigkeit erzielt werden können. Längerfristig gibt es keine positiven realwirtschaftlichen Effekte, allein die höhere Inflationsrate bleibt als unerfreuliche Begleiterscheinung. Friedman empfiehlt folgerichtig, auf diskretionäre Geldpolitik, das heißt eine Geldpolitik, die aktiv steuernd in den Wirtschaftsprozeß eingreift, völlig zu verzichten.

Da nachhaltige beschäftigungspolitische Erfolge nicht zu erzielen sind, reduziert sich nach Friedman die Aufgabe der Geldpolitik auf die Sicherung der Preisstabilität. Diese werde am besten dadurch gewahrt, daß ein stabilitätskonformes Geldmengenziel im voraus angekündigt und anschließend ohne Rücksicht auf etwaige zwischenzeitliche Veränderungen der konjunkturellen Lage realisiert wird. Erwartungsfehler der Individuen über die Preisniveauentwicklung aufgrund von unerwarteten Änderungen des geldpolitischen Kurses sind dann ausgeschlossen. Friedman verband mit einer solchen Politik der Geldmengenverstetigung die Hoffnung, konjunkturelle Schwankungen zu glätten oder sogar ganz zu verhindern. Er war jedoch weit davon entfernt, realwirtschaftliche Effekte der Geldpolitik in Abrede zu stellen. Im Gegenteil: »money matters« war seine Devise. Anders als viele auf die Fiskalpolitik fixierte Keynesianer betonte er immer wieder die Bedeutung der Geldpolitik für die Konjunktur. Wenn man so will, hat er zumindest teilweise die Keynes'sche Theorie wieder in ihr Recht eingesetzt und die einseitige Fixierung auf die Fiskalpolitik angegriffen. Im

Unterschied zu Keynes betonte er jedoch, daß die Geldpolitik lange, vor allem auch unterschiedlich lange zeitliche Verzögerungen in ihren Wirkungen aufweise (»long and variable lags«) und deshalb ein gezielter wirtschaftspolitischer Einsatz der Geldpolitik im Sinne einer konjunkturellen Feinsteuerung kaum möglich sei. Außerdem werde die geldpolitisch ausgelöste Reallohnzurückhaltung gegen den Willen der Gewerkschaften erzwungen, sie könne daher nicht dauerhaft sein.

Friedmans Leistung liegt nicht zuletzt in seinem Nachweis, daß hohe Inflation und Schwankungen der Inflation mit hohen realwirtschaftlichen Kosten verbunden sind. Jede Inflation zwinge die Individuen zu kostspieligen, aber gesamtwirtschaftlich funktionslosen Anpassungsprozessen. Ein hohes Maß an Preisstabilität schaffe dagegen sichere Kalkulationsgrundlagen, insbesondere für Investitionsentscheidungen. Die Preisstabilität könne, so Friedman, am besten über eine im voraus angekündigte stetige Rate der Geldmengenausweitung gesichert werden, wobei sich diese Rate am langfristigen Durchschnitt der Produktivitätssteigerung und der trendmäßigen Zunahme der Kassenhaltung orientieren müsse. Diese Regelbindung soll diskretionäre Maßnahmen im Bereich der Geldpolitik unterbinden.

Friedman ergänzte seine Erklärung von Beschäftigungsschwankungen mit Erwartungs- oder Wahrnehmungsfehlern bezüglich der Inflationsentwicklung um eine Theorie der freiwilligen Arbeitslosigkeit im walrasianischen Gleichgewicht. Klar ist, daß es Erwartungs- und Wahrnehmungsirrtümer in zwei Richtungen geben kann: Die künftige Inflationsrate kann über- oder unterschätzt werden. Entsprechend muß es nach Friedman positive und negative Abweichungen vom Vollbeschäftigungsgleichgewicht geben. Aber was ist eine positive Abweichung vom Vollbeschäftigungsgleichgewicht? Eine Situation der Überbeschäftigung? Die Erklärung von Friedman ist einfach und plausibel. Auch im walrasianischen Gleichgewicht wird es immer eine bestimmte statistisch erfaßte Arbeitslosenquote geben, ganz einfach deshalb, weil die Suche nach einem neuen Arbeitsplatz nach einer Entlassung Zeit benötigt. Er nannte Arbeitslosigkeit, die mit einem allgemeinen Marktgleichgewicht vereinbar ist, »natürliche Arbeitslosigkeit« (»natural rate of unemployment«).

Wie leicht nachzuvollziehen ist, ist es rational, nach einer Entlassung nicht die erstbeste angebotene Arbeit anzunehmen, sondern Zeit und

Geld in die Suche nach einem möglichst gut bezahlten, interessanten und sicheren Arbeitsplatz zu investieren. Die gesamtwirtschaftliche Höhe der individuell rationalen und damit freiwilligen Arbeitslosigkeit hängt also von den Kosten der Suche nach einem neuen Arbeitsplatz, aber auch den Kosten der Mobilität der Arbeitskräfte und dem Abstand zur gewährten Arbeitslosenunterstützung ab. Bei einer gut funktionierenden Arbeitslosenvermittlung, also geringen Suchkosten, wird die »natural rate« niedrig sein. Ebenso bei hoher Mobilität der Arbeitskräfte, denn hochmobile Arbeitskräfte sind bereit, auch Arbeitsplatzangebote aus weit entfernten Regionen anzunehmen. Eine hohe Arbeitslosenunterstützung reduziert dagegen die Suchkosten der Arbeitslosen, das heißt, bei einer hohen Unterstützung ist es rational, relativ lange nach einer Arbeit zu suchen. Je höher dagegen der Einkommensausfall in der Zeit der Arbeitslosigkeit, um so größer ist der Druck, rasch eine neue Arbeit aufzunehmen. Friedman trennte also zwischen einer freiwilligen, weil individuell rationalen Arbeitslosigkeit und einer unfreiwilligen Arbeitslosigkeit. Die konjunkturell bedingten Schwankungen der unfreiwilligen Arbeitslosigkeit lagern sich um die strukturelle Arbeitslosigkeit – das heißt um die von der strukturellen Verfassung des Arbeitsmarktes bestimmte »natural rate« – herum. Unter dem Begriff der strukturellen Arbeitslosigkeit wird bisweilen auch die Arbeitslosigkeit verstanden, die durch einen sektoralen Strukturwandel verursacht wird. Diese Form der Arbeitslosigkeit haben wir eingangs als Mismatch-Arbeitslosigkeit bezeichnet. Sie darf nicht mit der strukturellen Arbeitslosigkeit im Sinne der »natural rate« verwechselt werden.

Die Existenz unfreiwilliger Arbeitslosigkeit knüpfte Friedman ausschließlich an Erwartungs- und Wahrnehmungsfehler in bezug auf die relativen Preise und Löhne. Die Möglichkeit einer unfreiwilligen Arbeitslosigkeit als Folge von Mengenrationierungsprozessen wird negiert. Diese Position war bestimmend für den weiteren Weg der wissenschaftlichen Forschung in den siebziger Jahren. Die Theorie von Friedman provozierte natürlich die Frage, weshalb den Individuen immer wieder derartige Erwartungs- und Wahrnehmungsfehler unterlaufen sollten. Normalerweise muß doch davon ausgegangen werden, daß die Menschen fähig sind, aus Fehlern zu lernen. Selbstverständlich gibt es keine vollkommen treffsicheren Prognosen, aber die Individuen werden nicht immer die gleichen Irrtümer wiederholen. Sie werden die Abweichungen ihrer Prognosen von den tatsächlichen Größen erkennen. Wenn sie feststellen, worauf diese Abweichungen zurückzuführen sind, werden sie die Regel, die ihrer Erwartungsbildung zugrunde liegt, modifizieren. Bezogen auf unser Beispiel werden die Individuen also bemerken, daß es einen Einfluß der Geldpolitik auf die Preisentwicklung gibt. Sie werden die Veränderung der Geldmenge in ihrer Inflationsprognose berücksichtigen. Unbestreitbar ist es rational, in dieser Weise aus Fehlern zu lernen. Erwartungsbildung, die diese Form von Lernprozessen berücksichtigt, wird deshalb auch als rationale Erwartungsbildung bezeichnet. Ein Erwartungsbildungskonzept ist dann rational, wenn alle für die jeweilige zu prognostizierende Größe relevanten Informationen für die Prognose herangezogen werden. Die Prognose wird dann nicht mehr systematisch, das heißt immer in der gleichen Richtung, von der realisierten Größe abweichen.

Unterstellt man wie Friedman eine Abhängigkeit der Inflation von der Geldmengenentwicklung der Vergangenheit, so ist es folgerichtig anzunehmen, daß die Individuen ihre Inflationsprognosen ebenfalls auf den Zusammenhang von Geldmengen- und Preisentwicklung gründen. Eine derartige modellkonsistente Erwartungsbildung hat Robert E. Lucas in das Modell von Friedman eingebaut. Das Ergebnis ist: Geldpolitik hat keinen systematischen Einfluß auf die Beschäftigung. Auch bei einem geldpolitischen Kurswechsel wird es nicht einmal vorübergehend zu einer Abweichung der Beschäftigung von der »natural rate« kommen. Konsumenten und Produzenten werden sofort den Kurswechsel der Geldpolitik erkennen und ihre Inflationsprognose entsprechend korrigieren. Bei Nominallohnverhandlungen wird es nicht zu systematischen Prognosefehlern über die künftige Inflation kommen. Allenfalls zufällige Abweichungen sind möglich, und entsprechend kann es allenfalls zufällige Abweichungen um die »natural rate« herum geben. Diese Abweichungen können jedoch auf keinen Fall, nicht einmal kurzfristig, wirtschaftspolitisch ausgebeutet werden.

Die Theorie von Lucas warf aber ein Problem auf. Das Ergebnis des Modells unter Berücksichtigung rationaler Erwartungen war, daß Abweichungen von der natürlichen Arbeitslosenrate nur sehr kurzfristig auftreten und vor allem nicht gehäuft nach einer Seite auftreten können. In der Fachsprache heißt dies: Die Abweichungen müssen seriell unkorreliert sein. Sie müssen mal nach der einen, mal nach der anderen Seite auftreten, ohne erkennbares Muster, eben zufällig. Dieses Ergebnis stieß sich empfindlich mit der unbestreitbaren Beobachtung der konjunkturellen Beschäftigungsschwankungen mit ihrem mehrjährigen Zyklus. Diese langen Wellen der Beschäftigungsveränderungen mußten jetzt anders als bei Friedman mit Veränderungen der »natural rate« selbst erklärt werden. Die »natural rate« reflektiert jedoch nach Friedman die strukturelle Verfassung der Arbeitsmärkte der Volkswirtschaft, von der man annehmen sollte, daß sie sich nur sehr langsam und schon gar nicht nach einem konjunkturellen Muster verändert. Lucas löste jedoch auch dieses Problem. Mit gewissen theoretischen Anstrengungen gelang es zu zeigen, daß Schwankungen der »natural rate« bei einer intertemporalen Optimierung individueller Entscheidungen erklärt werden können. Später wurden auch noch sogenannte »Hysterese«-Effekte zur Erklärung von Veränderungen der »natural rate« ins Feld geführt: Nach einem konjunkturellen Einbruch tendiere die gestiegene Arbeitslosigkeit dazu, sich zu verfestigen, weil es zu einer beruflichen Dequalifizierung der entlassenen Arbeitskräfte komme. Damit war die Klassik vollkommen rehabilitiert: Unfreiwillige Arbeitslosigkeit gibt es nicht, nicht einmal kuzfristig. Der Erfolg der monetaristischen Revolution war zu Beginn der achtziger Jahre so umfassend, daß Lucas befriedigt feststellen konnte, man könne keinen guten, unter vierzig Jahre alten Ökonomen finden, der sich oder sein Werk als keynesianisch bezeichnen würde.

Arbeitslosigkeit: Und es gibt sie doch!

Lucas hat die Gedanken von Friedman konsequent zu Ende gedacht. Dabei wurde überraschenderweise die Kernthese Friedman's (»money matters«) schlicht in ihr Gegenteil verkehrt: Geld spielt realwirtschaftlich keine Rolle. Wenn Erwartungs- und Wahrnehmungsfehler die Ursache für eine Wirkung der Geldpolitik auf die Beschäftigung sind, dann ist es bei rationalen Individuen nicht einmal kurzfristig möglich, Geldpolitik zur Bekämpfung von Arbeitslosigkeit einzusetzen. Lucas und andere Vertreter der sogenannten Neuen Klassischen Makroökonomie nehmen für sich in Anspruch, alle wesentlichen in der Realität beobachtbaren Phänomene innerhalb dieses modelltheoretischen Ansatzes erklären zu können. Sind wir auf der Basis dieser Theorie also gezwungen, die beobachtete Arbeitslosigkeit in vollem Umfang als freiwillige Arbeitslosigkeit anzusehen? Mitnichten.

Zunächst ist klar, daß aus einer Übereinstimmung einer Theorie mit den in der Realität beobachtbaren Fakten nicht folgt, daß die Theorie richtig ist. Schließlich ist es möglich, daß es auch andere rivalisierende Erklärungsansätze gibt, die ebenfalls mit den empirischen Beobachtungen übereinstimmen. Aber bei dieser allgemeinen Feststellung müssen wir nicht stehenbleiben. Entscheidend ist, sich klarzumachen, woraus die Unwirksamkeit der Geldpolitik im Modell von Lucas resultiert. Sie folgt keineswegs aus der Annahme von rationalen Erwartungen der Individuen. Die Theorie der rationalen Erwartungen besagt zunächst nur, daß Erwartungen der Wirtschaftssubjekte konsistent mit den aus dem jeweiligen Modell herzuleitenden Prognosen sein müssen. Gerade darin liegt eben die Rationalität. Angewandt auf das Modell von Friedman drückt die Theorie rationaler Erwartungen aus, daß die Wirtschaftssubjekte ihre Inflationserwartungen auf der Grundlage der Geldmengenänderungen der Vergangenheit bilden. Im Modell von Friedman wird als Annahme unterstellt, daß die »natural rate« und der Gleichgewichtsreallohn unabhängig von der Geldpolitik sind. Die Modellkonsistenz der Erwartungsbildung verlangt daher, daß es in Reaktion auf eine Geldmengenänderung nicht zu einer Änderung von Reallohn und Beschäftigung kommen wird.

Der Unterschied zwischen Friedman und Lucas auf der einen Seite und Keynes auf der anderen Seite reduziert sich damit auf zwei Punkte: Keynes war der Meinung, daß bei unfreiwilliger Arbeitslosigkeit auch bei den Gewerkschaften Bereitschaft besteht, geldpolitisch induzierte Reallohneinbußen hinzunehmen. Friedman und Lucas bestreiten diese Bereitschaft. Keynes räumte neben dem Reallohn der Nachfrage eine eigenständige Rolle bei der Erklärung der Beschäftigung ein. Bei Friedman und Lucas sind Mengenrationierungen annahmegemäß ausgeschlossen, Nachfrage spielt also keine Rolle.

Die Annahme rationaler Erwartungen markiert dagegen keinen wesentlichen Unterschied zwischen beiden Lagern. Das kann man sich wie folgt verdeutlichen: Nehmen wir das Modell von Lucas mit dem Unterschied, daß in der Ausgangssituation unfreiwillige Arbeitslosigkeit vorliegt und keine Nominallohnerhöhung erfolgt, wenn die Geldmenge steigt. In diesem Modell müssen rationale Individuen erwarten, daß die Geldmengenerhöhung mit einer Reallohnsenkung einhergeht und sich die Beschäftigung ausweitet. Damit erhöht sich das Güterangebot, und das Preisniveau wird nicht proportional zur Geldmengenerhöhung steigen, sondern in geringerem Ausmaß: Gesamtnachfrage und Beschäftigung werden dauerhaft ein höheres Niveau aufweisen.

In der Neuen Klassischen Makroökonomie kann aus den gleichen Gründen wie im allgemeinen Gleichgewichtsmodell von Walras weder unfreiwillige Arbeitslosigkeit auftreten, noch haben monetäre Größen einen Einfluß auf Produktion und Beschäftigung: Unterstellt werden muß, daß die Individuen ihre wirtschaftlichen Entscheidungen allein aufgrund von Preissignalen treffen. Diese Informationsfunktion erfüllt das Preissystem aber nur im allgemeinen Marktgleichgewicht. Nur unter der Annahme des Ausschlusses von Tausch im Ungleichgewicht ist es rational, Planungen allein an den gegebenen Preisen zu orientieren, weil dann niemand mengenmäßigen Beschränkungen unterliegt. Die Absatzchancen für Produzenten bzw. Beschäftigungschancen für Arbeitnehmer sind für ihre Produktions- und Konsumpläne dann ohne Bedeutung.

Neu ist an der Neuen Klassischen Makroökonomie lediglich, daß unvollständige Information und Unsicherheit über die Zukunft zugelassen werden. Es können also Erwartungs- und Wahrnehmungsfehler bei den relativen Preisen auftreten. In der Fachsprache: Das deterministische walrasianische System wird in ein stochastisches System, also ein System mit Zufallselementen, überführt. Während es in der Klassik genau einen Optimalzustand der Wirtschaft gibt, kommt es in der Neuen Klassischen Makroökonomie zu zufälligen Abweichungen um diesen Gleichgewichtswert herum. Dadurch können innerhalb der allgemeinen Gleichgewichtstheorie Phänomene erklärt werden, mit denen die Klassik nicht fertig geworden ist. Die Vorwürfe von Keynes treffen dagegen die Neue Klassische Makroökonomik mit genau der gleichen Berechtigung und Schärfe wie die Klassik: Längerfristige Abweichungen vom allgemeinen Wettbewerbsgleichgewicht werden wahrscheinlich, wenn mengenmäßige Beschränkungen auftreten und Produzenten und Konsumenten diese in rationaler Weise bei ihren Planungen berücksichtigen. Dies ist der Kern der sogenannten keynesianischen

Gegenrevolution oder Neuen Keynesianischen Makroökonomie, die mit den Namen von Clower, Leijonhufvud, Tobin, Barro, Grossman, Malinvaud, Benassy, Hahn und vielen anderen verknüpft ist.

In der Wissenschaft ist der Keynesianismus inzwischen praktisch voll rehabilitiert, aber wirtschaftspolitisch ist diese Gegenrevolution bis heute weitgehend ohne Widerhall geblieben. Woran liegt das? Das Unglück der Neuen Keynesianischen Makroökonomie ist, daß die Welt der Theorie außerhalb des walrasianischen Gleichgewichts ausgesprochen komplex ist. Diese zusätzliche Komplexität resultiert daraus, daß bei der Analyse von Ungleichgewichtssituationen eine dynamische Theorie, das heißt die explizite Berücksichtigung der zeitlichen Dauer von Prozessen, eine entscheidende Rolle spielt. Zweitens ist es wie erwähnt erforderlich, in der entscheidungstheoretischen mikroökonomischen Analyse neben den relativen Preisen die Abhängigkeit der Planungen der Individuen von bestehenden mengenmäßigen Beschränkungen zu erfassen. Relativ einfach ist es, in einem ersten Schritt die relativen Preise konstant zu halten und nur die Auswirkungen von mengenmäßigen Beschränkungen auf die Pläne der Individuen in ihrem wechselseitigen Zusammenwirken zu studieren. Hahn hat diesen Ansatz als kurzfristige Gleichgewichtsanalyse bezeichnet. Schon bei derartigen Modellen sind jedoch eindeutige wirtschaftspolitische Schlußfolgerungen kaum zu gewinnen. Klar ist auch, daß in längerfristiger Sicht die Rolle von Preis- und Nominallohnanpassungen sowie von Zins- und Wechselkursänderungen nicht ausgeblendet werden können. Was kann man aber über die relative Geschwindigkeit von Mengenanpassungen im Verhältnis zu Preisanpassungen sagen? Wie wirken makropolitische Instrumente unter unterschiedlichen Annahmen über die Geschwindigkeit von Anpassungsprozessen? Wie so oft in der Wissenschaft hat auch die Neue Keynesianische Makroökonomie mehr Fragen aufgeworfen als Antworten gegeben.

Eine andere Entwicklung in der Wirtschaftswissenschaft, die sogenannte Institutionentheorie, hat ebenfalls der keynesianischen Theorie der Unterbeschäftigung in den achtziger Jahren neue Impulse gegeben. Manche dieser Ansätze sind auch wirtschaftspolitisch von außerordentlichem Interesse. Die Institutionentheorie beschäftigt sich mit Anreizen für wirtschaftliches Handeln, die von bestimmten institutionellen Regelungen ausgehen. Im Bereich der Beschäftigungstheorie werden dabei insbesondere die konkrete institutionelle Gestaltung der Lohnfindungsprozesse sowie die institutionellen Regelungen für Notenbanken untersucht. Eine zentrale Frage ist dabei, ob die Anreize für die Handelnden, die sich aus der jeweiligen Konstruktion der institutionellen Regelung ergeben, mit den individuellen und gesamtwirtschaftlichen Zielsetzungen übereinstimmen. So ist es keineswegs selbstverständlich, daß bei gegebenen institutionellen Bedingungen sich alle Beteiligten aus ihren eigenen Interessen heraus so verhalten, daß Vollbeschäftigung erreicht werden kann. Wenn derartige falsche Anreizmechanismen vorliegen, ist die Kenntnis der richtigen Theorie zum Abbau der Arbeitslosigkeit noch nicht hinreichend für den Erfolg. Dann muß auch aufgezeigt werden, wie Ziele und Anreize zur Deckung gebracht werden können. Die Institutionentheorie hat insgesamt einen wesentlichen Beitrag zur Wiederbelebung des Keynesianismus in der Beschäftigungstheorie geleistet, womit natürlich nicht gesagt werden soll, daß alle Ökonomen, die Fragen der Beschäftigung unter dem Aspekt der Institutionentheorie untersuchen, auch keynesianische Positionen vertreten.

Kampf gegen die Arbeitslosigkeit: Warum so erfolglos?

Nach der Kurzcharakteristik der Angebotspolitik und dem Blick auf die Grundlagen der Beschäftigungstheorie fühlen wir uns gerüstet, die Frage anzugehen, weshalb weder die Politik der Globalsteuerung noch die Angebotspolitik beschäftigungspolitisch zufriedenstellende Ergebnisse erbracht haben.

Die Politik der Globalsteuerung der siebziger Jahre ist gescheitert, weil sie die Angebotsseite und die Bedeutung der Löhne für die Beschäftigung aus den Augen verloren hat. Eine staatliche Vollbeschäftigungsgarantie, wie sie von der Globalpolitik damals in Aussicht gestellt wurde, kann es in der Marktwirtschaft nicht geben. Die Mitwirkung der Notenbank und der Gewerkschaften ist unabdingbar, wenn Vollbeschäftigung bei Preisstabilität erreicht werden soll. Fatal war deshalb auch, daß einseitig auf Fiskalpolitik gesetzt wurde, mit der zwar konjunkturelle Schwankungen geglättet, aber nicht dauerhaft zusätzliche Nachfrage geschaffen werden kann. So stand Anfang der achtziger Jahre die Globalpolitik vor einem Scherbenhaufen: gescheitert am Problem der Arbeitslosigkeit und der Inflation.

Warum aber gelingt es der Angebotspolitik nicht, besser mit der Arbeitslosigkeit fertig zu werden? Oben haben wir die Angebotspolitik eingeteilt in Maßnahmen zur Steigerung der Produktivität sowie Maßnahmen zur Senkung der Kosten für Arbeit. Produktivitätssteigerung stärkt das Wachstum. Mehr Beschäftigung ergibt sich nur dann, wenn dadurch eine bessere Übereinstimmung von Produktivität und Reallöhnen erreicht wird. Bisher reichten die produktivitätssteigernden Maßnahmen nie aus, um die Reallöhne einzuholen. Alle Versuche, über einen Produktivitätsanstieg aus der Arbeitslosigkeit herauszuwachsen, sind bisher gescheitert. Zwar kann man einwenden, daß eben noch nicht genug Angebotspolitik betrieben wurde. Aber auch dann führt kein Weg daran vorbei, daß über Produktivitätssteigerung niemals in systematischer Weise der beschäftigungspolitisch notwendige Abstimmungsprozeß zwischen Verteilungsspielraum und Ansprüchen an das Sozialprodukt geleistet werden kann. Wachstumspolitik kann niemals Beschäftigungspolitik ersetzen. Das darf keinesfalls als Plädoyer gegen Wachstumspolitik mißverstanden werden. Solange Armut nicht überwunden ist, brauchen wir Wachstumspolitik, die allerdings gravierende dauerhafte Umweltschäden vermeiden und in Übereinstimmung mit den Präferenzen der Menschen bleiben muß.

Im Unterschied zu wachstumspolitischen Maßnahmen zur Steigerung der Produktivität können Maßnahmen, die auf eine Senkung der Kosten für Arbeit abzielen, als Beschäftigungspolitik angesehen werden. Aber sind sie als Mittel der Beschäftigungspolitik auch der Königsweg? Wie die Erfahrungen der Weltwirtschaftskrise zeigen, garantiert eine Senkung der Kosten für Arbeit noch lange keinen Beschäftigungsanstieg. Ein solcher Weg verspricht nur dann Erfolg, wenn parallel dazu sichergestellt wird, daß es nicht zu Nachfrageausfällen kommt. Die Flexibilisierung der Arbeitsmärkte als Mittel zur Durchsetzung niedrigerer Kosten für Arbeit ist überdies äußerst konfliktreich und damit zeitraubend. Wenn es zur Überwindung der Arbeitslosigkeit unabdingbar wäre, dürfte man Konflikten natürlich nicht aus dem Weg gehen. Aber geht es wirklich nur gegen die Gewerkschaften? Wenn eine Senkung der Kosten der Arbeit beschäftigungspolitisch wirklich notwendig sein sollte, bleibt immer noch die Frage: Soll die Kostensenkung über eine Flexibilisierung der Arbeitsmärkte oder über freiwillige Lohnzurückhaltung im Konsens mit den Gewerkschaften erreicht werden? Letztlich berührt das die Frage, ob die Arbeitswelt nach den Präferenzen der Beteiligten gestaltet wird oder nicht. Klar sollte sein, daß es keinen beschäftigungspolitischen Zwang gibt, menschliche Arbeitsleistung auf den Märkten nach den gleichen Regeln zu tauschen wie Konsumgüter oder Wertpapiere. Man kann – wenn die Arbeitnehmer dies wünschen – durchaus ohne Risiken für die Beschäftigung gewisse Inflexibilitäten am Arbeitsmarkt in Kauf nehmen, wenn die Arbeitnehmer im Gegenzug bereit sind, sich bei ihren Lohnforderungen entsprechend zurückzuhalten.

Weitere beschäftigungspolitische Instrumente stehen der Angebotspolitik nicht zur Verfügung. Zwar sind Steuer-, Sozial- und Umweltpolitik in ihrer heutigen Ausgestaltung für die Beschäftigung nicht irrelevant, sie sollten aber dennoch nicht beschäftigungspolitisch instrumentalisiert werden. Vor dem Hintergrund der Globalisierung der Märkte und der Intensivierung des Standortwettbewerbs müssen das Steuer- und Sozialsystem sowie die Umweltpolitik so gestaltet werden, daß Konflikte zwischen dem Beschäftigungsziel und anderen wirtschafts-, sozial- und gesellschaftspolitischen Zielen vermieden werden. Gerade wenn dies gelingt, fallen diese Bereiche als Instrumente der Beschäftigungspolitik aber aus.

Bei dem Streifzug durch die Beschäftigungstheorie sind wir noch auf einen weiteren Punkt gestoßen, der einem beschäftigungspolitischen Erfolg der Angebotspolitik im Wege steht. Die Angebotspolitik stützt sich auf die Erkenntnisse des Monetarismus und der Neuen Klassischen Makroökonomie, die eine beschäftigungspolitische Unwirksamkeit der Geldpolitik postulieren. Ein tieferer Blick in die Theorien von Friedman und Lucas hat jedoch gezeigt, daß unfreiwillige Arbeitslosigkeit in diesen Theorien nicht oder nur als vorübergehendes Phänomen vorkommt. Würde man die Neue Klassische Makroökonomie als im Kern zutreffende Beschreibung der Realität anerkennen, so müßte man die in der Realität beobachtete Arbeitslosigkeit gänzlich als freiwillige Arbeitslosigkeit einstufen. Eine Theorie, die unfreiwillige Arbeitslosigkeit nicht erklärt, kann aber niemals Grundlage einer erfolgreichen Beschäftigungspolitik sein. Der beschäftigungspolitische Mißerfolg der Angebotspolitik ist demnach letztlich darauf zurückzuführen, daß sie die zentralen wirtschaftspolitischen Empfehlungen des Monetarismus und der Neuen Klassischen Makroökonomie akzeptiert.

Für die Erklärung einer länger anhaltenden unfreiwilligen Arbeitslosigkeit gibt es letztlich nur zwei Ansätze: den klassischen Erklärungsansatz, wonach zu hohe Löhne Ursache der Arbeitslosigkeit sind, und den keynesianischen Ansatz, der (auch) in der fehlenden gesamtwirtschaftlichen Nachfrage eine wichtige eigenständige Ursache der Arbeitslosigkeit erkennt. Klassisch geprägte Ökonomen bezweifeln, daß der gesamtwirtschaftlichen Nachfrage eine eigenständige Rolle bei der Erklärung der Arbeitslosigkeit zukommt. Sie vertreten die Auffassung, daß »fehlende Nachfrage« weitgehend eine Leerformel sei. Vielleicht ist die Begriffswahl zur Unterscheidung zwischen den Ursachen »zu hoher Reallohn« und »fehlende Nachfrage« tatsächlich nicht ganz glücklich, und wir sollten besser von klassischer und keynesianischer Ursache sprechen. Fast endlose Mißverständnisse bezüglich der ursachengerechten Therapie zur Bekämpfung der Arbeitslosigkeit haben auch mit dieser Begriffsverwirrung zu tun. Quasi automatisch hält jeder, der zu hohe Reallöhne als Ursache der Arbeitslosigkeit ansieht, eine Nominallohnsenkung für eine ursachengerechte Therapie. Mit ähnlichem Automatismus fordern Anhänger der These fehlender Gesamtnachfrage eine expansivere Fiskalpolitik. Die Begriffswahl zur Bezeichnung unterschiedlicher Ursachen der Arbeitslosigkeit führt dabei beide Lager gleichermaßen auf eine falsche Fährte.

Fern von semantischen Mißverständnissen und unabhängig davon, ob die Ursache der Arbeitslosigkeit reallohnbedingt oder auf der Nachfrageseite zu suchen ist, die ursachengerechte Therapie ist in beiden Fällen die gleiche: expansive Geldpolitik bei Lohnzurückhaltung! Nehmen wir an, die Arbeitslosigkeit sei ausschließlich auf zu hohe Reallöhne zurückzuführen. Was passiert dann bei einer expansiven Geldpolitik? Die geldpolitisch angestoßene zusätzliche nominale Nachfrage bewirkt zunächst keinerlei Ausweitung der wirtschaftlichen Aktivität, da annahmegemäß zu hohe Reallöhne Ursache der Arbeitslosigkeit sind. Als Folge der expansiven Geldpolitik steigen also – ganz nach klassischer Auffassung – zunächst lediglich die Preise. Vorausgesetzt, die Nominallöhne werden nicht angepaßt, bewirkt die expansive Geldpolitik also gerade die zur ursachengerechten Bekämpfung der Arbeitslosigkeit erforderliche Reallohnsenkung. Im zweiten Fall unterstellen wir, die Arbeitslosigkeit sei ausschließlich auf fehlende Nachfrage zurückzuführen. In diesem Fall bewirkt eine expansive Geldpolitik – vorausgesetzt, die Nominallöhne bleiben unverändert – eine reale Nachfrageausweitung, die zu zusätzlicher wirtschaftlicher Aktivität und mehr Beschäftigung ohne Anstieg des Preisniveaus führt. Auch in diesem Fall wird die Arbeitslosigkeit also ursachengerecht bekämpft.

Der zweite Fall zeigt, daß es durchaus sinnvoll ist, zwischen keynesianischer und klassischer Ursache der Arbeitslosigkeit zu unterscheiden. Der Keynesianismus erklärt die Arbeitslosigkeit (auch) damit, daß die Produzenten von Waren und Dienstleistungen in ihren Absatzchancen beschränkt sind. Das heißt, daß insbesondere Arbeitslose ihre Ausgaben nicht unter der Annahme planen, sie seien künftig ihrer Qualifikation entsprechend beschäftigt. Dies bedeutet aber zugleich, daß zuwenig gesamtwirtschaftliche Nachfrage vorhanden ist, um zur Vollbeschäftigung zurückzukehren. Daraus folgt, daß eine Angleichung der Reallöhne an die Produktivität noch nicht hinreichend ist, um Vollbeschäftigung zu sichern. Die Unternehmen wären beim herrschenden Reallohn bereit, ihr Angebot auszuweiten. Die Kosten der Arbeit wären also in diesem Fall kein Hindernis für eine Ausweitung der wirtschaftlichen Aktivität. Die Unternehmen erzielen ausreichende, vielleicht sogar sehr gute Gewinne, aber sie können von ihren Waren und Dienstleistungen nicht soviel absetzen, wie sie dies gerne möchten. Sie könnten produzieren, sie sind bereit, Waren und Dienstleistungen anzubieten, aber der Absatz stockt. In einer derartigen Situation wäre es sinnlos zu versuchen, die Arbeitslosigkeit über eine Senkung der Kosten der Arbeit zu bekämpfen. Dadurch würden die schlechten Absatzchancen der Unternehmen nicht verbessert. Wenn dieser Fall in der Realität möglich ist, so ist es auch sinnvoll, ihn sauber von dem Fall zu hoher Reallöhne als Ursache der Arbeitslosigkeit zu unterscheiden.

Niemand weiß, in welchem Umfang die zur Zeit in Deutschland herrschende Arbeitslosigkeit klassisch oder keynesianisch verursacht ist. Dieses Wissen ist aber zur Bekämpfung der Arbeitslosigkeit auch gar nicht notwendig, da in beiden Fällen die ursachengerechte Therapie die gleiche ist: expansive Geldpolitik bei Lohnzurückhaltung. Wenn man diesen Politikansatz verfolgt, wird die Arbeitslosigkeit sozusagen einem »Praxistest« bezüglich ihrer Ursachen unterzogen. Ist sie reallohnbedingt, erfolgt der Abbau der Arbeitslosigkeit über eine Senkung der Reallöhne. Ist sie nachfragebedingt, wird die Arbeitslosigkeit über die Zuführung neuer Nachfrage von außen abgebaut. In beiden Fällen kann Preisstabilität gewahrt bleiben. Expansive Geldpolitik bei Lohnzurückhaltung schafft Vollbeschäftigung, sei die Arbeitslosigkeit nun klassischer oder keynesianischer Natur oder eine beliebige Mischung aus beidem.

Die hier skizzierte Strategie zur Bekämpfung der Arbeitslosigkeit wird im nächsten Kapitel ausführlich dargelegt und erläutert. Insbesondere wird erklärt, wie eine expansive Geldpolitik die Gesamtnachfrage in einer in die Weltwirtschaft integrierten Volkswirtschaft inflationsfrei erhöht. Da die Entwicklung der volkswirtschaftlichen Gesamtnachfrage auch vom Wechselkurs der heimischen Währung abhängt, müssen die außenwirtschaftlichen Zusammenhänge mit ins Bild genommen werden.

Kapitel 4

Der Weg zur Vollbeschäftigung

Die Lösung am Reißbrett

Im vorangegangenen Kapitel haben wir gezeigt, warum bestimmte Ansätze nicht geeignet sind, um Vollbeschäftigung zurückzugewinnen. Wir haben begründet, warum bisherige Anstrengungen ohne Erfolg geblieben sind. Nach dieser Darstellung der Irrwege wollen wir nun endlich das Problem der Arbeitslosigkeit positiv angehen. Auf den letzten Seiten haben wir die Idee entwickelt, daß eine expansive Geldpolitik, verbunden mit Nominallohnzurückhaltung, ein erfolgversprechender Ansatz sein könnte. Dieser Ansatz fußt – das war das Fazit des dritten Kapitels – auf der einzigen uns bis heute bekannten Theorie, die eine tragfähige Erklärung der lang anhaltenden unfreiwilligen Arbeitslosigkeit liefert, dem Keynesianismus. Allein aus der – richtig verstandenen – Theorie von Keynes einschließlich bestimmter Weiterentwicklungen dieser Theorie können wir wirtschaftspolitische Maßnahmen zur Überwindung einer lang anhaltenden unfreiwilligen Arbeitslosigkeit ableiten. Es ist dabei wichtig, sich zu verdeutlichen, daß der Keynesianismus Arbeitslosigkeit aufgrund zu hoher Reallöhne nach klassischem Muster in seine Erklärung vollständig einschließt. So wie die Gravitationstheorie von Newton die Gesetze des Kopernikus als Spezialfälle enthält, umfaßt das keynesianische Modell die klassischen Vorstellungen als Spezialfall. Der Keynesianismus ist keine Antithese zur Klassik und zum Monetarismus, sondern eine Verallgemeinerung der Klassik. Wir erinnern uns: Aus dem Blickwinkel der keynesianischen Theorie liefert die Klassik eine verkürzte und damit unvollständige Abbildung der Realität. Der Keynesianismus geht über die Klassik hinaus, indem er, zusätzlich zur klassischen Erklärung der Arbeitslosigkeit durch zu hohe Reallöhne, eine zu geringe Gesamtnachfrage als mögliche eigenständige Ursache der Arbeitslosigkeit in Betracht zieht. Damit gelangt der Keynesianismus im Unterschied zur Klassik zu einer überzeugenden Erklärung lang anhaltender Arbeitslosigkeit.

Vorübergehende Beschäftigungsungleichgewichte sind auch nach klassischer und monetaristischer Auffassung möglich. Allerdings werden diesen Theorien zufolge relativ rasch – im Grenzfall unendlich schnell – starke Kräfte wirksam, die zurück zu einem neuen Gleichgewicht ohne unfreiwillige Arbeitslosigkeit führen. Neuere theoretische Erkenntnisse untermauern jedoch die keynesianische Auffassung, daß es in einer marktwirtschaftlichen Ordnung als Folge eines kumulativen Prozesses von Ausgabenkürzungen zu rückläufiger Nachfrage und damit zu langen Phasen von unfreiwilliger Arbeitslosigkeit kommen kann. Es existiert demnach ein quasi stabiler Zustand der Unterbeschäftigung. Dieser zumindest über eine längere Zeit hinweg stabile Zustand kann nach keynesianischer Auffassung wirtschaftspolitisch aufgebrochen werden, wenn der Wirtschaft von außen zusätzliche reale Nachfrage zugeführt wird. Dies gilt selbst dann, wenn die Arbeitslosigkeit allein von zu hohen Reallöhnen verursacht sein sollte.

»Von außen« soll nicht etwa heißen, daß ausschließlich die Exportnachfrage aus dem Ausland verstärkt werden soll. »Von außen« bedeutet, daß ein bewußtes Eingreifen der Wirtschaftspolitik zusätzliche Nachfrage erzeugt. Expansive Geldpolitik bei Lohnzurückhaltung erzeugt diese zusätzliche reale Nachfrage. Diese Politik für mehr Beschäftigung kann sowohl in einer offenen – also in die Weltwirtschaft integrierten – als auch in einer geschlossenen Volkswirtschaft mit Erfolg betrieben werden. Deutschland mit seiner starken Exportorientierung könnte sich in seiner Beschäftigungspolitik prinzipiell in gewissen Grenzen auch steigender Exportnachfrage bedienen. Der beschäftigungspolitische Erfolg der hier vorgeschlagenen Strategie ist aber keinesfalls zwingend von zusätzlicher Auslandsnachfrage abhängig. Lösungen des Beschäftigungsproblems auf Kosten der Beschäftigung anderer Länder sind überdies weder erstrebenswert noch auf Dauer tragfähig. Über kurz oder lang würden sie Abwehrmaßnahmen des Auslandes provozieren und den anfänglichen Erfolg wieder zunichte machen. Die hier vorgeschlagene Strategie zur Bekämpfung der Arbeitslosigkeit erfordert also weder eine aktive Mitwirkung des Auslands, noch kann der Erfolg durch wirtschaftspolitische Maßnahmen des Auslandes konterkariert werden. Kurz: Wir setzen keinerlei internationale Koordinierung der Beschäftigungspolitik voraus.

Löhne und Geldmenge steuern die Unternehmensgewinne

Ausgangspunkt unserer beschäftigungspolitischen Überlegungen ist die These Schumpeters, wonach das Streben nach Gewinn Motor der wirtschaftlichen Entwicklung ist. Ganz einfach ausgedrückt besagt dies, daß in der Marktwirtschaft dort Aktivitäten neu begonnen oder ausgeweitet werden, wo Gewinne winken. Auf Geschäftsfeldern, die wenig lukrativ erscheinen oder wo sogar Verluste befürchtet werden, wird die Aktivität reduziert. Neue Aktivitäten sind dabei in jedem Fall mit mehr Beschäftigung verbunden.

Dabei sind durchaus gesamtwirtschaftliche Bedingungen denkbar, unter denen die Unternehmen ihre Gewinne im Wege der Entlassung von Arbeitskräften erhöhen. Viele große Konzerne haben in den Jahren 1996 und 1997 in ihren Bilanzpressekonferenzen gleichzeitig die Reduzierung der Belegschaft und die Steigerung des eigenen Gewinns bekanntgegeben. Das widerspricht aber nicht etwa unserer These, daß neue Beschäftigung nur dort entsteht, wo bessere Gewinnchancen winken. Für die Beschäftigung ist entscheidend, ob die Gewinne mittels Neueinstellungen erhöht werden können. Wir müssen also gesamtwirtschaftliche Bedingungen schaffen, unter denen das einzelne Unternehmen seinen Gewinn nicht über Entlassungen, sondern nur über Neueinstellungen steigern kann. Solange Unternehmen nur über Entlassungen höhere Gewinne erzielen können, werden sie Arbeitsplätze abbauen. Unternehmen stehen in einem harten Wettbewerb, der sich angesichts der Globalisierung der Wirtschaft weiter intensiviert. Sie müssen sich deshalb so verhalten, daß sie auch bei hohem Konkurrenzdruck bestehen können. Kein Unternehmen kann es sich auf Dauer leisten, mehr Leute zu beschäftigen, als es betriebswirtschaftlich sinnvoll ist. Ein Unternehmer, der in guter Absicht mehr Leute beschäftigt hält, als es für seinen Betrieb rentabel ist, geht früher oder später in Konkurs. Dann sind alle Arbeitsplätze verloren. Damit ist niemandem gedient. Nicht die Unternehmen müssen sich also ändern, sondern die gesamtwirtschaftlichen Bedingungen, unter denen die Unternehmen ihre Entscheidungen treffen. Unternehmen brauchen Anreize für mehr Beschäftigung. Mehr Beschäftigung muß sich für sie lohnen!

Wir behaupten also nicht, daß die Unternehmen bei höheren Gewinnen ihre Beschäftigung erhöhen. Wir sagen, daß die Unternehmen Neueinstellungen dann vornehmen, wenn sie sich davon höhere Gewinne versprechen. Diese einzelwirtschaftliche Verhaltensweise läßt sich auf die gesamtwirtschaftliche Ebene übertragen. Die Investitions- und Beschäftigungschancen einer Volkswirtschaft werden letztlich davon bestimmt, welche zusätzlichen Gewinne aus einer gesamtwirtschaftlichen Aktivitätsausweitung erwartet werden können. In den mittelfristigen gesamtwirtschaftlichen Gewinnerwartungen werden alle künftigen Beschäftigungsmöglichkeiten der heimischen Wirtschaft erfaßt. Die mittelfristigen gesamtwirtschaftlichen Gewinnerwartungen sind demnach der umfassende Maßstab, die »Catch-all-Größe« der Qualität eines Wirtschaftsstandortes. Die Wirksamkeit einer wirtschaftspolitischen Maßnahme in bezug auf ihren Beitrag zur Verbesserung der Beschäftigung ist demnach daran zu messen, in welchem Ausmaß sie die mittelfristigen gesamtwirtschaftlichen Gewinnerwartungen verändert, das heißt zusätzliche wirtschaftliche Aktivitäten, sei es Investieren, Produzieren oder Exportieren, dadurch rentabel werden.

Die ganze Kunst der Beschäftigungspolitik besteht damit darin, die mittelfristigen gesamtwirtschaftlichen Gewinnerwartungen zu verbessern. Wie ist das in einer in die Weltwirtschaft integrierten Volkswirtschaft möglich? Fast automatisch und ganz zu Recht fallen uns in diesem Zusammenhang die Steuern ein. Die Frage der Steuern – so sehr sie auch die aktuelle Diskussion dominiert – wollen wir jedoch für den Moment zurückstellen und erst im sechsten Kapitel wieder aufgreifen. Uns geht es zunächst um die Gewinnerwartungen *vor* Steuern.

Die gesamtwirtschaftlichen Gewinne sind nichts anderes als die Differenz zwischen gesamtwirtschaftlichen Erlösen und Kosten. Auf gesamtwirtschaftlicher Ebene gibt es nur drei Kostenkategorien: Arbeitskosten, Kapitalkosten und Kosten für Vorleistungen aus dem Ausland. Sämtliche Vorprodukte, die ein Unternehmen aus dem Inland bezieht, sind für das eine inländische Unternehmen Kosten, für das andere inländische Unternehmen Erlöse. Gesamtwirtschaftlich ergibt sich für sie ein Saldo aus Kosten und Erlösen von Null. Von den drei gesamtwirtschaftlichen Kostenkategorien sind allein die Arbeitskosten rein binnenwirtschaftlich beeinflußbar. Die Kapitalkosten und die Kosten für Vorleistungen aus dem Ausland werden dagegen auf den Weltmärkten bestimmt. Sie müssen vom Inland weitgehend als vorgegeben akzeptiert werden. Dies ist bei den internationalen Rohstoffpreisen, etwa für Erdöl, leicht nachvollziehbar. Für die Bestimmungsgründe der Höhe der Kapitalkosten, also der langfristigen Zinsen, bedarf es einer kurzen Erläuterung.

Wenn das Schlagwort der »Globalisierung der Märkte« irgendwo zutrifft, dann auf die internationalen Finanzmärkte. Finanzkapital ist heute in weiten Teilen der Welt ohne gravierende Beschränkungen international handelbar. Die internationalen Finanzkapitalströme haben in jüngster Zeit riesige Ausmaße angenommen. Dabei sind die Transaktionskosten im internationalen Handel von Wertpapieren und Devisen immer weiter zurückgegangen. Abgesehen von Bonitätsunterschieden gleichen sich deshalb die Ertragsraten auf Finanzkapital ohne jede nennenswerte zeitliche Verzögerung an. Zu nominalen Zinsdifferenzen zwischen zwei Ländern kommt es nur, wenn die Anleger eine Veränderung der Wechselkurse erwarten. Da aber längerfristig die Inflationsdifferenzen zwischen zwei Volkswirtschaften der fundamentale Bestimmungsgrund für Wechselkursänderungen sind, entsprechen die Zinsdifferenzen in etwa immer den Inflationsdifferenzen. Zwischen offenen Volkswirtschaften entwickeln sich deshalb die jeweiligen Realzinsen als Differenz von Nominalzins und Inflationsrate ungefähr parallel. Der Realzins einer in die Weltwirtschaft integrierten Volkswirtschaft ist damit längerfristig vom Weltkapitalmarkt vorgegeben und durch inländische wirtschaftspolitische Maßnahmen kaum veränderbar. Ganz kurzfristig kann die heimische Geldpolitik einen gewissen Einfluß ausüben, der aber wirtschaftspolitisch nur sehr begrenzt genutzt werden kann. Auf diesen Punkt werden wir später noch näher eingehen. Zunächst halten wir fest, daß vom Inland weder die Kapitalkosten noch die Kosten für ausländische Vorleistungen nennenswert beeinflußt werden können.

Es bleiben also die Arbeitskosten und die Erlöse. Die Kosten für Arbeit ergeben sich bei gegebener Produktivität der Arbeit aus den Lohnkosten und den Lohnnebenkosten. Sie fassen wir im folgenden kurz mit dem Begriff »Löhne« zusammen. Ohne jeden Zweifel verschlechtert ein Anstieg der Löhne für sich genommen die mittelfristigen Gewinnerwartungen und beeinträchtigt damit die wirtschaftlichen Aktivitäten. Prinzipiell könnten die Arbeitskosten natürlich auch über eine steigende Arbeitsproduktivität gesenkt werden. Wie im dritten Kapitel ausführlich erörtert, kann die Produktivitätsentwicklung jedoch niemals aktiv und systematisch zur Steuerung der Arbeitskosten eingesetzt werden. Generell sind die Möglichkeiten der Wirtschaftspolitik zur Steigerung der Produktivität äußerst begrenzt. Unabhängig von der Beschäftigungssituation ist es aus wachstumspolitischen Gründen immer sinnvoll, etwaige Potentiale zur Produktivitätssteigerung auszuschöpfen. Es gibt also keinen Grund anzunehmen, daß wirtschaftspolitische Möglichkeiten zur Produktivitätssteigerung immer gerade dann in dem erforderlichen Ausmaß erwachsen, wenn aus beschäftigungspolitischen Gründen eine Entlastung von Arbeitskosten angezeigt ist.

Nun zur Erlösseite. Die Erlöse einer Volkswirtschaft sind nichts anderes als die Summe aller verkauften Güter und Dienstleistungen abzüglich der Vorleistungen; sie entsprechen damit der volkswirtschaftlichen Gesamtnachfrage. Wie kann es zu einer Veränderung dieser Gesamtnachfrage kommen? Vielfach wird vorgebracht, daß höhere Löhne – mögen sie auch die Kosten für die Unternehmen erhöhen – zu einer höheren Gesamtnachfrage führen, da Arbeitnehmer einen hohen Anteil ihres Einkommens für Konsumzwecke ausgeben und Unternehmer in höherem Maße sparen. Schon diese Annahme ist alles andere als sicher, aber selbst wenn sie zuträfe, würden wir über eine Umverteilung zu Lasten der Unternehmer allenfalls sehr kurzfristig zusätzliche Nachfrage gewinnen. Mittelfristig würden die Unternehmen wegen des Kosteneffekts der Lohnerhöhung zu einer Senkung ihrer Investitionen gezwungen. Der davon ausgehende Nachfrageausfall wäre mit hoher Sicherheit größer als der ursprüngliche Nachfrageanstieg. Die sogenannte Kaufkrafttheorie der Löhne ist leider falsch. So wie das Perpetuum mobile gegen die Gesetze der Physik verstößt, so verstößt die Kaufkrafttheorie der Löhne gegen die Gesetze des Wirtschaftens. Nur im Schlaraffenland wächst die Wirtschaft automatisch im Gleichschritt mit den Ansprüchen.

Ebensowenig wie über höhere Löhne kann die Gesamtnachfrage über Steuersenkungen nachhaltig stimuliert werden. Natürlich ist nicht zu bestreiten, daß diejenigen, die steuerlich entlastet werden, mehr nachfragen. Aber Steuersenkungen müssen »gegenfinanziert« werden. Zwangsläufig kommt es dabei an anderen Stellen zu Nachfrageausfällen in etwa ähnlicher Höhe. Finanziert man die Steuersenkungen über Ausgabenkürzungen, so fällt sofort in entsprechender Höhe staatliche Nachfrage aus. Finanziert man sie über höhere Neuverschuldung, kann es kurzfristig zu Anstoßeffekten kommen. Wegen der zwangsläufig höheren künftigen Steuerbelastung wird aber ebenfalls, wenn auch unter Umständen teilweise zeitverzögert, private Nachfrage verdrängt. Dauerhaft zusätzliche Nachfrage »von außen« kann in nennenswertem Umfang niemals allein über Umverteilung erreicht werden. Bei jeder Form der Umverteilung, sei es über Löhne oder über Steuern, halten sich die positiven Nachfrageimpulse und die negativen Entzugseffekte schon auf mittlere Sicht in etwa die Waage.

Dauerhaft wirksame zusätzliche Nachfrage »von außen« kann letztlich allein von einer Geldmengenerhöhung kommen. Jede Geldmengenerhöhung führt mit einer Verzögerung von etwa ein bis zwei Jahren zu einem in etwa proportionalen Anstieg der Gesamtnachfrage. Es entsteht dabei tatsächlich zusätzliche Nachfrage, weil es an keiner anderen Stelle zu Nachfrageausfällen kommt. Wie wird aber aus einer Geldmengenerhöhung mehr Güternachfrage? Salopp könnte man – wie eingangs erwähnt – antworten: Wenn die Leute mehr Geld in der Tasche haben, geben sie es auch aus. Dies ist im Prinzip richtig, reicht aber als Erklärung nicht aus. Wie kann überhaupt mehr Geld geschaffen werden? Wie kommt es in die Taschen der Leute? Wieviel zusätzliche Nachfrage nach Gütern und Dienstleistungen entsteht daraus? Außerdem kann – gesamtwirtschaftlich gesehen – Geld gar nicht »ausgegeben« werden, es kann nur den Besitzer wechseln. Irgend jemand muß das Geld immer als Kasse halten. Wenn wir eine Antwort auf die Frage suchen, wie mehr Geld zu mehr Nachfrage führt, müssen wir uns mit diesen »Kassenhaltungsentscheidungen« von Produzenten und Konsumenten auseinandersetzen.

Um den Gedankengang nicht zu stören, wollen wir erst im nächsten Abschnitt auf all diese Fragen antworten. Nehmen wir an dieser Stelle einfach das Ergebnis vorweg: Die Übertragung eines geldpolitischen Impulses ist abgeschlossen, wenn die nominale Gesamtnachfrage in etwa proportional zum Geldmengenwachstum angestiegen ist. Die Existenz eines relativ stabilen Zusammenhangs zwischen der Geldmenge und der nominalen Nachfrage wird – wie wir aus dem dritten Kapitel wissen – gleichermaßen von Keynesianern und Monetaristen anerkannt. Empirische Untersuchungen bekräftigen diesen Zusammenhang. Die Deutsche Bundesbank faßt dies so zusammen: »Für die Geldpolitik der Bundesbank bedeuten die ökonometrischen Ergebnisse praktisch, daß die Notenbank mit der Steuerung der Zentralbankgeldmenge auf längere Sicht die Entwicklungstendenzen des nominellen Sozialprodukts und des gesamtwirtschaftlichen Preisniveaus – wenn auch nicht mit der Treffsicherheit einer technologischen Apparatur – in dem gewünschten Sinne beeinflussen kann.«[1] Das »nominelle Sozialprodukt« entspricht aber in etwa der nominalen Gesamtnachfrage. Wegen der Existenz eines stabilen gesamtwirtschaftlichen Zusammenhangs zwischen der verfügbaren Geldmenge und der nominalen Gesamtnachfrage können wir also die gesamtwirtschaftlichen Erlöse geldpolitisch steuern.

Fassen wir zusammen: Die Löhne bestimmen bei gegebener Produktivitätsentwicklung die Kosten der Arbeit, und die Geldmenge bestimmt die gesamtwirtschaftlichen Erlöse. Alle übrigen Komponenten der gesamtwirtschaftlichen Erlös-Kosten-Relation sind vom Inland praktisch nicht steuerbar, weil sie sich auf den Weltmärkten bilden. Als erstes zentrales Ergebnis halten wir demnach fest: *Die mittelfristigen gesamtwirtschaftlichen Gewinnerwartungen (vor Steuern) werden in einer offenen Volkswirtschaft allein von der Lohn- und Geldpolitik bestimmt.*

Löhne und Geldmenge steuern die Investitionen und die Beschäftigung

Die mittelfristigen gesamtwirtschaftlichen Gewinnerwartungen sind also auch im Falle einer stark in die Weltwirtschaft integrierten Volkswirtschaft ganz unabhängig von Einflüssen aus dem Ausland über die Löhne und die Geldmenge steuerbar. Daraus folgt, wie wir gleich im Anschluß zeigen wollen, daß auch die heimische Beschäftigung und die Investitionen am heimischen Wirtschaftsstandort unabhängig vom Ausland gesamtwirtschaftlich gesteuert werden können. Für mehr Aktivität, also Beschäftigung und Investitionen, müssen im Ergebnis Angebot und Nachfrage auf den Gütermärkten im Gleichschritt steigen.

Im vorangegangenen Abschnitt waren wir bereits zu dem Ergebnis gekommen, daß die gesamtwirtschaftliche Nachfrage von der Geldmenge bestimmt wird. Gemeint war damit die sogenannte nominale oder wertmäßige Nachfrage, also das Produkt aus Preis und Menge. Wenn wir jetzt nach den Bestimmungsgründen von Investitionen und Beschäftigung suchen, sind wir an deren realen Änderungen, das heißt den um Preiseffekte bereinigten, mengenmäßigen Änderungen, interessiert. Wir müssen also sehr präzise zwischen nominalen und realen Größen unterscheiden. Erst wenn wir Veränderungen des gesamtwirtschaftlichen Preisniveaus erklären können, sind wir auch in der Lage zu bestimmen, in welchem Umfang aus zusätzlicher nominaler Nachfrage tatsächlich zusätzliche reale Nachfrage und zusätzliches reales Angebot wird. Dem Preisniveau kommt auf gesamtwirtschaftlicher Ebene die gleiche Funktion zu wie dem einzelnen Preis auf einem beliebigen Produktmarkt: Der Preis bewirkt den Ausgleich zwischen realem Angebot und realer Nachfrage. Wie wir gleich noch an einigen beispielhaften Fällen erläutern werden, ändert sich das gesamtwirtschaftliche Preisniveau stets so, daß sich reales Angebot und reale Nachfrage gesamtwirtschaftlich gerade im Gleichschritt entwickeln.

Nehmen wir also an, die Geldmenge und damit die nominale Nachfrage steigt. Wenn es für die Unternehmen gewinnbringend ist, ihr Angebot zu erhöhen, ohne zugleich auch die Preise anzuheben, erbringt die gesamte zusätzliche nominale Nachfrage auch zusätzliche reale Nachfrage. Normalerweise wird es aber eine Mischung aus Preisanstieg und höherer realer Nachfrage geben. Wie groß der Preisanstieg und wie groß der Mengenanstieg ausfällt, hängt dabei – wie gezeigt werden kann – praktisch ausschließlich von der Differenz zwischen der nominalen Wachstumsrate der Geldmenge und der Rate des Nominallohnanstiegs ab. Kurz: Geld- und Lohnpolitik bestimmen die mittelfristigen gesamtwirtschaftlichen Gewinnerwartungen, das reale Angebot und die reale Nachfrage auf den Gütermärkten und damit letztlich die gesamtwirtschaftlichen Investitionen und die Beschäftigung. Dieses zweite zentrale Ergebnis halten wir in Form folgender beschäftigungspolitischen Faustregel fest:[2] *Der Beschäftigungszuwachs ergibt sich tendenziell aus der Differenz von Geldmengenwachstum und Nominallohnanstieg.*

Prinzipiell kann ein Beschäftigungszuwachs also sowohl über eine Senkung der Nominallöhne bei konstanter Geldmenge als auch über eine Erhöhung der Geldmenge bei konstanten Nominallöhnen erreicht werden. Wir sagen aber bewußt »Faustregel«, weil es in der Praxis durchaus einen erheblichen Unterschied machen kann, ob man zur Steigerung der Beschäftigung auf Geldmengenausweitung oder auf Nominallohnsenkung setzt. Dies wollen wir uns klarmachen, indem wir beide Fälle näher betrachten, in denen jeweils nur eines der beiden Instrumente eingesetzt wird. Im ersten Fall unterstellen wir, daß in einer offenen Volkswirtschaft mit Unterbeschäftigung die Nominallöhne gesenkt werden, wobei die Geldmenge unverändert bleibt. Im zweiten Fall wird nur die Geldmenge – bei Konstanz der Nominallöhne – erhöht. Was wird geschehen?

Eine beschäftigungspolitische Faustregel

Unsere beschäftigungspolitische Faustregel können wir in eine einfache Formel fassen:

$$N = M - w.$$

N, M und w sind dabei die Änderungsraten der Beschäftigung, der nominalen Geldmenge und der Nominallöhne. Diese Faustregel gilt näherungsweise für jedes marktwirtschaftliche System. Die Richtung der Beschäftigungsänderung wird durch sie, wie wir später noch sehen werden, in aller Regel korrekt prognostiziert. Eine strikte Gültigkeit der Regel setzt voraus, daß die Preisentwicklung exakt der Veränderung der gesamtwirtschaftlichen Lohnstückkosten entspricht und die Umlaufgeschwindigkeit des Geldes konstant ist, das heißt, die Geldmenge proportional zum nominalen Sozialprodukt steigt. Auf mittlere Sicht folgt die Preisentwicklung tatsächlich relativ eng der Lohnstückkostenentwicklung. Abweichungen von der Faustformel gibt es in der Praxis vor allem wegen der zyklischen Schwankungen der Umlaufgeschwindigkeit und ihrer trendmäßigen Abnahme. Berücksichtigt man in der Faustformel die trendmäßige Abnahme der Umlaufgeschwindigkeit, die die Deutsche Bundesbank bei jährlich etwa 1 Prozent ansetzt, so würde der jährliche Beschäftigungszuwachs bei einem Geldmengenwachstum von 6 Prozent und einem Nominallohnanstieg von 2 Prozent nicht 4 Prozent, sondern nur 3 Prozent betragen.

Bei einer Senkung der Nominallöhne sinken die Kosten der Unternehmen. Die Unternehmen würden deshalb ihr Angebot gerne erhöhen, also mehr produzieren. Sie werden das aber nur tun, wenn sie erwarten, daß ihre zusätzlichen Waren und Dienste auch abgesetzt werden können, das heißt, wenn eine entsprechend gestiegene Nachfrage zu erwarten ist. Solange jedoch die Geldmenge unverändert ist, kann – wie wir inzwischen wissen – das nominale Sozialprodukt nicht steigen. Zusätzliche Nachfrage ist also zunächst nicht da. In dieser Situation kann die Kaufkraft des vorhandenen Geldes und damit die Nachfrage nach Gütern und Diensten nur über eine Senkung der Preise gesteigert werden. Die Preissenkungen werden aber insgesamt hinter dem Ausmaß der Nominallohnsenkung zurückbleiben, sonst würde der ursprüngliche Grund für die Ausweitung der Produktion ja wieder entfallen. Die Preissenkung würde also gerade soweit gehen, daß die dadurch entstehende zusätzliche Nachfrage nach Gütern und Diensten ebenso groß ist wie das zusätzliche Angebot aufgrund der noch verbleibenden Reallohnsenkung. Am Ende des Prozesses könnten also Angebot und Nachfrage real gestiegen sein, und damit gäbe es mehr Investitionen und mehr Beschäftigung.

Was heißt aber »am Ende des Prozesses«? Wie lange würde es in der Praxis dauern, bis auf diesem Weg mehr Beschäftigung erreicht wird? Um es gleich vorwegzunehmen: Es würde lange dauern, viel länger, als wir es uns leisten können. Schon Keynes befürchtete – wie im dritten Kapitel beschrieben –, daß lange Zeit Löhne und Preise annähernd im Gleichschritt fallen könnten, ohne daß positive Impulse auf die wirtschaftliche Aktivität wirksam würden. Der Weg allein über Nominallohnsenkungen ist deshalb nicht ratsam bzw. praktisch kaum gangbar. Es ist nicht auszuschließen, daß ein Preisverfall zunächst die Konjunkturerwartungen trübt und zu Pessimismus bei den Investoren und abwartender Haltung bei den Konsumenten führt. Wenn in Zukunft niedrigere Preise erwartet werden, lohnt es sich, bestimmte Käufe von Gütern und Dienstleistungen zurückzustellen, bis die Preissenkungen zum Stillstand gekommen sind. Wenn die Arbeitslosigkeit auch noch in erheblichem Umfang auf mangelnde Nachfrage zurückzuführen ist, wäre der Versuch besonders untauglich, mehr Beschäftigung auf dem Weg über Nominallohnsenkungen zu suchen. Unter Umständen könnten erst nach einer langen Phase der Depression endlich ausreichende neue Nachfrageimpulse wirksam werden, wenn nach Abschluß des Preisverfalls der reale Wert der vorhandenen Geldmenge spürbar gestiegen ist.

Im zweiten Fall nehmen wir an, daß zur Bekämpfung der Arbeitslosigkeit nur die Geldmenge erhöht wird. Die Nominallöhne bleiben auf ihrem ursprünglichen Niveau. Jetzt ist der Anstieg der Nachfrage in der Vorhand. Die Frage ist jetzt, ob die zusätzliche nominale Nachfrage in gleichem Umfang auch zusätzliche reale Nachfrage wird, ob sie in Preissteigerungen verpufft oder ob das Ergebnis eine Mischung aus höherer realer Nachfrage und höheren Preisen sein wird. Ob und in welchem Ausmaß die zusätzliche nominale Nachfrage zu einer höheren realwirtschaftlichen Aktivität führt, hängt auch in diesem Fall davon ab, welche Preise die Unternehmen setzen. Wie werden sie in dieser Situation ihre Absatzpreise anpassen? Wenn eine Ausweitung der Produktion zu den bisherigen Stückkosten möglich ist, ist es für die Unternehmen gewinnmaximal, die Produktion auszuweiten, ohne die Preise zu erhöhen. Diese Situation kann zum Beispiel bei nicht ausgelasteten Kapazitäten gegeben sein. Wenn die Unterbeschäftigung allein auf fehlender Nachfrage beruhen würde, wären die Unternehmen bereit, ihre Preise konstant zu halten und den gesamten Anstieg der nominalen Nachfrage für eine Ausweitung des Absatzes von Gütern und Diensten zu nutzen. Der zusätzliche monetäre Spielraum würde gänzlich in ein höheres reales Sozialprodukt umgesetzt.

Anders verhält es sich, wenn ein zusätzliches Angebot an Gütern und Diensten nur zu höheren Stückkosten als bisher erstellt werden kann, beispielsweise weil Kapazitäten erweitert werden müssen bzw. Umstrukturierungen innerhalb der Unternehmen notwendig sind. Dies dürfte der Regelfall sein. Die Unternehmen werden dann ihr Angebot nur insoweit erhöhen, wie sie die damit verbundene Kostenerhöhung in den Preis für ihre Produkte überwälzen können. Soweit dies erforderlich ist, müßten also als Folge der Geldmengenerhöhung auch die Preise steigen, was für die Arbeitnehmer eine Reallohnsenkung bedeutet. Der Preisanstieg fällt jedoch niedriger aus als die Geldmengenerhöhung, sonst gäbe es ja keinen Nachfrageanstieg und damit kein Interesse der Produzenten an einer Ausweitung der Aktivitäten. In der Realität dürfte es im Ergebnis auch hier zu einer Mischung von Preissteigerungen und realer Aktivitätsausweitung kommen. Auf gar keinen

Fall verpufft die zusätzliche nominale Nachfrage jedoch allein in Preissteigerungen. Dies gilt selbst in dem Extremfall einer ausschließlich reallohnbedingten Arbeitslosigkeit.

Die »goldene Regel« der Beschäftigungspolitik

In beiden oben dargestellten Fällen kommt es – wenn auch im ersten Fall erst mit erheblicher Zeitverzögerung – zu einer Ausweitung der Investitionen und der Beschäftigung. Also: Ziel erreicht? Nicht ganz. Viele Wege führen bekanntlich nach Rom, aber nur einer davon ist der Königsweg. Der Königsweg zurück zur Vollbeschäftigung ist der, der das Ziel am schnellsten erreicht und die Preisstabilität nicht aus dem Auge verliert.

Bereits früher haben wir die Bedeutung der Preisstabilität für ein marktwirtschaftliches System betont. Preisstabilität ist Conditio sine qua non einer tragfähigen beschäftigungspolitischen Strategie. Das heißt, die Inflationsrate sollte sich in der Nähe von Null bewegen. Natürlich müssen Änderungen der relativen Preise möglich sein, sonst könnte die Marktwirtschaft nicht funktionieren. Erhöhungen und Senkungen einzelner Preise sollten sich jedoch gesamtwirtschaftlich in etwa die Waage halten. Aus dem Bestreben, gleichzeitig mehr Beschäftigung *und* Preisstabilität anzustreben, resultiert das Auswahlkriterium: Für das Erreichen eines bestimmten Beschäftigungszieles ist nur eine Strategie zulässig, die mit Preisstabilität vereinbar ist.

In beiden der oben gedanklich durchgespielten Fälle wird aber in der Regel gegen das Gebot der Preisstabilität verstoßen. Im ersten Fall mußte eine lange Phase des Preisverfalls, also der Deflation und Depression durchschritten werden. Im zweiten Fall – so haben wir gesehen – kommt es zu Preissteigerungen, und zwar je mehr, desto näher die Wirtschaft an Kapazitätsgrenzen kommt. Auch dieses also nicht der Königsweg! Der gewünschte Beschäftigungseffekt war in den bisherigen Fällen mit negativen Nebenwirkungen auf das Preisniveau und zusätzlichen zeitraubenden Anpassungsprozessen verbunden. Diese häßlichen Nebenwirkungen können wir jedoch vermeiden, indem wir zum Aufbau der Beschäftigung eine »gemischte« Strategie, das heißt den gemeinsamen Einsatz beider Instrumente, wählen. Gerade weil geldpolitische Expansion für sich inflatorisch, Lohnzurückhaltung für sich deflatorisch wirkt, kann nur der gleichzeitige Einsatz beider Instrumente den negativen Einfluß auf die Preisstabilität vermeiden. Offenbar gibt es ein »Mischungsverhältnis«, bei dem sich der inflatorische Effekt der expansiven Geldpolitik und der deflatorische Einfluß der Lohnzurückhaltung gerade ausgleichen.

Die entscheidende Frage ist also, in welchem Mischungsverhältnis die Dosierung von Lohn- und Geldpolitik erfolgen soll. Es ist dabei sinnvoll, die Regeln, die bei Vollbeschäftigung gelten, als Bezugssystem für die Regeln bei Unterbeschäftigung heranzuziehen. Die Regeln für Unterbeschäftigung geben dann an, in welchem Maße wir bei Unterbeschäftigung von den Vollbeschäftigungsregeln abweichen müssen, wenn wir uns situationsgerecht verhalten wollen. Da wir an einer möglichst raschen Rückkehr zur Vollbeschäftigung interessiert sind, müssen wir dabei auch dem Faktor Zeit im folgenden besondere Aufmerksamkeit widmen. Insbesondere müssen wir berücksichtigen, daß im Zeitverlauf wegen des technischen und organisatorischen Fortschritts die Produktivität der Arbeit wächst.

Die Lohnregel bei Vollbeschäftigung lautet: Der Lohnerhöhungsspielraum bei Vollbeschäftigung wird von dem Produktivitätsanstieg im Inland bestimmt, gegebenenfalls modifiziert um Veränderungen der Terms of Trade (produktivitätsorientierte Lohnpolitik). Die Terms of Trade ergeben sich aus der Relation der Preise von Exporten und Importen. Bei einer Verbesserung der Terms of Trade können wir für die gleiche Menge exportierter Güter mehr Güter als bisher vom Ausland importieren. Dies erhöht den inländischen Verteilungsspielraum ebenso wie ein Anstieg der Produktivität. Angenommen, der Verteilungsspielraum stiege insgesamt um 2,5 Prozent. Dann beträgt der mit konstanten Preisen und unveränderter Beschäftigung vereinbare Anstieg der Nominallöhne ebenfalls gerade 2,5 Prozent.

Die Geldmengenregel bei Vollbeschäftigung lautet: Die Geldmenge steigt mit der Rate des Produktivitätsanstiegs (produktivitätsorientierte Geldpolitik). Nehmen wir wieder einen Anstieg der Produktivität der Arbeit um 2,5 Prozent an. Damit steigt auch das reale Angebot um 2,5 Prozent. Bliebe die Geldmenge unverändert, so fände das gestiegene Angebot keinen Absatz: Die Beschäftigung müßte reduziert werden, oder die Preise müßten sinken. Um dies zu vermeiden, muß die nominale Geldmenge im Umfang des zusätzlichen Angebots, also ebenfalls um 2,5 Prozent erhöht werden. Dieser Geldmengenanstieg ist vereinbar mit konstanten Preisen und unveränderter Beschäftigung.

Mehr Beschäftigung bei Preisstabilität erhalten wir nur, wenn der Nominallohnanstieg unter dem Produktivitätsanstieg bleibt – nennen wir diese Strategie »Lohnzurückhaltung« – und der Geldmengenanstieg über dem Produktivitätsanstieg liegt – nennen wir diese Strategie »expansive Geldpolitik«. Wir können nun – anknüpfend an die Vollbeschäftigungsregeln der Lohn- und Geldpolitik – Abschläge bzw. Zuschläge bestimmen, die jeweils einen bestimmten Beschäftigungsanstieg bei Preisstabilität bewirken. Der Zuschlag zum produktivitätsorientierten Geldmengenwachstum hängt dabei von der Höhe des Abschlags vom produktivitätsorientierten Nominallohnanstieg ab und umgekehrt. Einfacher gesagt: Je weniger die Löhne steigen, desto mehr kann die Geldmenge erhöht werden. Dies führt uns zu unserem dritten zentralen Ergebnis, zur »goldenen Regel« der Beschäftigungspolitik: *Ein Beschäftigungsanstieg bei Preisstabilität erfordert eine bestimmte Kombination aus Lohnzurückhaltung und expansiver Geldpolitik.*[3]

Die goldene Regel der Beschäftigungspolitik

Die goldene Regel der Beschäftigungspolitik läßt sich aus einem theoretischen Modell einer Marktwirtschaft ableiten, das eine große Allgemeingültigkeit beanspruchen kann, weil kaum einschränkende Annahmen getroffen werden. Es ist hier nicht notwendig, das Modell im einzelnen darzustellen. Für Leser mit guter volkswirtschaftlicher Vorbildung sei die goldene Regel jedoch auch als Formel angegeben:

$$\Delta M = k\,\Delta w;$$

ΔM ist der stabilitätsneutrale Zuschlag zum Geldmengenwachstum bei Vollbeschäftigung;
Δw ist der stabilitätsneutrale Abschlag vom Lohnanstieg bei Vollbeschäftigung;
k gibt das Verhältnis zwischen geldpolitischem Zuschlag und lohnpolitischem Abschlag an.

Bleibt z.B. der Nominallohnanstieg um ein Prozent unter dem Produktivitätswachstum, so kann die Geldmenge um k Prozent zusätzlich wachsen, ohne daß der Beschäftigungsanstieg mit Preisrisiken verbunden ist. Dabei gilt $k = \sigma\varepsilon\alpha/(\alpha-1)$, wobei

α = Lohnquote (Anteil des Lohneinkommens am gesamten Volkseinkommen),
ε = Einkommenselastizität der Geldnachfrage (Zunahme der gesamtwirtschaftlichen Kassenhaltung in Relation zum realen Wirtschaftswachstum),
σ = Substitutionselastizität (Maß der Austauschbarkeit von Arbeit und Kapital auf gesamtwirtschaftlicher Ebene).

Die goldene Regel soll hier anhand eines Zahlenbeispiels veranschaulicht werden. Das Beispiel dient zunächst vor allem illustrativen Zwecken, dabei werden jedoch für alle Zahlenwerte Größenordnungen verwendet, die für Deutschland als realitätsnah angesehen werden können. Dabei unterstellen wir eine Lohnquote von 70 Prozent, eine Einkommenselastizität der Geldnachfrage von 1 sowie eine Substitutionselastizität von 0,8 (so jüngst von der Bundesbank geschätzt). Die Größe k beträgt dann knapp 2. Für das Produktivitätswachstum und das Produktionspotential nehmen wir einen jährlichen Anstieg von 2,5 Prozent an. Die Umlaufgeschwindigkeit des Geldes sinke um ein Prozent. Bei Vollbeschäftigung und Preisstabilität könnten die Löhne jährlich um 2,5 Prozent steigen, die Geldmenge müßte mit einer Rate von 3,5 Prozent zunehmen. Herrscht aber Unterbeschäftigung, müssen sich Lohn- und Geldpolitik im Interesse eines Beschäftigungsanstiegs von diesen Regeln lösen. Bei einem Zurückbleiben des Lohnanstiegs hinter der Produktivität um 1,5 Prozent, also einem Lohnanstieg von ein Prozent, könnte das Geldmengenwachstum nach der goldenen Regel ohne Preisrisiken um etwa 3 Prozent erhöht werden. Die Geldmenge könnte also mit einer Rate von knapp 6,5 Prozent jährlich wachsen. Der jährliche Beschäftigungsanstieg bei Preisstabilität, der mit dieser Politik der goldenen Regel erreicht werden könnte, errechnet sich aus $\sigma/(\alpha-1)\,\Delta w$, läge also etwa bei 4 Prozent.

Wie groß der Geldmengenzuschlag ausfallen und wie rasch damit mehr Beschäftigung erreicht werden kann, hängt auch davon ab, in welchem Maße bei den in der Wirtschaft angewandten Produktionsprozessen eine Austauschbarkeit (Substituierbarkeit) von Kapital und Arbeit gegeben ist. Nur wenn auf gesamtwirtschaftlicher Ebene Arbeitskräfte und Maschinen in gewissen Grenzen austauschbar sind, läßt sich die Produktion allein über Neueinstellungen steigern. Andernfalls kann Beschäftigung nur in dem Maße gesteigert werden, wie es gelingt, den Kapitalstock zu erweitern und zu erneuern. Man spricht dann von einem komplementären Verhältnis von Arbeit und Kapital. Ein einfaches Beispiel: Eine zusätzliche Schreibkraft wird nur dann eingestellt, wenn zugleich ein neuer PC angeschafft wird. Empirische Untersuchungen zeigen, daß auf der gesamtwirtschaftlichen Ebene durchaus in beachtlichem Umfang eine Austauschbarkeit von Arbeit und Kapital gegeben ist. So könnten, um im Beispiel zu bleiben, zwei Schreibkräfte zunächst an einem PC arbeiten, indem die neue Kraft etwa für den Spätdienst eingeteilt wird.

Aber auch wenn mehr Beschäftigung tatsächlich nur im Zuge neuer Investitionen entstehen könnte, änderte sich an den oben beschriebenen Zusammenhängen nichts Grundsätzliches. Es würde lediglich etwas länger dauern, bis sich der beschäftigungspolitische Erfolg einstellte. Investiert wird, wenn ein Unternehmen damit seine Gewinne steigern kann. Die Bestimmungsgründe der Investitionen sind damit fast deckungsgleich mit denen der Beschäftigung. Tatsächlich entwickeln sich Investitionen und Beschäftigung gesamtwirtschaftlich fast stets gleichgerichtet. Und das nicht etwa, weil sie komplementär zueinander wären, sondern weil sie aus einer gemeinsamen Quelle, den mittelfristigen gesamtwirtschaftlichen Gewinnerwartungen, gespeist werden.

Realistischerweise kann schon bei einem jährlichen Zurückbleiben der Löhne hinter der Produktivität von einem Prozentpunkt mittelfristig ein Beschäftigungswachstum in der Größenordnung von zwei bis drei Prozent pro Jahr erreicht werden, wenn die Geldpolitik der goldenen Regel folgt (vgl. Kasten). Unter Berücksichtigung der in der Praxis auftretenden Wirkungsverzögerungen könnte die Arbeitslosigkeit in Deutschland bei einer jährlichen Lohnzurückhaltung von ein bis zwei Prozentpunkten und entsprechender Geldmengenexpansion also in etwa drei bis fünf Jahren überwunden werden. Mit Lohnzurückhaltung allein wäre ein solches Ergebnis undenkbar.

Mehr Geld – mehr Nachfrage

Häufig wird die Geldpolitik mit einem Seil verglichen, mit dem man restriktiv ziehen, aber nicht expansiv stoßen kann. Dieser Vergleich ist irreführend. Die Übertragung geldpolitischer Impulse funktioniert in beide Richtungen: restriktiv und expansiv. Man könnte die Geldpolitik also mit einem Zügel vergleichen, den man straffen, aber auch lockern kann. Um zu verstehen, auf welchen Wegen mehr Geld zu mehr Nachfrage wird, müssen wir einige Fragen aufgreifen, die wir, um den Gedankengang nicht zu unterbrechen, bisher vernachlässigt oder nur kurz gestreift haben: Kann eine Notenbank das Geldangebot nach Belieben bestimmen? Wie grenzen wir die Geldmenge ab? Wie kann überhaupt mehr Geld geschaffen werden? Was ist mit den Exporten? Welche Rolle spielt der Wechselkurs? Welche Rolle spielen die kurz- und langfristigen Zinsen? Die oben aufgeworfenen Fragen kreisen alle um einen wichtigen Punkt: die Übertragung eines geldpolitischen Impulses auf den realen Sektor einer Volkswirtschaft. Die Übertragungswege sind äußerst komplex. Es verbietet sich deshalb, ganz bestimmte Übertragungswege als die einzig möglichen oder relevanten herauszuheben. Aber plausible Muster, die – wie wir später zeigen wollen – die Empirie auf ihrer Seite haben, können wir im folgenden anbieten, und sei es nur zu illustrativen Zwecken.

Geldmenge: Die Notenbank sitzt am längeren Hebel

Die erste Frage im Zusammenhang mit der Übertragung monetärer Impulse lautet, ob eine Notenbank überhaupt die Geldmenge einer Volkswirtschaft bestimmen kann. Ausgehend von der Banking-currency-Kontroverse im Vereinigten Königreich im 19. Jahrhundert ist diese Frage bis heute immer wieder diskutiert worden. Die Vertreter der Banking-Theorie waren der Auffassung, daß die Notenbank lediglich in einer passiven Rolle sei und den Liquiditätsbedürfnissen der Wirtschaft folgen müsse. Demgegenüber betonten die Anhänger der Currency-Theorie die aktive Rolle der Notenbank bei der Bestimmung der Höhe des Geldangebots. Die Kontroverse muß aber hier gar nicht entschieden werden, wir können es bei folgender Feststellung belassen: Die Notenbank kann innerhalb ihres eigenen Währungsraums zu jedem Zeitpunkt jede beliebige Geldmengenentwicklung erzwingen, unabhängig davon, welche Geldmengenabgrenzung gewählt wird. Diese Behauptung impliziert wohlgemerkt nicht, daß Änderungen der Geldmenge immer allein auf Aktionen der Notenbank zurückzuführen sind. Es wäre auch abstrus, die Mitwirkung der Geschäftsbanken und des Publikums bei der Geldschöpfung bestreiten zu wollen. Behauptet wird nur, daß die Notenbank immer am »längeren Hebel« sitzt. Egal wie sich Geschäftsbanken und Publikum verhalten, die Notenbank kann immer und jederzeit ihre Geldmengenziele durchsetzen, indem sie die Einflüsse anderer Akteure durch ihr eigenes Verhalten nach Belieben verstärkt, kompensiert oder überkompensiert. Auch in Zeiten, in denen das Volumen der täglichen internationalen Devisentransaktionen mehr als eine Billion US-Dollar beträgt, sitzt sie, was die Geldmengenentwicklung betrifft, nach wie vor am längeren Hebel. Sie allein kann beliebig viel Geld neu schaffen oder abschöpfen.

Die nächste Frage betrifft die Abgrenzung der Geldmenge. Was alles zur Geldmenge eines Währungsraumes gerechnet werden soll, läßt sich nicht am grünen Tisch entscheiden. Andere Finanzaktiva können zum Teil als »Ersatz« für Geld fungieren. Die Entscheidung, wo die Grenze zwischen Geld und sonstigen Finanzaktiva gezogen werden soll, ist deshalb immer etwas willkürlich, und die Aufgabe ist durch das Aufkommen neuer Finanzprodukte, der sogenannten Derivate wie Futures, Swaps und Options, nicht gerade leichter geworden. Soweit bisher erkennbar, haben die Derivate jedoch den grundlegenden Zusammenhang zwischen Geld und Güternachfrage nicht fundamental verändert. Das Problem der Geldmengenabgrenzung kann deshalb nach wie vor pragmatisch gelöst werden: Die Geldmenge, die statistisch gesehen den stabilsten Zusammenhang zur nominalen Gesamtnachfrage aufweist, ist für unsere Zwecke die beste Abgrenzung. Dies mag von Land zu Land differieren und ändert sich unter Umständen auch im Zeitablauf.

Die dritte Frage ist schon schwieriger. Was muß eine Notenbank eigentlich tun, wenn sie die Geldmenge erhöhen will? Grundsätzlich entsteht mehr Geld immer dann, wenn eine Notenbank irgend etwas kauft, seien es Güter, Dienstleistungen oder in- und ausländische Wertpapiere. Umgekehrt schrumpft die Geldmenge, wenn die Notenbank Finanzaktiva verkauft. Gängige Praxis in allen Industriestaaten ist, daß die Notenbank inländische Wertpapiere mit relativ kurzer Laufzeit erwirbt oder in Pension nimmt. Aber auch andere Möglichkeiten stehen offen. Von gewisser praktischer Bedeutung sind zum Beispiel noch Interventionen der Notenbanken an den Devisenmärkten, also der An- und Verkauf von Devisen mit ganz unmittelbarer Wirkung auf die Wechselkurse. Natürlich könnte Geld auch dadurch in Umlauf gebracht werden, daß die Notenbank der Regierung des Landes Geld leiht oder sogar schenkt und die Regierung damit Güter und Dienstleistungen einkauft. Dies wäre, obwohl es nach geltendem Recht unzulässig ist, nicht etwa unsolide oder stabilitätsgefährdend, solange die oben vorgestellte goldene Regel der Beschäftigungspolitik eingehalten wird. Für Beschäftigung und Stabilität ist letztlich nur die Geldmengenentwicklung entscheidend, nicht jedoch, auf welche Art Geld in Umlauf gebracht wird. Für die ersten Stufen des Transmissionsprozesses ergeben sich natürlich Unterschiede. Gerade wer an einer raschen Nachfragewirkung interessiert ist, sollte das Geld am besten über staatliche Ausgaben für Güter und Dienstleistungen in Umlauf bringen. Dies wäre sicherlich der rascheste Weg der Transmission. In Krisenfällen – zum Beispiel in der im dritten Kapitel beschriebenen Keynes'schen Liquiditätsfalle –, wenn es nötig ist, besonders rasch mehr Nachfrage und mehr Beschäftigung zu schaffen, sollte man sich dieser Möglichkeiten deshalb durchaus erinnern. In normalen Zeiten hat allerdings die gängige Praxis der Geldmengensteuerung den Vorteil, daß die geldpolitische Verantwortung allein bei der Notenbank verbleiben kann.

Geldpolitische Impulse: vielfältige Wirkungswege

Bei der von den Notenbanken allgemein angewandten Praxis der Geldpolitik steigt die Geldmenge dadurch, daß Personen und Institutionen einen Teil ihrer bisherigen Wertpapierbestände gegen Geld tauschen und vermehrt Kasse halten. Wegen dieses Überschusses an Liquidität kommt es in aller Regel direkt zu einer Senkung der kurzfristigen Zinsen. Dadurch entsteht ein Anreiz, weniger zu sparen bzw. sich stärker zu verschulden. Wenn ein geringerer Anteil des Einkommens gespart wird, nimmt der Konsum entsprechend zu. Es entsteht also unmittelbar eine höhere Konsumnachfrage. Ein Teil der überschüssigen Liquidität könnte auch in längerfristige Anlagen umgeschichtet werden, wieder ein anderer Teil könnte im Ausland angelegt werden. Eine stärkere Nachfrage nach längerfristigen Anlagen würde den Kapitalmarktzins drücken. Eine stärkere Nachfrage nach ausländischen Titeln würde den Wechselkurs drücken, beispielsweise würde also die D-Mark an Wert gegenüber dem US-Dollar verlieren. Erfahrungsgemäß reagiert der Wechselkurs relativ rasch. Soweit diese Wechselkursentwicklung als Reaktion auf eine Erhöhung der inländischen Geldmenge erwartet wird, verlieren aber auch längerfristige inländische Wertpapiere an Attraktivität, was für sich genommen zu einem Anstieg des Kapitalmarktzinses führen muß. Auf den Kapitalmarktzins wirken also gegenläufige Effekte, die sich tendenziell gegenseitig aufheben. In der Tat ist es ein typisches Reaktionsmuster bei einer inländischen Geldmengenerhöhung, daß Kurzfristzins und Wechselkurs fallen, während der Kapitalmarktzins relativ konstant bleibt, manchmal sogar steigt.

Aus dieser Trägheit des Kapitalmarktzinses wird vielfach der völlig falsche Schluß gezogen, die Geldpolitik könne keine expansiven Impulse auf die volkswirtschaftliche Gesamtnachfrage ausüben. Dieser Schluß beruht auf der Vorstellung, die Übertragung eines geldpolitischen Impulses müsse über die Kette Kurzfristzins – Kapitalmarktzins – Investitionen – Gesamtnachfrage vonstatten gehen. Zwar ist auch dies ein möglicher, aber eben nicht der einzig mögliche Transmissionsmechanismus. In der Praxis ist es sogar ein eher zu vernachlässigender Übertragungsweg. Zu Beginn dieses Kapitels haben wir deshalb sogar unterstellt, daß der Kapitalmarktzins von den internationalen Finanzmärkten vorgegeben ist und durch die heimische Geldpolitik nicht verändert werden kann. Der positive Effekt auf die Nachfrage wird also in der Regel nicht über eine Senkung der Kapitalkosten erreicht.

Neben der direkten Wirkung einer Geldmengenerhöhung auf den Konsum ist in der Realität vor allem der Effekt über den Wechselkurs von herausragender Bedeutung. Wie oben erwähnt, wird ein Teil der Überschußliquidität im Ausland angelegt. Außerdem werden Ausländer entsprechend kurzfristige Anlagen wegen der gesunkenen Kurzfristzinsen abziehen. Dieser Kapitalexport drückt auf den Wert der inländischen Währung. Die heimische Währung wird also bei flexiblen Wechselkursen abgewertet. Dadurch werden inländische Produkte für das Ausland billiger, ausländische Produkte für das Inland teurer, und es kommt zu einer Umlenkung der Nachfrage vom Ausland auf das Inland. Die Exporte der heimischen Volkswirtschaft nehmen zu, die Importe nehmen tendenziell ab. Insgesamt steigt dadurch die volkswirtschaftliche Gesamtnachfrage.

Zu den nachfragestimulierenden Wirkungen über die Zinsen und den Wechselkurs tritt noch ein weiterer Übertragungsmechanismus hinzu, der Erwartungseffekt. Die Argumentation ist dabei analog zu der im dritten Kapitel behandelten Theorie der rationalen Erwartungen von Lucas. Nur das unterstellte gesamtwirtschaftliche Modell ist anders. Nehmen wir an, alle Produzenten würden die goldene Regel der Beschäftigungspolitik kennen. Wenn sie jetzt feststellen, daß die Geldmenge gestiegen ist, werden sie, soweit sie erwarten können, daß die Nominallöhne diesem Anstieg nicht folgen, ihre mittelfristigen gesamtwirtschaftlichen Gewinnerwartungen nach oben revidieren. Die Unternehmen werden bessere Absatzchancen sehen und deshalb verstärkt investieren. Sie werden dabei in Rechnung stellen, daß die Konsumnachfrage vor allem deshalb steigen wird, weil künftig viele bisher Arbeitslose wieder eine Beschäftigung finden werden. Um für den erwarteten Nachfrageanstieg gerüstet zu sein, werden die Unternehmen entsprechende zusätzliche Kapazitäten aufbauen wollen und Investitionen in Angriff nehmen. Sie werden wohlgemerkt auch dann investieren, wenn die langfristigen Zinsen und damit die Kapitalkosten gar nicht gesunken sind. Der von der Geldpolitik ausgehende positive Effekt auf die Gewinnerwartungen kommt von der Nachfrageseite, nicht von der Kostenseite. Je stärker sich die Unternehmen in ihrer Erwartungsbildung auf die Zusammenhänge der goldenen Regel der Beschäftigung stützen, je rationaler die Erwartungen also in bezug auf unser Beschäftigungsmodell sind, desto rascher wird ein monetärer Impuls auf den realen Sektor übertragen.

Wirkungsverzögerungen: was lange währt ...

Zusätzliches Geld kann also über ganz unterschiedliche Transmissionskanäle auf den realen Sektor einer Volkswirtschaft übertragen werden. Neben den Wirkungen über die kurz- und langfristigen Zinsen und den Wechselkurs dürfte in der Praxis der Effekt über verbesserte

Gewinnerwartungen von besonderer Bedeutung sein. Ein exaktes Wissen über die Dauer dieser Prozesse gibt es nicht. In der Regel ist ein Zeitraum von mehreren Monaten bis zu zwei Jahren notwendig, bis die Übertragung abgeschlossen ist. Während der Anpassungsprozesse kann es dabei durchaus zu gewissen Bewegungen des Preisniveaus kommen, auch wenn die goldene Regel der Beschäftigungspolitik eingehalten wird. Wichtig ist, daß diese vorübergehenden Preiseffekte nicht mit »Inflation« oder deren Anfängen verwechselt werden. Sie können lediglich Ausdruck einer zeitweiligen Knappheitsituation auf der Angebotsseite sein, weil einer gestiegenen monetären Nachfrage nicht sofort in gleichem Maß ein höheres Angebot gegenübersteht. Wenn die dafür notwendigen Investitionen ausgereift und erfolgreich sind, ergibt sich, wenngleich auch erst etwas später, ein höheres reales Güterangebot mit entsprechendem Druck auf das Preisniveau nach unten. Natürlich besteht stets die Gefahr, daß im Prozeß auftretende Preissteigerungen zur ersten Drehung einer Preis-Lohn-Spirale werden können. Eine mittelfristige Festlegung des Pfades des Nominallohnanstiegs ist deshalb unabdingbare Voraussetzung dafür, daß der geldpolitische Impuls dauerhaft mehr Aktivität schafft. Aber auch die Geldpolitik darf etwaigen Preissteigerungen nicht sofort mit einer Kontraktion der Geldmenge begegnen, sonst bricht der Prozeß ab, bevor er zur Reife gelangt. Läßt man den Prozeß wirken, stellt sich die anfängliche Relation zwischen Geldmenge und gesamtwirtschaftlicher Nachfrage wieder her, aber auf einem neuen, höheren Niveau beider Größen.

Mittelfristig ist die Relation zwischen Geldmenge und gesamtwirtschaftlicher Nachfrage relativ konstant. Kurzfristig, das heißt im Verlauf des Transmissionsprozesses, unterliegt sie Schwankungen aufgrund von Änderungen in der Kassenhaltung. Wir erinnern uns, daß sich die Kassenhaltung bzw. die Geldnachfrage in Abhängigkeit von ihren Kosten verändert. Je niedriger die Kurzfristzinsen, desto billiger ist die Kassenhaltung. Sind zum Beispiel die Kurzfristzinsen sehr stark gefallen, läßt man schon einmal einen weitaus höheren Betrag einfach auf dem zinslosen Girokonto »stehen«, als man es bei höheren Zinsen getan hätte. Geldmenge und nominale Nachfrage entwickeln sich also nur dann im Gleichschritt, wenn sich die Kosten der Kassenhaltung nicht verändern. Wenn aber etwa aufgrund sinkender Kurzfristzinsen die Kassenhaltung billiger wird, »verpufft« zunächst ein großer Teil der Geldmenge in gestiegener Kassenhaltung. Auf diese Weise ist es möglich, daß das nominale Sozialprodukt langsamer steigt als die Geldmenge, die sogenannte Umlaufgeschwindigkeit des Geldes sinkt.

Veränderungen der Umlaufgeschwindigkeit des Geldes sind die wichtigste Ursache für Wirkungsverzögerungen bei der Übertragung geldpolitischer Impulse auf die Beschäftigung. Wie exakt die Nachfrage auch kurzfristig durch die Geldpolitik gesteuert werden kann, hängt davon ab, wie zuverlässig Änderungen der Umlaufgeschwindigkeit des Geldes prognostiziert werden können. Aus beschäftigungspolitischer Sicht ist es also von Bedeutung, ob die Änderungen der Umlaufgeschwindigkeit zufällig auftreten oder beispielsweise in Abhängigkeit von der Entwicklung der Kurzfristzinsen erklärt und damit prognostiziert werden können.

Die Nagelprobe: ein Blick in die Empirie

Der richtige Maßstab

Nichts ist überzeugender als der Erfolg. Mag die theoretische Begründung des Zusammenhangs zwischen Lohn- und Geldpolitik einerseits und der Beschäftigung andererseits noch so hieb- und stichfest sein: ihre Nützlichkeit muß sich in der Erklärung des tatsächlichen empirischen Verlaufs und der Prognose der Beschäftigung erweisen. Ohne diesen Praxistest wird auch die Politik kaum bereit sein, sich des Konzepts der goldenen Regel zu bedienen. Wir werden also »messen« müssen. Aber unsere Meßgeräte werden wir wieder an der zuvor abgeleiteten Theorie eichen. Also weder »theory without measurement« noch »measurement without theory«.

Lassen wir unsere theoretischen Überlegungen noch einmal kurz Revue passieren. Wir haben festgestellt, daß die Beschäftigungsentwicklung von den mittelfristigen gesamtwirtschaftlichen Gewinnerwartungen vor Steuern bestimmt wird. Die Gewinnerwartungen ergeben sich aus der Differenz von erwarteten Erlösen und Kosten. Die Erlöse werden von der nominalen Gesamtnachfrage und damit von der

Geldpolitik bestimmt. Die Kosten sinken mit dem Anstieg der Arbeitsproduktivität und steigen mit den Arbeitskosten. Da die Arbeitsproduktivität wirtschaftspolitisch nicht nach Belieben gesteigert werden kann, bleibt zur Steuerung der Arbeitskosten allein die Lohnpolitik. Im Ergebnis verbleiben also Geld- und Lohnpolitik als exogene, das heißt vom Inland zu beeinflussende Bestimmungsgrößen der mittelfristigen gesamtwirtschaftlichen Gewinnerwartungen.

Soweit unsere Theorie. Beschreibt sie aber auch die Praxis? Um diese Frage redlich zu beantworten, brauchen wir für jede in der Theorie angesprochene Größe ein empirisches Gegenstück. Den gesamtwirtschaftlichen Nominallohnsatz pro Jahr können wir als »Bruttoeinkommen aus unselbständiger Arbeit je beschäftigten Arbeitnehmer« der amtlichen Statistik entnehmen. Diese statistische Größe schließt die Arbeitgeberbeiträge zur Sozialversicherung ein. Bei der Geldmenge wird es schon schwieriger. Wir haben uns für die Geldmenge M3 entschieden, die neben dem Bargeld auch die Sichteinlagen und die Termineinlagen mit einer Laufzeit von weniger als vier Jahren umfaßt. Dies geschah zum einen, weil die Deutsche Bundesbank ihr Geldmengenziel auf M3 bezieht, zum anderen, weil zwischen M3 und dem nominalen Sozialprodukt ein relativ enger Zusammenhang besteht.

Wie aber kann man unseren zentralen Indikator, die mittelfristigen gesamtwirtschaftlichen Gewinnerwartungen, beobachten und statistisch erfassen? Man könnte sie aus der Kursentwicklung der Aktien ableiten. Man kann sie aber auch erfragen. Das geschieht zum Beispiel seit mehr als 35 Jahren durch den monatlichen Ifo-Konjunkturtest. Es zeigt sich, daß die Angaben des Ifo-Konjunkturtests zur Geschäftslage tatsächlich eine statistisch hoch gesicherte Erklärung der später eingetretenen Gewinne liefern.[4] Der Index der Geschäftslage des Ifo-Konjunkturtests ist deshalb eine brauchbare Schätzgröße für die Gewinnerwartungen. Mit diesem Index können wir somit unsere beiden zentralen Ergebnisse aus dem ersten Abschnitt des Kapitels überprüfen.

Abbildung 2 zeigt die Entwicklung der Beschäftigung, gemessen an der Zahl der Erwerbstätigen (linke Skala) und die Geschäftslage im Ifo-Konjunkturtest (rechte Skala) seit 1961. Beide Kurven weisen einen guten Gleichlauf auf. Sie bestätigen damit unsere erste zentrale These: Steigen die gesamtwirtschaftlichen Gewinnerwartungen, steigt die Beschäftigung und umgekehrt.

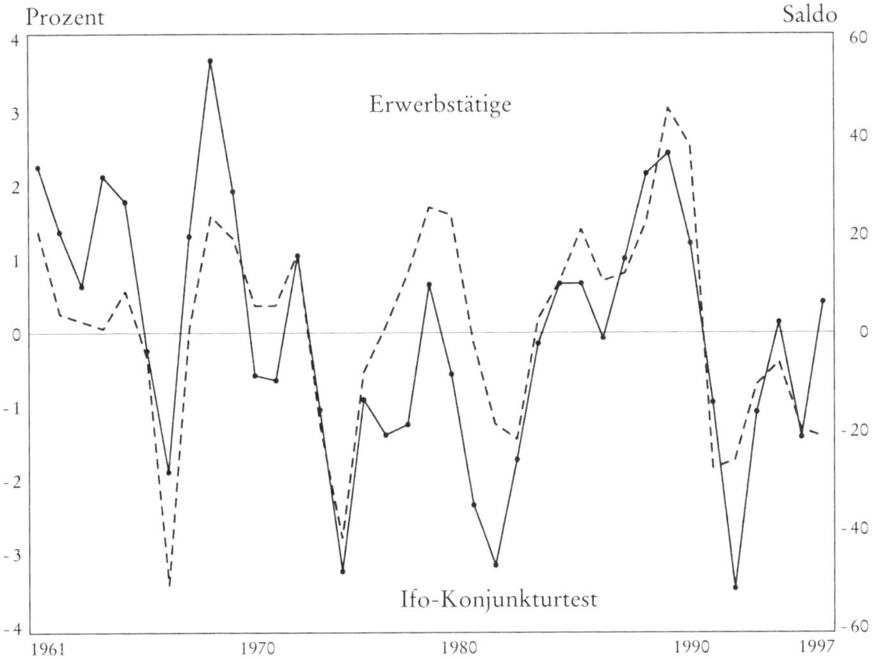

Abbildung 2:
Gewinnerwartungen (Ifo-Konjunkturtest Geschäftslage, Saldo der Meldungen; rechte Skala) und Erwerbstätige (jährliche Veränderung in Prozent; linke Skala), Deutschland 1961 bis 1997

Quellen: Statistisches Bundesamt, Ifo-Institut

Wie steht es mit unserer zweiten zentralen These, wonach die gesamtwirtschaftlichen Gewinnerwartungen von Geldmenge und Nominallöhnen bestimmt werden? Abbildung 3 zeigt zum einen die Differenz zwischen den jährlichen Wachstumsraten der Geldmenge und der gesamtwirtschaftlichen Nominallöhne (M3-w, in Prozentpunkten, linke Skala), zum anderen unseren Gewinnindikator (rechte Skala). Beide Kurven haben einen guten Gleichlauf. Dabei ist jedoch zu beachten, daß die Kurve unseres Gewinnindikators bis 1980 einen einjährigen Vorlauf, ab 1980 sogar einen zweijährigen Vorlauf aufweist. So entspricht zum Beispiel der Wert der Gewinnerwartungen gemäß Ifo-Test, der für 1974 eingetragen ist, seinem tatsächlichen Wert von 1975,

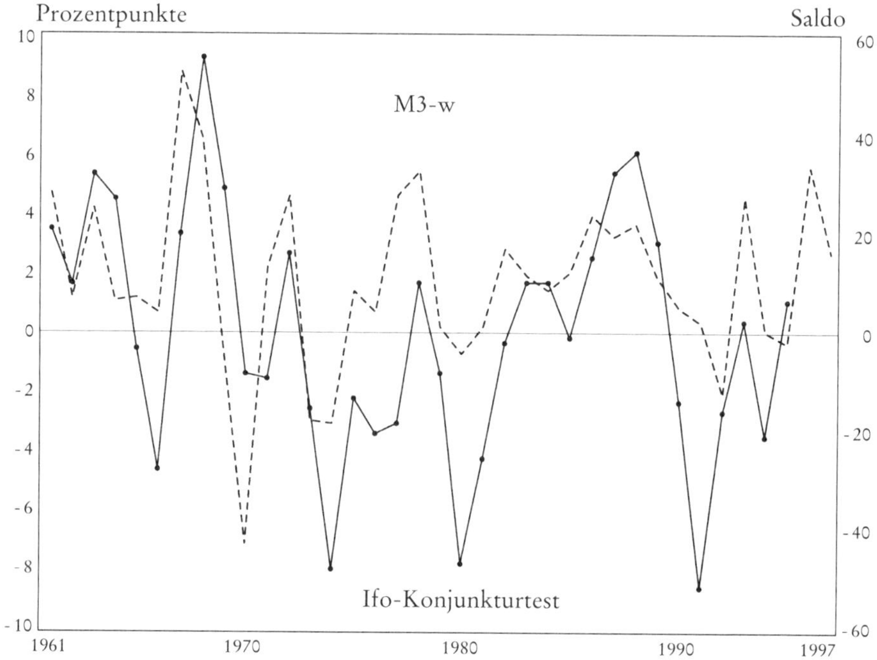

Abbildung 3:
Differenz der Änderungsraten von Geldmenge und Nominallohn (M3-w, jährliche Veränderung in Prozentpunkten; linke Skala) und Gewinnerwartungen (Ifo-Konjunkturtest Geschäftslage, Saldo der Meldungen, bis 1979 Vorlauf 1 Jahr; ab 1980 Vorlauf 2 Jahre; rechte Skala), Deutschland, 1961 bis 1997

Quellen: Statistisches Bundesamt, Deutsche Bundesbank, Ifo-Institut

und der für 1993 angegebene Wert dem tatsächlichen von 1995. Der jeweilige Wert der Kurve M3-w eilt den Gewinnerwartungen also um ein bis zwei Jahre voraus. Dieser Vorlauf stützt unsere Vermutung, daß Geldmenge und Nominallohn einen ursächlichen Einfluß auf die Bildung der gesamtwirtschaftlichen Gewinnerwartungen haben.

Wenn also die beiden »Bögen« unserer Theorie tragen, dann dürfen wir erwarten, daß auch die »Brücke« insgesamt trägt. Abbildung 4 bestätigt unsere Erwartung. Sie zeigt den Zusammenhang zwischen der Differenz der Wachstumsraten von Geldmenge und Nominallohn einerseits und der

Veränderung der Beschäftigung andererseits. Eine positiv geöffnete »Schere« zwischen Geldmengen- und Nominallohnanstieg (M3-w) führt zu höherer Beschäftigung und umgekehrt. Die Werte für die Beschäftigungsentwicklung sind mit einem Vorlauf von zwei Jahren gegenüber der tatsächlichen Entwicklung eingezeichnet. Die Beschäftigung reagiert also mit einer Verzögerung von ein bis zwei Jahren.

Schließlich wollen wir noch unsere Behauptung überprüfen, daß sich Investitionen und Beschäftigung jeweils in dieselbe Richtung entwickeln, da sie gleichermaßen von Geldmenge und Nominallohn angetrieben werden. Abbildung 5 mit den jeweiligen Wachstumsraten von Beschäftigung (linke Skala) und Investitionen (rechte Skala) bestätigt diese These.

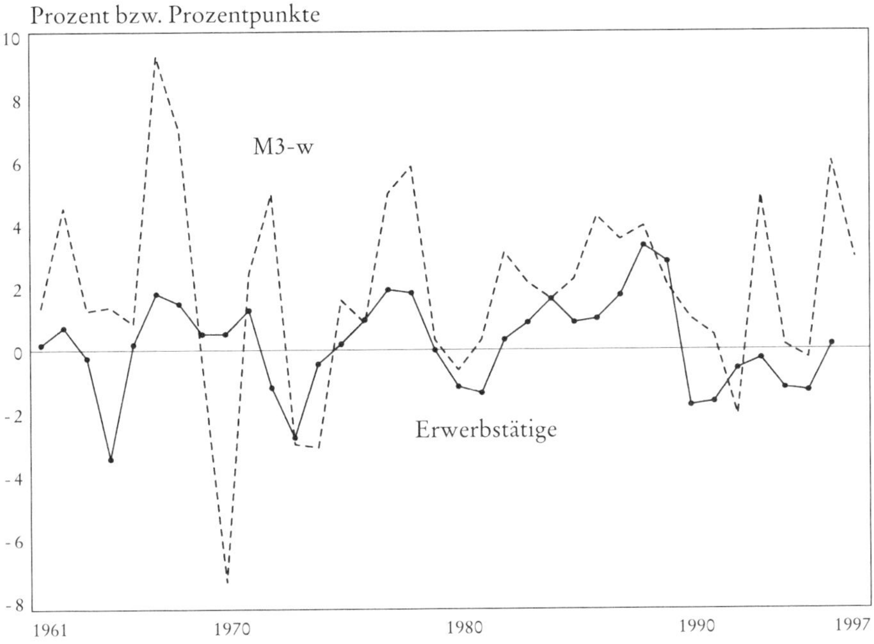

Abbildung 4:
Geldmenge minus Nominallohn (M3-w, jährliche Veränderung in Prozentpunkten) und Erwerbstätige (jährliche Veränderung in Prozent, Vorlauf 2 Jahre), Deutschland, 1961 bis 1997

Quellen: Statistisches Bundesamt, Deutsche Bundesbank

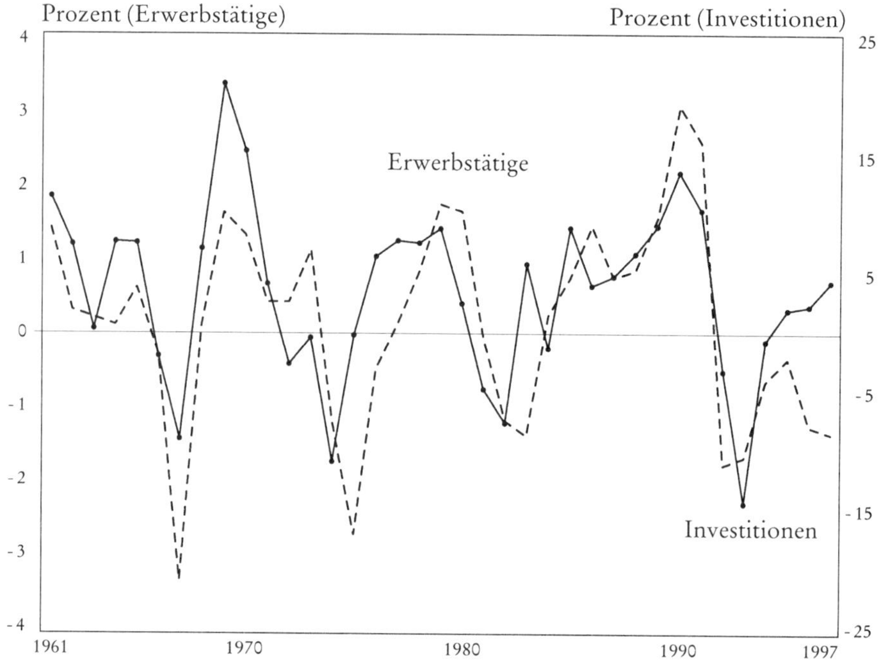

Abbildung 5:
Investitionen (Ausrüstungen) und Erwerbstätige
(jeweils jährliche Veränderung in Prozent), Deutschland, 1961 bis 1997

Quelle: Statistisches Bundesamt

Wir haben uns die Beschäftigungs- und Investitionsentwicklung sowie ihre Bestimmungsgrößen aus der Weitwinkelperspektive der letzten dreieinhalb Jahrzehnte angesehen. Auffällig sind die Einbrüche der Beschäftigung in den Jahren 1974/75, 1981 bis 1983 und in den neunziger Jahren. Ebenso interessant für uns sind die zweite Hälfte der siebziger und der achtziger Jahre – Perioden, in denen es gelang, die Zahl der Arbeitsplätze zu erhöhen. Betrachten wir alle diese Perioden ein wenig genauer. Also statt Weitwinkel nunmehr Naheinstellung der beschäftigungspolitischen Optik. In der Naheinstellung werden die zeitlichen Wirkungsverzögerungen, die bei lohn- und geldpolitischen Impulsen in Rechnung zu stellen sind, besonders augenfällig. Die Wirkungsverzögerungen sind zum größten Teil auf Schwankungen der

Umlaufgeschwindigkeit des Geldes zurückzuführen. Dies wird deutlich, wenn wir den Scherenimpuls aus Geldmengen- und Nominallohnanstieg um Veränderungen der Umlaufgeschwindigkeit bereinigen. Dazu greifen wir zur Erklärung der Beschäftigung auf die Differenz zwischen den Wachstumsraten des nominalen Bruttoinlandprodukts und der Nominallöhne zurück. Wie Abbildung 6 zeigt, zeichnet die so definierte »Schere« die Beschäftigungsentwicklung besser nach als die Schere aus Geldmengen- und Nominallohnanstieg. Dies bestärkt uns darin, Änderungen der Umlaufgeschwindigkeit im folgenden Vergleich beschäftigungspolitisch guter und schlechter Zeiten besondere Aufmerksamkeit zu widmen.

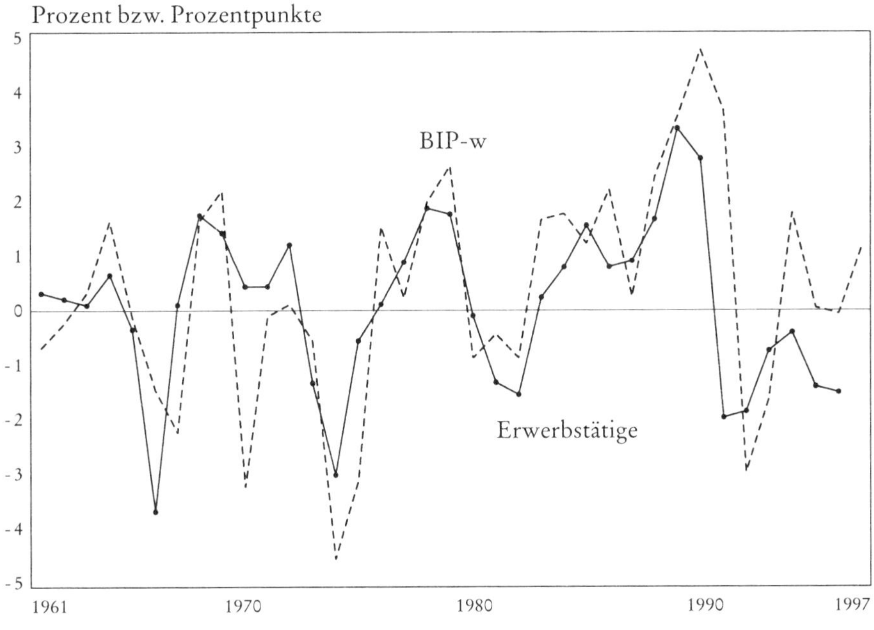

Abbildung 6:
Differenz der Änderungsraten von nominalem Bruttoinlandsprodukt und Nominallohn (BIP-w, jährliche Veränderung in Prozentpunkten) und Erwerbstätige (jährliche Veränderung in Prozent, Vorlauf 1 Jahr), Deutschland, 1961 bis 1997

Quelle: Statistisches Bundesamt

Schlechte Zeiten – gute Zeiten

Beginnen wollen wir mit den für den Arbeitsmarkt schlechten Zeiten. Den ersten dramatischen Einbruch bei der Beschäftigung gab es im Zeitraum von 1974 bis 1975. Aber auch noch ein Jahr später war die Beschäftigung weiter rückläufig. Insgesamt gingen 1,2 Millionen Arbeitsplätze verloren. Gleichzeitig sank aber auch die Zahl der Erwerbspersonen um 400.000. Dadurch schlug sich der Rückgang in der Beschäftigung etwas abgeschwächt in einem Anstieg der Arbeitslosen um 800.000 Personen nieder. Was waren die Ursachen? Wir erinnern uns: Anfang der siebziger Jahre lagen die Steigerungsraten der Nominallöhne im zweistelligen Bereich. Die sogenannte hausgemachte Inflation lag 1972/73 bei knapp 6 Prozent. Die importierte Inflation aus der ersten Ölpreisexplosion im Jahre 1973 war nur eine Beigabe zu dieser inflationären Grundtendenz. Bis zur endgültigen Freigabe des D-Mark-Wechselkurses im März 1973 stand die Geldpolitik dieser gravierenden Verletzung des Stabilitätsziels relativ machtlos gegenüber. Nach dem Zusammenbruch des Bretton-Woods-Systems änderte sich das schlagartig; binnen zweier Jahre kam es zu einer Halbierung im Zuwachs der Geldmenge M3. Der Lohnanstieg blieb dagegen bis 1974 zweistellig. So war es unvermeidlich, daß sich die Schere zwischen Geldmenge und Nominallöhnen im Zeitraum von 1972 bis 1974 mit negativem Vorzeichen öffnete. Ein Beschäftigungseinbruch war signalisiert, wie er dann auch verzögert eintrat.

Diese negative Konstellation von Lohn- und Geldpolitik wiederholte sich Anfang der achtziger Jahre. 1980 lag die hausgemachte Inflation bei 5 Prozent. Auch die zweite Ölpreisverteuerung fügte diesem internen Preisauftrieb von außen nur noch wenig hinzu. In dieser Situation versuchte die Geldpolitik, dem kostenbedingten Preisauftrieb durch Drosselung der Expansion der Geldmenge entgegenzutreten. Das Geldmengenwachstum fiel von rund 11 Prozent in den Jahren 1977/78 auf durchschnittlich etwa 6 Prozent in den Jahren 1979/80 ab. Wiederum setzten sich die hohen Lohnsteigerungen zunächst fort. Die Schere zwischen Geldmengen- und Lohnanstieg öffnete sich in negativer Richtung, verstärkt durch eine wegen rückläufiger Zinsen sinkende Umlaufgeschwindigkeit. Anfang der achtziger Jahre gingen dadurch 700.000 Arbeitsplätze verloren. Diesmal war der Beschäftigungseinbruch von einer Zunahme der Zahl der Erwerbspersonen begleitet: Die Zahl der Arbeitslosen stieg um 1,4 Millionen Personen.

Etwas anders fällt die Analyse des dritten Beschäftigungseinbruchs in den neunziger Jahren aus. Die deutsche Einheit hinterließ die bereits beschriebenen tiefen Spuren auf dem Arbeitsmarkt im Osten. Im Westen gab es zunächst noch einen Beschäftigungsanstieg im Zuge des fiskalpolitisch stimulierten Einigungsbooms. Die ersten Jahre nach der deutschen Einheit waren daher noch massiv von Sonderentwicklungen überlagert. Aber schon zwei bis drei Jahre nach der deutschen Einheit wurden Lohn- und Geldpolitik wieder zu den bestimmenden Größen der Beschäftigung. Bis 1992 war die interne Inflation auf 5,5 Prozent gestiegen. Zwar blieb im Zeitraum von 1991 bis 1994 der Zuwachs der Nominallöhne etwas hinter jenem der Geldmenge M3 zurück, allerdings kam es zu einem drastischen Rückgang der Umlaufgeschwindigkeit. Von 1991 bis 1994 sank die Umlaufgeschwindigkeit Jahr für Jahr um etwa zwei Prozent. Dies setzte die Signale auf Beschäftigungsverlust. Mit einer zeitlichen Verzögerung von etwa zwei Jahren gingen im Zeitraum von 1993 bis 1996 in West- und Ostdeutschland zusammen 1,3 Millionen Arbeitsplätze verloren. Zwar war die Erwerbsbeteiligung ebenfalls rückläufig, jedoch deutlich schwächer als der Beschäftigungsrückgang. Daher schlug der Verlust an Arbeitsplätzen nur unwesentlich gedämpft auf die Arbeitslosigkeit durch: Sie stieg um knapp eine Million Personen.

Worin lagen die Gründe für den Rückgang der Umlaufgeschwindigkeit, der in diesem Fall die Beschäftigungsschere negativ öffnete? Zum einen nennt die Deutsche Bundesbank hier Sonderfaktoren wie die Diskussion um die Einführung einer Quellensteuer auf Kapitalerträge oder die Verwendung der D-Mark als Zahlungsmittel in Mittel- und Osteuropa nach dem Fall des Eisernen Vorhangs. Dieser Teil der Geldmenge »fehlte« gleichsam für die Nachfrageentwicklung in Deutschland. Eine Rolle hat auch gespielt, daß eine entsprechende Kassenhaltung im Osten erst aufgebaut, die Geldnachfrage zunächst also an das gewünschte Niveau angepaßt werden mußte. Der wichtigste Grund dürfte jedoch in dem drastischen Rückgang der Kurzfristzinsen seit 1992 zu suchen sein. Von 9,5 Prozent (1992) sanken die Kurzfristzinsen auf 3,3 Prozent (1996). Entsprechend sanken die Kosten der Kassenhaltung und mit ihr die Umlaufgeschwindigkeit. Wie dem auch bei allen Unwägbarkeiten im Zusammenhang mit der deutschen Einheit gewesen sein mag: Die zusätzlich bereitgestellte Geldmenge reichte nicht aus, um eine stärkere Expansion der nominalen Nachfrage zu bewirken. So viel zu den schlechten Zeiten für die Beschäftigung und ihren Ursachen.

Gemessen an den Beschäftigungserfolgen waren die fünfziger Jahre die besten aller guten Zeiten. Eine über nahezu ein Jahrzehnt positiv geöffnete Beschäftigungsschere zwischen Geldmengen- und Nominallohnanstieg brachte einen Beschäftigungsgewinn von insgesamt etwa 5 Millionen Erwerbstätigen. Damit konnte nicht nur der Sockel an Nachkriegsarbeitslosigkeit abgebaut werden, sondern auch noch ein starker Zuwachs bei den Erwerbspersonen von 3,3 Millionen in Arbeit und Brot gebracht werden. Es lohnt sich, einen kurzen Blick auf die ökonomischen Schlüsselzahlen dieser Epoche im Lichte unserer Theorie zu werfen. Betrachten wir nach dem Abklingen der durch die Koreakrise ausgelösten Inflation Anfang der fünfziger Jahre den Zeitraum von 1953 bis 1959. Die Geldmenge M1 – Daten für M3 liegen für diesen Zeitraum noch nicht vor – stieg im Durchschnitt dieses Zeitraums um jährlich 11 Prozent, die Nominallöhne legten um gut 6,5 Prozent zu. Die Beschäftigungsschere war damit außerordentlich stark positiv geöffnet. Die Beschäftigung expandierte denn auch um durchschnittlich 2,2 Prozent pro Jahr. Dennoch vollzog sich dieser Beschäftigungsboom beinahe ohne Inflation, das Preisniveau stieg lediglich um 1,8 Prozent. Diese Konstellation kommt unserem theoretischen Ideal der goldenen Regel durchaus nahe. Man mag einwenden, das liege alles weit zurück, manches sei auch nachholbedingt. Dennoch waren keine anderen als die auch derzeit geltenden ökonomischen Gesetzmäßigkeiten am Werk, die etwa den Nachholbedarf der neuen Bundesländer zu einem ganz anderen Ergebnis führten.

Sehen wir uns als zweites, zeitlich näherliegendes Positivszenarium den Zeitraum 1978 bis 1980 an. Im Jahre 1976 hatte sich die hausgemachte Inflation auf rund 3,5 Prozent zurückgebildet. Die Geldmenge M3 wuchs in den Jahren 1977 und 1978 mit jeweils rund 11 Prozent. Die Beschäftigungsschere öffnete sich positiv, und mit der bekannten Verzögerung stellte sich in den Jahren 1978 bis 1980 ein Beschäftigungsanstieg von 1,5 Prozent jährlich ein: insgesamt plus 1,1 Millionen Beschäftigte.

Ein drittes Positivszenarium liefert die Beschäftigungsentwicklung im Zeitraum von 1985 bis 1992, allerdings beschränkt auf die alten

Bundesländer. 1984/85 hatte sich die Inflation auf etwa zwei Prozent abgekühlt. Die Expansionsrate der Geldmenge M3 schwankte fortan in einer Bandbreite von gut 4,5 bis 7,5 Prozent, der Anstieg der Nominallöhne bewegte sich um 3 Prozent. Also war auch hier durch eine nachhaltig positiv geöffnete Schere die Bühne für ein spürbares und längerfristiges Beschäftigungswachstum bereitet. Dem kam entgegen, daß die Umlaufgeschwindigkeit des Geldes im Durchschnitt dieser Jahre nur leicht rückläufig war. Auch hier realisierte sich die positive Beschäftigungsentwicklung zwei Jahre später: Die Beschäftigung wuchs von 1985 bis 1991 durchschnittlich um 1,5 Prozent pro Jahr. 2,6 Millionen Menschen fanden neue Arbeit. Ein Teil des Beschäftigungsanstiegs der Jahre 1990 und 1991 ist dabei dem fiskalpolitisch stimulierten Vereinigungsboom gutzuschreiben. Aber auch in den Jahren vor der Vereinigung verzeichnete die Beschäftigung einen durchschnittlichen Anstieg von 1 Prozent pro Jahr – und das bei gleichzeitig erfolgreicher Haushaltskonsolidierung. Auch diese Epoche der zweiten Hälfte der achtziger Jahre kommt mit einer Inflation von jährlich 2,3 Prozent dem Anspruch der goldenen Regel recht nahe.

Vorbild USA

Im »Bündnis für Arbeit und zur Standortsicherung« vom 23. Januar 1996 haben sich die Teilnehmer die Halbierung der Arbeitslosigkeit in Deutschland bis zum Jahre 2000 zum Ziel gesetzt. Dies würde – bezogen auf die Arbeitslosenquote des Jahres 1996 – eine Absenkung der Arbeitslosenquote auf gut fünf Prozent bedeuten. Dieses Ziel wurde inzwischen als zu ehrgeizig fallengelassen. Zum Vergleich: In den USA lag die Arbeitslosenquote 1997 bei 4,9 Prozent. Grund genug, nach dem Geheimnis des Erfolgs jenseits des Atlantiks zu suchen. Aber was bringt das zur Lösung unserer Frage? Zu viel ist dort anders, sagt man, als daß Vergleiche erlaubt und fruchtbar wären. Höhere Mobilität, stärkere Lohndifferenzierung vor allem nach unten, deutlich niedrigere, zeitlich begrenzte oder gar keine Sozialhilfe: Was bleibt da anderes übrig, als jede Arbeit – auch als Teilzeitjob – zu jedem Lohn aufzunehmen. »Bad jobs« also – mehr nicht? Schauen wir genauer hin.

Auch die USA kannten fast zweistellige Arbeitslosenquoten, und zwar in den Jahren 1982 und 1983 mit je 9,5 Prozent. In den gleichen Jahren lagen sie in Deutschland mit 6 Prozent beziehungsweise 7,5 Prozent deutlich niedriger. Hier wie dort hatte es 1982 einen dramatischen Einbruch in der Beschäftigung gegeben. Aber schon 1983/84 schoß die Zahl der Erwerbstätigen in den USA um rund 5,5 Prozent nach oben. In Deutschland gab es im gleichen Zeitraum ein weiteres Minus. Auch die USA waren vor weiteren Rückschlägen nicht gefeit. So brach die Beschäftigung 1991 um etwa eine Million ein, während zumindest Westdeutschland in den Jahren 1990 und 1991 noch ein stattliches Plus verbuchen konnte. Bereits ein Jahr später gab es in den USA jedoch wieder deutliche Zuwächse, die bis heute anhalten. Wir halten fest:

Abbildung 7:
Erwerbstätige (jährliche Veränderung in Prozent),
USA, Deutschland, 1980 bis 1996

Quelle: OECD, Economic Outlook

Auch die US-Beschäftigung unterlag – wie Abbildung 7 zeigt – Schwankungen, die kaum weniger ausgeprägt waren als die in Deutschland. Der einzige, aber entscheidende Unterschied: Die Beschäftigung stieg in den USA seit 1980 um mehr als 27 Millionen Erwerbstätige; die Beschäftigung in Deutschland (West) stieg nicht. Wie aber kann man derart starke Schwankungen in den USA mit strukturellen Ursachen erklären? Und: Waren es wirklich nur die »bad jobs«? Überlassen wir die Antwort dem Council of Economic Advisers, dem amerikanischen Sachverständigenrat: »Concerns have been expressed about the quality of these jobs. Recent research finds that most of the new positions created in the 1990s are »good« jobs. (...) Although it is true, as some

Abbildung 8:
Differenz der Änderungsraten von Geldmenge und Nominallohn (M3-w, jährliche Veränderung in Prozentpunkten) und Erwerbstätige (jährliche Veränderung in Prozent), USA, 1980 bis 1996

Quelle: OECD, Economic Outlook, Historical Statistics

critics point out, that the number of low-paying jobs has increased, that of high-paying jobs has increased even more rapidly.«[5]

Was bleibt, wenn es weder strukturelle Unterschiede noch die »bad jobs« sind, die die deutlichen Unterschiede in der Beschäftigungs-Performance zwischen den USA und Deutschland erklären können? Ökonomische Theorien und Gesetze kennen keine Grenzen. Warum betrachten wir dann nicht auch die USA durch die gleiche theoretische Brille, wie wir es zuvor für Deutschland getan haben? Sehen wir uns also beide Länder im Lichte unserer bekannten Beschäftigungsschere

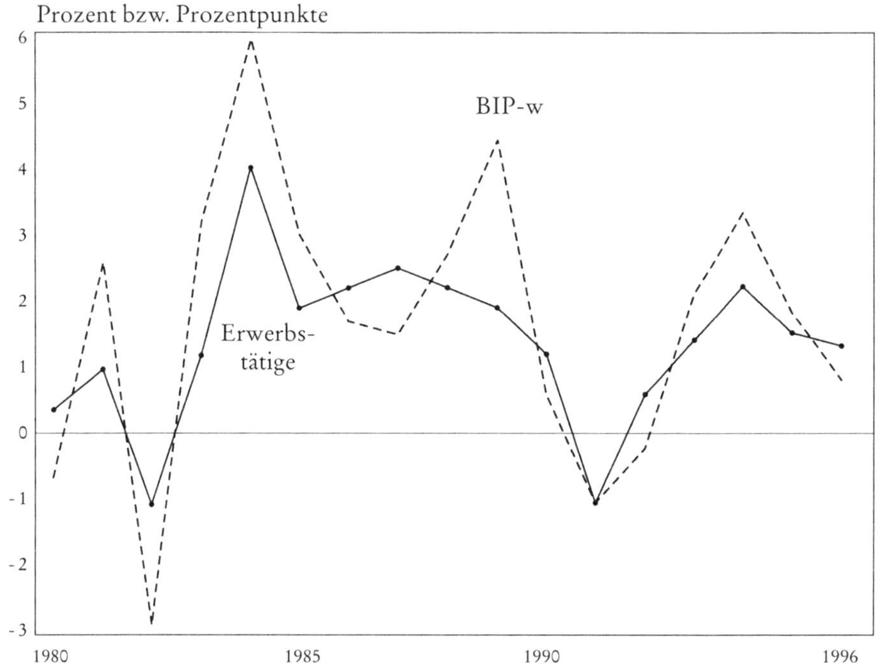

Abbildung 9:
Differenz der Änderungsraten von nominalem Bruttoinlandsprodukt und Nominallohn (BIP-w, jährliche Veränderung in Prozentpunkten) und Erwerbstätige (jährliche Veränderung in Prozent), USA, 1980 bis 1996

Quelle: OECD, Economic Outlook, Historical Statistics

an. Abbildung 8 zeigt einen Befund, der nach all dem, was wir vorher am Beispiel Deutschland diskutiert haben, hoffentlich nicht mehr überrascht: einen Gleichlauf von Ursache und Wirkung, das heißt von Beschäftigungsschere und tatsächlicher Beschäftigung auch für die USA.

Auch in den USA spielen dabei Schwankungen der Umlaufgeschwindigkeit eine nicht zu vernachlässigende Rolle: Wie Abbildung 9 zeigt, zeichnet die Schere zwischen nominalem Bruttoinlandsprodukt und Nominallöhnen die tatsächliche Beschäftigungsentwicklung besser vor als die Schere zwischen Geldmenge und Nominallöhnen. Nur in zwei Jahren – 1982 und 1991 – war die Beschäftigungsschere deutlich negativ geöffnet, und nur in diesen Jahren gab es einen deutlichen Einbruch. In allen anderen Jahren war die Beschäftigungsampel auf »grün« gestellt, und tatsächlich nahm die Beschäftigung teilweise massiv zu.

Bemerkenswert ist auch, daß in den USA der zeitliche Zusammenhang zwischen Scherenimpuls und Beschäftigungswirkung sehr viel enger ist als in Deutschland. Während wir in Deutschland eine Verzögerung von bis zu zwei Jahren beobachten, reagiert in den USA die Nachfrage nach Arbeitskräften relativ prompt auf positive oder negative Impulse. Dies dürfte auf strukturelle Unterschiede zwischen dem amerikanischen und dem deutschen Arbeitsmarkt zurückzuführen sein. In den USA sind wegen des dort schlechteren Kündigungsschutzes die Kosten von Entlassungen für die Unternehmen geringer als in Deutschland. Der Arbeitsmarkt des »hire and fire« ermöglicht eine rasche Anpassung der Beschäftigung an das gewünschte Niveau. Dagegen wartet man in Deutschland bei besseren Gewinnerwartungen mit Neueinstellungen noch ab, bis mehr Klarheit über die weitere Entwicklung herrscht. Überstunden bzw. Kurzarbeit wirken als Puffer; sie führen zu verzögerten Reaktionen auf geänderte Gewinnerwartungen.

Greifen wir hier, wie vorher für Deutschland, auch für die USA aus Abbildung 8 zwei hervorstechende Entwicklungen heraus – ein besonders schlechtes und ein sehr gutes Jahr – und sehen uns die Zusammenhänge an. 1991 sank die Beschäftigung um knapp 1 Prozent oder um gut eine Million Personen. Was war der Grund? Einer Zunahme der Geldmenge M3 von knapp 1,5 Prozent stand ein Nominallohnanstieg von fast vier Prozent gegenüber. Die Beschäftigungsschere war deutlich negativ geöffnet. 1984 war dagegen das beste Jahr für die Beschäftigung im Beobachtungszeitraum. Die Zahl der Erwerbstätigen sprang binnen Jahresfrist um gut 4 Millionen Personen nach oben. Schauen wir auch hier auf die Beschäftigungsschere: M3 war um 11 Prozent, der Lohnsatz nicht einmal halb so stark gestiegen. Die Beschäftigungsschere signalisierte einen kräftigen Anstieg der Beschäftigung, der sich auch realisierte. Wir haben diese beiden extremen Beispiele herausgegriffen, um zu zeigen, daß es kaum strukturelle Veränderungen gewesen sein können, die derartige Beschäftigungsschübe verursacht haben. Zu erklären sind sie dagegen mit der Beschäftigungsschere, also dem Zusammenwirken von monetärem und lohnpolitischem Impuls.

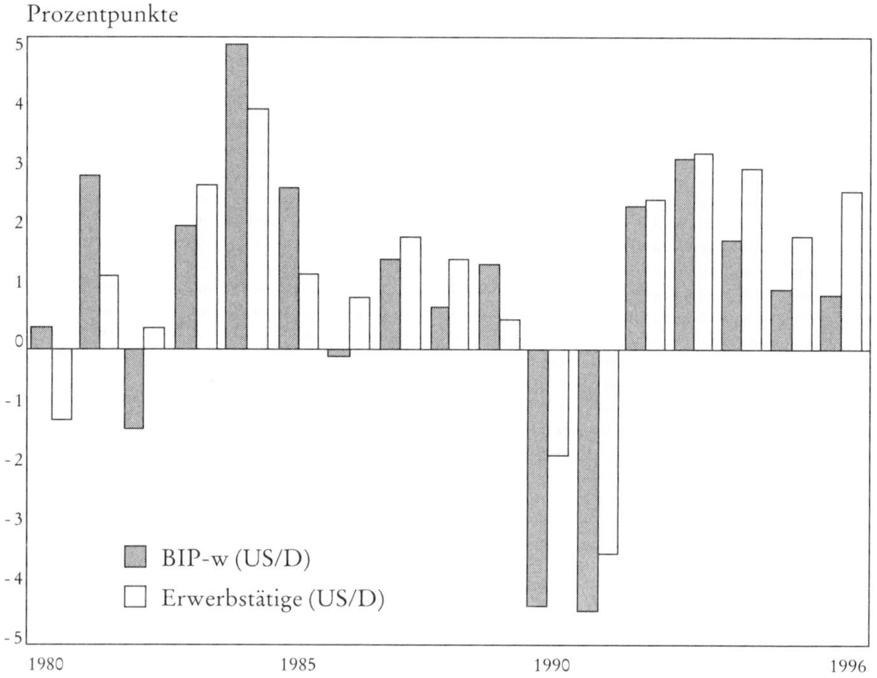

Abbildung 10:
Abweichungen der Werte für die USA und Deutschland:
Differenz der Änderungsraten von nominalem Bruttoinlandsprodukt und Nominallohn (BIP-w, jährliche Veränderung in Prozentpunkten) und Beschäftigungsentwicklung; USA, Deutschland, 1980 bis 1996

Quelle: OECD, Economic Outlook

Vergleichen wir dazu die unterschiedliche Öffnung der Beschäftigungsscheren in den USA und in Deutschland Jahr für Jahr. 1984 betrug der Beschäftigungsimpuls in den USA sechs Prozentpunkte, in Deutschland dagegen nur einen Prozentpunkt – eine Impuls-Differenz von fünf Prozentpunkten zugunsten der USA. Die tatsächliche Beschäftigung stieg in den USA um gut 4 Prozent, in Deutschland nur um 0,2 Prozent – eine Beschäftigungsdifferenz von knapp vier Prozentpunkten zugunsten der USA. Abbildung 10 zeigt diesen jährlichen Vergleich von Beschäftigungsimpuls und tatsächlicher Beschäftigung für Deutschland und die USA.

Nur in vier von siebzehn Jahren war der Scherenimpuls in Deutschland stärker als in den USA. In allen anderen Jahren dominierte der Beschäftigungsimpuls jenseits des Atlantiks und mit ihm auch fast ausnahmslos die tatsächliche Beschäftigungsdynamik dort. Warum war das so? Vergleichen wir die beiden »Blätter« der Schere in den USA und in Deutschland. Der Vergleich des einen Blattes, der Anstieg der Nominallöhne, fällt sogar zu ungunsten der USA aus. Die durchschnittliche Steigerungsrate lag dort im Beobachtungszeitraum bei 4,8 Prozent, in Deutschland nur bei 4,3 Prozent. Demnach muß der entscheidende Impuls für die deutlich stärkere Beschäftigungsentwicklung in den USA vom zweiten Blatt der Schere, der Veränderung der nominalen gesamtwirtschaftlichen Nachfrage, ausgegangen sein. Tatsächlich betrug die durchschnittliche jährliche Veränderung des nominalen Bruttoinlandsprodukts in den USA 6,6 Prozent, in Deutschland nur 5,2 Prozent.

Die deutlich stärkere Expansion der gesamtwirtschaftlichen Nachfrage, wie sie von der Geldpolitik in den USA alimentiert wurde, bedeutete zugleich einen höheren Überwälzungsspielraum für Kostensteigerungen. So wurde in den USA aus dem Anstieg der Nominallöhne von durchschnittlich 4,8 Prozent ein Reallohnanstieg von nur noch 0,7 Prozent. Dagegen verblieb in Deutschland von dem niedrigeren Nominallohnanstieg von 4,3 Prozent eine Reallohnbürde für die Unternehmen von 1,3 Prozent. Die Möglichkeit der stärkeren Überwälzung des Lohnanstiegs auf die Preise bedeutete eine Verminderung des Produktivitätsdrucks. So blieben auch Arbeitsplätze rentabel, deren Produktivität eher schwach war – die »bad jobs«, aber eben nicht nur diese.

Das sogenannte Beschäftigungswunder in den USA findet somit im Lichte unserer Theorie eine einfache Erklärung: Die für mehr Beschäftigungsdynamik entscheidende Schere zwischen monetärem Impuls und Nominallohnanstieg war in den USA im Beobachtungszeitraum öfter positiv und weiter geöffnet als in Deutschland. Mit einer durchschnittlichen Inflationsrate von 4 Prozent seit 1980 entsprach die lohn- und geldpolitische Kombination in den USA allerdings nicht den Anforderungen an einen inflationsfreien Beschäftigungsaufbau gemäß der goldenen Regel. Allerdings gab es auch in Deutschland im gleichen Zeitraum eine Inflation von 3 Prozent, jedoch ohne jeden Beschäftigungsgewinn.

Welche Schlüsse lassen sich aus dem hier ausgebreiteten empirischen Material ziehen? Zeigen die Abbildungen die Übereinstimmung der im ersten Abschnitt vorgestellten Theorie mit der Realität? Lassen wir uns nicht zu voreiligen Schlüssen hinreißen. Karl Popper betonte bekanntlich, daß Theorien durch die Empirie niemals verifiziert werden können, allenfalls eine Falsifizierung ist möglich. Die Ergebnisse unserer Gegenüberstellung von Theorie und Fakten sind jedoch unseres Erachtens ermutigend: Die Beschäftigungsentwicklung sowohl in Deutschland als auch in den USA kann durch die Differenz von Geldmengen- und Nominallohnanstieg erklärt werden. Die Ergebnisse deuten also darauf hin, daß Lohn- und Geldpolitik die entscheidenden Instrumente zur Steuerung der gesamtwirtschaftlichen Beschäftigung sind.

Vom Reißbrett zur praktischen Wirtschaftspolitik

Die hier skizzierte Erklärung der Beschäftigungsentwicklung gestattet es, alle in der Realität beobachtbaren gesamtwirtschaftlichen Zustände auf wenige Grundmuster zurückzuführen. Der ideale Zustand ist gegeben, wenn die goldene Regel der Beschäftigungspolitik beachtet wird. Alle übrigen Zustände sind pathologisch, weil von der goldenen Regel abweichend. Sehen wir uns diese pathologischen Fälle, die leider in Deutschland alle durchlitten werden mußten, näher an:

- Der Zustand der »Stagflation« stellt sich ein, wenn die Löhne und die Geldmenge schneller steigen als nach der goldenen Regel zulässig. Dies ist der Fall, wenn die Geldpolitik einen lohnkostenbedingten Preisauftrieb hinnimmt, also eine permissive Linie verfolgt. Eine derartige Situation hatten wir beispielsweise Ende der siebziger Jahre.
- In den Zustand der »Depression« verfällt die Wirtschaft, wenn die Löhne sinken und die Geldmenge schrumpft. Dies war in der Weltwirtschaftskrise Anfang der dreißiger Jahre der Fall. Die Reduktion der Geldmenge parallel zur Lohnsenkung war die eigentliche Ursache für Ausmaß und Dauer der Weltwirtschaftskrise.
- Zur »Rezession« kommt es, wenn die Geldpolitik versucht, eine lohnkostenbedingte Inflation im Wege der restriktiven Geldpolitik zu bekämpfen. Der Geldmengenanstieg fällt also zu gering, der Nominallohnanstieg zu hoch aus. Die Rezessionen in Deutschland der Jahre 1967, 1974/75, 1981 bis 1983 und 1993 bis 1996 sind alle nach diesem Muster entstanden.
- Wenn der Geldmengenanstieg und die Lohnzurückhaltung ausgeprägter ausfallen als nach der goldenen Regel angezeigt, gerät die Wirtschaft früher oder später in eine Phase konjunktureller »Überhitzung«. Eine derartige Situation der Überbeschäftigung ohne stärkere Inflation hatten wir Anfang der sechziger Jahre.

Aber auch für den Fall einer Wirtschaft im Zustand der goldenen Regel gibt es ausreichend praktische Beispiele aus der deutschen wirtschaftspolitischen Praxis. Erinnert sei nur an die fünfziger Jahre oder an die Phase von 1985 bis 1991 in Westdeutschland.

Beschäftigung und Preisstabilität liegen also praktisch allein in den Händen der Lohn- und Geldpolitik. Die in diesem Kapitel am Reißbrett skizzierte Lösung bedarf aber noch der Übertragung in die Wirklichkeit der praktischen Wirtschaftspolitik, die je nach Land und Situation immer etwas anders gelagert ist. Diese Besonderheiten müssen wir bei der Frage der praktischen Umsetzung einer Beschäftigungspolitik nach der goldenen Regel in den Blick nehmen. In den nächsten beiden Kapiteln beziehen wir uns dabei auf die aktuelle Lage in Deutschland und der Europäischen Union. Anschließend wird nach der Anwendbarkeit der hier vorgeschlagenen Beschäftigungspolitik auch außerhalb der Europäischen Union gefragt.

Bereits bei der Ursache der Arbeitslosigkeit dürften von Land zu Land gewisse Unterschiede bestehen. Arbeitslosigkeit kann auf zu hohe Reallöhne oder fehlende Nachfrage zurückzuführen sein. Davon hängt es ab, ob und in welchem Umfang bei anfänglicher Lohnzurückhaltung der nachfolgende Beschäftigungsanstieg mit realem Lohnverzicht oder geringerem Reallohnanstieg verbunden ist. Sicherheit darüber gibt es erst am Ende des Prozesses. Wie schon am Ende des dritten Kapitels betont, weiß niemand vorab mit Gewißheit zu sagen, in welchem Umfang die heute in Deutschland bestehende Arbeitslosigkeit klassisch oder keynesianisch verursacht ist. Die Schätzungen gehen weit auseinander. Horst Siebert, der Präsident des Kieler Instituts für Weltwirtschaft, glaubt, daß in Deutschland für eine Rückführung der Arbeitslosenquote auf 6 Prozent ein Reallohnabschlag von 12 Prozent erforderlich wäre.[6] Die Gegenposition vertritt Heiner Flassbeck vom Deutschen Institut für Wirtschaftsforschung, Berlin. Er sieht die Ursache der Arbeitslosigkeit allein auf der Nachfrageseite und empfiehlt deshalb, die Löhne strikt an der Produktivität zu orientieren. Lohnzurückhaltung sei sogar wegen der davon ausgehenden Deflationsgefahren hinderlich für eine Rückkehr zur Vollbeschäftigung.

Beide Positionen dürften eher Extreme markieren. Vieles spricht dafür, daß in Deutschland eine Mischung aus reallohnbedingter und nachfrageseitig verursachter Arbeitslosigkeit vorliegt. Arbeitsplätze dürften also in der Vergangenheit nicht allein aufgrund zu hoher Reallöhne weggefallen sein. Auch Ausgabenkürzungen, die sich als Folge der Arbeitslosigkeit kumulativ verstärkt haben, dürften beträchtlich zu einem weiteren Anstieg der Arbeitslosigkeit beigetragen haben. Für die Wiedergewinnung von Vollbeschäftigung bedeutet dies, daß mehr Nachfrage tatsächlich in gewissem Umfang auch ohne Preissteigerungen zu mehr Beschäftigung führen würde. Allerdings ist kaum zu erwarten, daß Vollbeschäftigung gänzlich ohne Einbußen beim Reallohnanstieg erreicht werden kann. Gerade das Beispiel USA zeigt, daß der Abbau der Arbeitslosigkeit dort mit einem geringeren Reallohnanstieg einherging als in Deutschland. Auch in Deutschland stände wohl zu erwarten, daß es bei steigender Beschäftigung zunächst zu einem geringeren Produktivitätsanstieg als bisher gewohnt käme.

Hierfür gibt es manche Anhaltspunkte. So ist die heutige hohe Produktivität zum Teil Folge der Arbeitslosigkeit und der Einstellung von

Aktivitäten mit geringer Produktivität. Auch dürfte die Leistungsfähigkeit der Arbeitslosen im Vergleich zu den Beschäftigten im Durchschnitt geringer sein, da länger andauernde Arbeitslosigkeit in aller Regel mit einer Dequalifizierung verbunden ist. Hinzu kommt, daß trotz ansteigender Investitionen anfänglich das Wachstum des Kapitalstocks vermutlich hinter dem Beschäftigungsanstieg zurückbleiben wird.[7] Außerdem muß damit gerechnet werden, daß Investitionen in der Realität erst zeitverzögert zu einem Anstieg der Produktion beitragen. All dies dämpft in den ersten Jahren des Beschäftigungsaufbaus den Produktivitätsanstieg. Zumindest darauf sollte man sich bei der praktischen Umsetzung einer Beschäftigungspolitik nach der goldenen Regel in Deutschland einstellen.

Bei der Umsetzung der hier vorgeschlagenen Beschäftigungspolitik in Deutschland und Europa sind auch die Änderungen in Rechnung zu stellen, die sich im Zuge der Europäischen Währungsunion ergeben werden. Nach Einführung des Euro stellt sich das Problem der Koordinierung von Lohn- und Geldpolitik auf europäischer Ebene. Wie es dort gelöst werden kann, ist Gegenstand des folgenden Kapitels.

Kapitel 5

Der institutionelle Rahmen

Lohn- und Geldpolitik: Gemeinsam sind sie stark

Zum Problem der Zuordnung von wirtschaftspolitischen Instrumenten zu gesamtwirtschaftlichen Zielen sagt – wie im dritten Kapitel dargestellt – die herrschende Lehre: Die Lohnpolitik muß die beschäftigungspolitische Verantwortung tragen, die Geldpolitik soll für stabile Preise sorgen. Ist diese Aufgabenverteilung vor dem Hintergrund des im vierten Kapitel entworfenen beschäftigungspolitischen Konzepts aufrechtzuerhalten? Dort haben wir Lohn- und Geldpolitik als die wesentlichen Instrumente der Beschäftigungs- und Stabilisierungspolitik identifiziert. Dabei hat sich gezeigt, daß eine Geldpolitik, die allein oder vorrangig auf das Stabilitätsziel fixiert ist, dieses Ziel bisweilen nur auf Kosten der Beschäftigung erreichen kann. Nehmen wir an, die Tarifparteien vereinbarten Löhne, die über den Produktivitätsanstieg hinausgingen. Die Notenbank kann dann Preisstabilität nur um den Preis einer Stabilisierungsrezession erzwingen. Das Beschäftigungsziel kommt unter die Räder. Ähnlich kann eine Lohnpolitik scheitern, die versucht, auf eigene Faust ein bestimmtes Beschäftigungsziel zu erreichen. Senken die Tarifparteien die Löhne, so kommt es ohne geldpolitische Flankierung zunächst zu einer Phase der Deflation und Depression, bevor am Ende vielleicht etwas mehr Beschäftigung erreicht wird. Wenn die Geldpolitik auch noch bremst, gibt es am Ende überhaupt keinen Beschäftigungsanstieg.

Das Fazit dieser Überlegungen ist: Weder kann die Geldpolitik aus eigener Kraft ohne Gefahren für die Beschäftigung die Preisstabilität sichern, noch kann die Lohnpolitik aus eigener Kraft für mehr Beschäftigung sorgen. Lohn- und Geldpolitik sind nicht autark, sondern sie sind aufeinander angewiesen. Doch dabei befinden sie sich gleichzeitig in einem Dilemma: Sie müssen kooperieren, sonst werden mit hoher Wahrscheinlichkeit weder Preisstabilität noch Vollbeschäftigung erreicht. Wenn die Geldpolitik nicht von einer stabilitätsorientierten Lohnpolitik unterstützt wird, wagt sie es aus Sorge um die Stabilität nicht, die Zügel zu lockern. Umgekehrt scheuen die Gewerkschaften Lohnzurückhaltung, wenn nicht sicher ist, ob die Geldpolitik den Spielraum für mehr Nachfrage und Beschäftigung nutzt. Beschäftigungsorientierung weder bei den Gewerkschaften noch bei der Geldpolitik – das sind die zu erwartenden Ergebnisse, solange die beiden Akteure nicht miteinander kooperieren. Der Blick auf die Empirie hat bestätigt, daß dieses Szenarium keine bloße Fiktion ist. In Deutschland ist es seit den sechziger Jahren immer wieder zu Konflikten zwischen der Lohn- und der Geldpolitik gekommen.

Alle stabilitäts- und beschäftigungspolitischen Probleme lösen sich auf im Übergang zu einem kooperativen Verhalten nach der goldenen Regel der Beschäftigungspolitik: In dem Maße, wie die Lohnpolitik durch Lohnzurückhaltung Spielraum für Geldmengenexpansion ohne Preisrisiken schafft, kann und muß die Geldpolitik diesen Spielraum für mehr Beschäftigung auch nutzen. Kooperation ergibt sich aber in der Praxis nicht von selbst. Sie erfordert gegenseitiges Vertrauen und gleich starke, unabhängige Partner. Ohne »Waffengleichheit« droht Kooperation in Erpressung oder Übervorteilung des schwächeren Partners abzugleiten. Mit dem Übergang zu kooperativem Verhalten ist andererseits kein Verlust an Unabhängigkeit und Autonomie verbunden. Jeder Akteur kann Kooperation freiwillig eingehen und sie auch wieder aufkündigen. Sie ist auch kein Nullsummenspiel, bei dem jeder nur auf Kosten des anderen gewinnen kann. Sie ist vielmehr für beide Partner vorteilhaft und kann deshalb ohne äußeren Zwang auf freiwilliger Basis erfolgen.

Die aufgezeigten Zusammenhänge lassen die eingangs angesprochene Frage der Zuordnung von gesamtwirtschaftlichen Instrumenten und Zielen in einem neuen Licht erscheinen. Es gibt eine gemeinsame Verantwortung von Lohn- und Geldpolitik für Beschäftigung und Preisstabilität, der sie nur im Wege der Kooperation gerecht werden können. Die Kooperation von Lohn- und Geldpolitik kann nun nicht etwa dadurch erzwungen werden, daß die lohn- und geldpolitische Verantwortung auf die Regierung verlagert wird. Für die Tarifautonomie und dic Unabhängigkeit der Zentralbank gibt es gute Gründe. Die Tarifautonomie ist Ausdruck der Vertragsfreiheit und der Koalitionsfreiheit. Diese Freiheitsrechte sollten nicht beschnitten werden. Die Unabhängigkeit der Zentralbank schützt das Geldvermögen der Bürger vor schleichender Enteignung und einer unsoliden Finanzierung der Staatsausgaben. Zwar ist die Unabhängigkeit der Zentralbank allein noch nicht hinreichend für die Sicherung von Preisstabilität und soliden Staatsfinanzen, aber das spricht nicht gegen sie. Eine Verlagerung der lohn- und geldpolitischen Verantwortung auf die Politik kann nicht ernsthaft erwogen werden.

Die Lohnpolitik liegt in der Verantwortung der Tarifparteien. Die goldene Regel der Beschäftigungspolitik legt in normativer Weise fest, welchen Beitrag die Tarifparteien leisten müssen, um die Ziele Beschäftigung und Preisstabilität zu erreichen. Manche Ökonomen bezweifeln, daß die Tarifparteien unter den gegenwärtigen institutionellen Bedingungen am Arbeitsmarkt überhaupt dieser Verantwortung gerecht werden können. Sie vertreten die Auffassung, daß für die Gewerkschaften und Arbeitgeberverbände kaum Entscheidungsspielräume bei der Lohnfindung existierten. Die Lohnentwicklung sei das Ergebnis ökonomischer Gesetzmäßigkeiten, denen sich die Tarifparteien nicht entziehen könnten. So sei es für Gewerkschaften rational, die reale Lohnsumme für die Beschäftigten zu maximieren. Ein davon abweichendes Verhalten, das beispielsweise auch die Interessen der Arbeitslosen berücksichtige, sei innerhalb der Gewerkschaften bei den gegebenen institutionellen Bedingungen auf den Arbeitsmärkten nicht durchsetzbar. Würde sich die Gewerkschaftsspitze von den Interessen ihrer Mitglieder entfernen, würde sie abgewählt. Eine stabilitäts- und beschäftigungsorientierte Lohnpolitik sei deshalb nur zu erreichen, wenn die Macht der Gewerkschaften gebrochen würde. Wer die Lohnentwicklung in dieser Weise als gegeben und unter den herrschenden institutionellen Bedingungen als unveränderbar unterstellt, kann in der Lohnpolitik kein Instrument der Beschäftigungspolitik erblicken.

Das hier vorgeschlagene beschäftigungspolitische Konzept kann aber nur funktionieren, wenn die Lohnpolitik als Instrument der Wirtschaftspolitik begriffen und eingesetzt wird. Diese Sichtweise ist dann zulässig, wenn die Gewerkschaften objektiv die Möglichkeit haben, eine Lohnpolitik gemäß der goldenen Regel in die Praxis umzusetzen. Unseres Erachtens besteht diese Möglichkeit bereits unter den heutigen institutionellen Bedingungen am Arbeitsmarkt. Die Kontrolle der Gewerkschaftsspitze durch die Basis ist nicht so eng, daß der Führung keinerlei Entscheidungsspielräume bleiben. Sie kann bei der Basis Überzeugungsarbeit leisten und so zumindest in gewissen Grenzen die Lohnentwicklung in eine moderate oder aggressive Richtung lenken. Einzuräumen ist allerdings, daß unter den gegenwärtigen Bedingungen ein Interessengegensatz zwischen Beschäftigten und Arbeitslosen – das berühmte Insider-outsider-Problem – existiert, der das Verhalten der Gewerkschaften beeinflußt. Allein auf die Einsicht der Gewerkschaftsspitze zu setzen reicht deshalb nicht aus. Es ist vielmehr zugleich notwendig, Bedingungen zu schaffen, unter denen es für die Gewerkschaften rational ist, die Interessen der Arbeitslosen in vollem Umfang in Tarifverhandlungen zu berücksichtigen. Wie die ökonomischen Anreize für beschäftigungs- und stabilitätspolitisches Wohlverhalten der Gewerkschaften verbessert werden können, ist das Thema des sechsten Kapitels.

Insgesamt ist das Verhalten der Gewerkschaften in Tarifverhandlungen also keineswegs vorab strikt fixiert, sondern es ist, wenigstens in Grenzen, offen. Das berechtigt uns, die Lohnpolitik als wirtschaftspolitisches Instrument aufzufassen und die normative Frage aufzuwerfen, wie die Tarifparteien ihrer beschäftigungs- und stabilitätspolitischen Verantwortung gerecht werden können. In diesem Zusammenhang müssen wir die Frage klären, welche institutionellen Rahmenbedingungen auf dem Arbeitsmarkt dabei eine bestmögliche Kooperation von Lohn- und Geldpolitik erwarten lassen.

Auch wenn also Lohn- und Geldpolitik nicht unmittelbar unter der Kontrolle der Wirtschaftspolitik der Regierung sind, hat die Regierung bei der makropolitischen Steuerung eine wichtige Rolle auszufüllen: Sie gestaltet die institutionellen Rahmenbedingungen der Lohn- und Geldpolitik, sie kann ferner die Rolle des Moderators oder Vermittlers zwischen den Tarifparteien und der Notenbank übernehmen. Bei der Gestaltung des institutionellen Rahmens der Geldpolitik ist dabei die geplante Europäische Währungsunion mit in den Blick zu nehmen.

Die Europäische Währungsunion: Beschäftigungschancen bei hartem Euro

Im Übergang zur Europäischen Währungsunion wird der institutionelle Rahmen für die Geldpolitik festgelegt. Folgende Fragen müssen dabei geklärt werden:

- Welche gesamtwirtschaftlichen Ziele sollte die Notenbank verfolgen (Preisstabilität, Wachstum, Beschäftigung)?
- Welche Indikatoren und Zwischenziele zur Kontrolle des geldpolitischen Kurses sollte die Notenbank einsetzen (Geldmenge in unterschiedlichen Abgrenzungen, nominales Sozialprodukt, Wechselkurse, Kurzfristzinsen, Zinsstruktur)?
- Welche Instrumente sollte die Notenbank zur Erreichung der Ziele einsetzen (Offenmarktpolitik, Mindestreservepolitik, Diskont- und Lombardpolitik)?

Die sich abzeichnenden Festlegungen des institutionellen Rahmens der Geldpolitik sollen nachfolgend unter dem Aspekt ihrer Eignung zur praktischen Umsetzung einer Beschäftigungspolitik nach der goldenen Regel betrachtet werden.

Geldpolitik: ihr gesetzlicher Auftrag

Die Geldpolitik wird bis zum Eintritt in die dritte Stufe der Europäischen Währungsunion von der Deutschen Bundesbank ausgefüllt. Nach dem Bundesbankgesetz ist sie von Weisungen der Bundesregierung unabhängig. Ihre gesetzliche Aufgabe ist es, die Währung zu sichern, das heißt, Preisstabilität zu wahren. Auch die Europäische Zentralbank wird unabhängig von den Regierungen der Mitgliedsländer sein. Im Maastrichter Vertragswerk wurde sie noch eindeutiger auf das Ziel der Sicherung der Preisstabilität festgelegt als die Bundesbank. So heißt es in Art. 105 des EG-Vertrags: »Das vorrangige Ziel des Europäischen Systems der Zentralbanken (ESZB) ist es, die Preisstabilität zu gewährleisten.« Weiter heißt es aber auch im Vertrag: »Soweit dies ohne Beeinträchtigung des Zieles der Preisstabilität möglich ist, unterstützt das ESZB die allgemeine Wirtschaftspolitik in der Gemeinschaft, um zur Verwirklichung der in Artikel 2 festgelegten Ziele beizutragen.« Zu diesen Zielen der Gemeinschaft gehört auch ein hohes Beschäftigungsniveau.

Zu kritisieren ist, daß die der herrschenden Lehre folgende primäre Stabilitätsverpflichtung der Geldpolitik die gemeinsame Verantwortung von Lohn- und Geldpolitik für Preisstabilität und Beschäftigung nicht zum Ausdruck bringt. Das muß aber kein Hindernis für eine Beschäftigungspolitik nach der goldenen Regel sein. Die Zielhierarchie schließt nicht aus, die Geldpolitik aktiv für mehr Beschäftigung einzusetzen, wenn damit keine Inflationsgefahr verbunden ist. Eine Politik nach der goldenen Regel ist auf der Grundlage der geltenden vertraglichen Regeln also ohne weiteres möglich. Es ist dabei zu begrüßen, daß der EG-Vertrag der Geldpolitik die Möglichkeit gibt, bei stabilitätswidrigem Verhalten der Lohnpolitik wirksam mit restriktiver Geldpolitik zu drohen und sie notfalls auch durchzusetzen.

Das Ziel einer hohen Beschäftigung wurde auf dem Europäischen Rat in Amsterdam 1997 noch stärker als bisher schon hervorgehoben. So wurde in Artikel B des EU-Vertrages das Ziel eines hohen Beschäftigungsstandes neu aufgenommen und der EG-Vertrag um ein neues Kapitel für Beschäftigung ergänzt. Damit die Frage der Beschäftigung »unverrückbar zuoberst auf der politischen Tagesordnung für die Union bleibt«, hat der Rat ferner eine Entschließung über Wachstum und Beschäftigung angenommen. Eine Europäische Zentralbank, die die Geldpolitik für eine bessere Beschäftigungsentwicklung einsetzt, kommt nicht in Legitimierungsnot, solange die Preisstabilität gewahrt bleibt.

Orientierungshilfen für die Geldpolitik

Eine Beschäftigungspolitik nach der goldenen Regel erfordert, daß die Geldpolitik die nominale Nachfrage steuert. Wie kann sie dabei ihren Kurs überprüfen? Normalerweise, das heißt, wenn keine unvorhergesehenen Schwankungen der Umlaufgeschwindigkeit auftreten, kann sie als Zwischenziel ein bestimmtes Geldmengenwachstum ansteuern. Welches Geldmengenaggregat dabei zugrunde gelegt wird, sollte dabei von der Stabilität des jeweiligen Zusammenhangs zwischen Geldmengenaggregat und nominalem Sozialprodukt abhängig gemacht werden. Nach Auffassung der Deutschen Bundesbank ist dies in Deutschland das Geldmengenaggregat M3.

Für die Europäische Zentralbank ist ein etwas anderes Vorgehen geplant. Das Europäische Währungsinstitut (EWI), das die Vorarbeiten für die einheitliche Geldpolitik der Europäischen Zentralbank leistet, präferiert die öffentliche Ankündigung eines quantitativ definierten Ziels für die Preisniveauentwicklung. Das EWI hat sich dabei nicht festgelegt, ob das öffentlich angekündigte Inflationsziel direkt angesteuert oder ob ein weiteres Ziel dazwischengeschaltet werden soll. Als mögliche Zwischenziele hat das EWI die Kontrolle eines Geldmengenaggregats, eines Wechselkurses, eines Zinssatzes und des nominalen Einkommens geprüft. Bis auf die Kontrolle eines Geldmengenaggregates wurden alle Zwischenziele verworfen. Die Frage der Ankündigung eines Geldmengenziels wird weiter geprüft. Für das Geldmengenziel spricht aus Sicht des EWI, daß die Geldmenge eindeutig in der Verantwortlichkeit der Europäischen Zentralbank liegt. Ob ein Geldmengenziel öffentlich angekündigt werden sollte, hängt nach Auffassung des EWI letztlich von der Stabilität der Geldnachfrage ab. Gegenwärtig hat das EWI keine Bedenken bezüglich der langfristigen Stabilität der Geldnachfrage, hält es aber für möglich, daß sich dies gerade in der 1999 beginnenden Stufe 3 der Europäischen Währungsunion ändern könnte. Dieser Einwand erstreckt sich auch auf den späteren Beitritt weiterer Mitgliedsländer.

Die von uns präferierte geldpolitische Steuerung des nominalen Sozialprodukts empfiehlt das EWI also nicht explizit. Die Verfolgung des Ziels der Preisstabilität erfordert aber de facto, daß die Europäische Zentralbank zumindest für interne Zwecke auch Zielvorstellungen bezüglich des nominalen Sozialproduktes entwickelt. Dies räumt auch das EWI, wenngleich etwas verklausuliert, ein. So heißt es im EWI-Bericht »Die einheitliche Geldpolitik in Stufe 3« vom Januar 1997, daß ein direktes Inflationsziel nur dann erfolgreich verfolgt werden könne, wenn die Relationen zwischen den verschiedenen wirtschaftlichen und finanziellen Indikatoren einerseits und der künftigen Inflation andererseits stabil seien. Mit anderen Worten, das Inflationsziel kann nur erreicht werden, wenn es als Zwischenstufe gelingt, das nominale Sozialprodukt zu steuern. Die Frage ist letztlich nur, ob es opportun ist, die

Zielvorstellungen bezüglich eines Geldmengenaggregates bzw. des nominalen Sozialprodukts auch öffentlich anzukündigen. Viele Industrieländer, darunter die USA und Japan, sind dazu übergegangen, ein unmittelbares Inflationsziel anzustreben, ohne explizit ein Geldmengenziel als Zwischenziel anzukündigen. Dennoch werden auch hier zumindest für interne Zwecke Zwischenziele verwendet, denn wenn sich Inflation erst einmal zeigt, ist es wegen der bekannten Wirkungsverzögerungen im Transmissionsprozeß monetärer Impulse schon zu spät. Wenn die Geldpolitik ein direktes Inflationsziel ansteuert, muß sie auf jeden Fall auch über eine Zielvorstellung bezüglich der Entwicklung des nominalen Sozialprodukts verfügen.

Voraussetzung für eine erfolgreiche Geldmengensteuerung zur Sicherung einer ausreichenden nominalen Gesamtnachfrage und zur Verstetigung des Wachstums des nominalen Sozialprodukts ist auf jeden Fall die Stabilität der Geldnachfrage. Stabilität heißt nicht etwa Konstanz. Weder ein trendmäßiger Anstieg der Kassenhaltungsneigung noch prognostizierbare Schwankungen der Geldnachfrage im Konjunkturverlauf werfen also Probleme der Geldmengensteuerung auf. Ein Problem für die geldpolitische Steuerung der nominalen Gesamtnachfrage entsteht erst, wenn die Schwankungen der Geldnachfrage unvorhersehbar und unberechenbar werden. Derartige Strukturbrüche im Zusammenhang zwischen Geldmengenentwicklung und dem nominalen Sozialprodukt waren in der Vergangenheit in Deutschland und anderen Industrieländern immer wieder zu beobachten. Als Ursachen solcher Strukturbrüche nennt die Deutsche Bundesbank, bezogen auf Deutschland, Sondereinflüsse wie die Vereinigung Anfang der neunziger Jahre, die Diskussion um die Zinsbesteuerung im Jahr 1992 sowie zur Jahreswende 1993/94, Finanzinnovationen oder die zunehmende Verwendung der D-Mark als Zahlungsmittel in Osteuropa nach dem Fall des Eisernen Vorhangs. Das EWI schließt nicht aus, daß ähnliches auch nach Einführung des Euro oder im Falle eines Beitritts weiterer Länder zur Europäischen Währungsunion auftreten könnte.

In Zeiten instabiler Geldnachfrage sollte der geldpolitische Kurs nicht mehr allein anhand des Geldmengenwachstums beurteilt werden. Zusätzliche Indikatoren müssen herangezogen werden. An erster Stelle sind hier die Kurzfristzinsen zu nennen. Bei stabiler Geldnachfrage sinken die Kurzfristzinsen, wenn die Geldmenge ausgeweitet wird. Bei Instabilität der Geldnachfrage wird dieser Zusammenhang jedoch gestört. Beispielsweise stieg im Jahr 1992 trotz ungebremsten Geldmengenwachstums der Kurzfristzins (Tagesgeld) auf fast zehn Prozent. Die hohen Kurzfristzinsen signalisierten damals zutreffend einen restriktiven Kurs der Geldpolitik. Hätte man den Blick allein auf die Geldmengenentwicklung gerichtet, wäre man über den wahren Kurs der Geldpolitik getäuscht worden.

Andere Größen, die analog zu den Kurzfristzinsen signalisieren können, daß der Zusammenhang zwischen Geldmenge und dem nominalen Sozialprodukt gestört ist, sind Wechselkurse oder die Zinsstruktur. Normalerweise ist zu erwarten, daß bei einer Geldmengenerhöhung die heimische Währung abwertet und bei einer restriktiven Geldpolitik aufwertet. Aber auch dieser Zusammenhang ist bei einer Instabilität der Geldnachfrage gestört. So wurde 1992 die D-Mark trotz deutlicher Geldmengenausweitung so stark, daß schließlich die Kurse des Europäischen Währungssystems nicht mehr zu verteidigen waren. Kurzfristzinsen und Wechselkurse signalisierten, daß die Geldpolitik in dieser Zeit auf restriktivem Kurs war. Auch die Zinsstruktur kann in solchen Situationen als Indikator zur Beurteilung der Geldpolitik herangezogen werden. Je steiler die Zinsstrukturkurve verläuft, das heißt, je größer die positive Differenz zwischen langfristigen und kurzfristigen Zinsen, desto expansiver wirkt die Geldpolitik. 1992 lag der Kurzfristzins über dem langfristigen Zins. Diese sogenannte inverse Zinsstruktur zeigte ebenfalls zutreffend den restriktiven Kurs der Geldpolitik an.

Teilweise wird versucht, die unterschiedlichen Indikatoren der Geldpolitik zu einem synthetischen Index zu kombinieren, um ein Gesamturteil über die Richtung und Stärke der Geldpolitik zu gewinnen. So beobachtet die kanadische Zentralbank einen sogenannten Monetary Conditions Index, der die Zinsentwicklung mit dem Wechselkurs verbindet. Auch die Deutsche Bundesbank arbeitet intern mit einem synthetischen Index. Letztlich ist jedoch stets das Urteil und das Fingerspitzengefühl erfahrener Experten gefragt, das auch durch noch so viele Indikatoren nicht ersetzt werden kann. Wie es der Schweizer Ökonom Jörg Niehans einmal ausdrückte: Geldpolitik wird immer eine Kunst bleiben.

Aus theoretischer und empirischer Sicht gibt es jedoch gute Gründe, die Stabilität der Geldnachfrage eher als die Regel, die Instabilität als die Ausnahme zu sehen. Im Normalfall sollten wir deshalb auf eine Steuerung des nominalen Sozialproduktes über die Geldmenge setzen und Abweichungen von dieser Regel im Ausnahmefall zulassen.

Der Werkzeugkasten der Geldpolitik

Die Europäische Zentralbank soll ihre Geldpolitik nach den Festlegungen des EWI vorrangig mit dem Instrument der Offenmarktpolitik betreiben. Offenmarktpolitik wird dabei auf eine reine Zinspolitik, das heißt die Steuerung des Kurzfristzinses, eingeengt. Dies erschwert unnötig die Steuerung von Geldmengenaggregaten. Eine Geldmengensteuerung wäre direkter zu erreichen, wenn die Europäische Zentralbank in größerem Umfang auch mit langfristigen in- und ausländischen Wertpapieren handeln würde. Auch langfristige Kredite an die Europäische Union oder an Mitgliedsländer zum Zwecke staatlicher Nachfragestützung sollten bei gravierenden nachfrageseitigen Störungen des gesamtwirtschaftlichen Gleichgewichtes zugelassen werden. Trotz extrem niedriger Kurzfristzinsen kann in Rezessionsphasen ein Anstieg der Geldmenge ausbleiben, wenn die Nachfrage nach Krediten schwach bleibt. Ein Beispiel aus jüngster Zeit liefert Japan. Dort hat man nach dem Konjunktureinbruch des Jahres 1992 versucht, Nachfrageimpulse über Zinssenkungen zu geben. Die Kurzfristzinsen wurden im zweiten Halbjahr 1995 auf 0,6 Prozent herabgedrückt. Trotzdem blieb eine Beschleunigung des Geldmengenanstiegs und damit eine durchgreifende konjunkturelle Erholung aus. Wie im vierten Kapitel dargestellt, entfaltet die Geldpolitik ihre expansive Wirkung auf Wachstum und Beschäftigung eben nicht primär über niedrige Zinsen, sondern über eine vom Geldmengenanstieg angestoßene Stärkung der Nachfrage.

Hauptelement der als Zinspolitik verstandenen Offenmarktpolitik sind in der Praxis die sogenannten Pensionsgeschäfte. Hierbei werden für eine kurze Laufzeit bestimmte Wertpapiere mit Rückkaufvereinbarung »in Pension genommen«. Dabei entspricht die Differenz zwischen Kaufpreis und Rückkaufpreis den für die Laufzeit des Geschäfts anfallenden Zinsen. In der Regel werden die Offenmarktgeschäfte in Form von sogenannten Tendern nach bestimmten Biet- und Zuteilungsverfahren getätigt. Hier kann die Europäische Zentralbank zwischen Festsatztendern (Mengentender) oder Tendern mit variablem Zinssatz (Zinstender) wählen. Bei einem Mengentender wird der Zinssatz vorgegeben, und die Interessenten nennen den Betrag, den sie zu diesem Zinssatz zu kaufen oder zu verkaufen wünschen. Beim Zinstender nennen die Teilnehmer Teilbeträge und den jeweils dazugehörigen Zins, zu denen sie bieten wollen. Zuteilung oder Abschöpfung von Liquidität im geldpolitisch gewünschten Umfang erfolgt beim Mengentender anteilig, beim Zinstender in der Weise, daß die Gebote in absteigender bzw. aufsteigender Reihenfolge der gewünschten Zinssätze bedient werden. Der Unterschied zwischen beiden Verfahren ist im Ergebnis marginal: In beiden Fällen wird letztlich der Kurzfristzins von der Notenbank bestimmt. So sieht es auch das EWI, wenn es feststellt, daß dieser geldpolitische Rahmen es der Europäischen Zentralbank ermöglichen soll, ihr »operatives Ziel, im Regelfall einen kurzfristigen Zinssatz, wirksam zu steuern«.

Nicht alle EU-Mitgliedsländer werden von Anfang an der Europäischen Währungsunion angehören. Großbritannien, Schweden und Dänemark wollen ggf. später beitreten, Griechenland ist bisher an den Stabilitätskriterien gescheitert. Deshalb bedarf es Regeln für die wechselkurspolitische Zusammenarbeit zwischen dem Euro-Währungsraum und den anderen EU-Ländern. Hierzu sollen in Anlehnung an das bisherige Europäische Währungssystem (EWS) die Währungen der Nichtmitglieder der Europäischen Währungsunion mit dem Euro über bilaterale Leitkurse verknüpft werden. Um die Leitkurse herum ist eine relativ weite Bandbreite vorgesehen, innerhalb derer die Tageskurse schwanken können. Drohen Fehlentwicklungen, können die Leitkurse angepaßt werden. Sollen dagegen die Leitkurse verteidigt werden, besteht die Möglichkeit von Devisenmarktinterventionen in grundsätzlich unbegrenzter Höhe. Allerdings schlägt das EWI vor, daß die Europäische Zentralbank und die Notenbanken der nicht zum Euro-Währungsraum gehörenden Mitgliedsländer ihre Interventionen bei einer Gefährdung der Preisstabilität aussetzen können.

Gegenüber Währungen von Ländern außerhalb der Europäischen Union sieht der Vertrag keine besonderen Wechselkursvereinbarungen vor. Die Europäische Zentralbank darf also grundsätzlich nach eigenem Ermessen intervenieren, beispielsweise um übermäßigen Wechselkursschwankungen des Euro gegenüber dem Dollar entgegenzuwirken. Allerdings kann der Rat der Europäischen Union allgemeine Orientierungen für die Wechselkurspolitik gegenüber Währungen von Drittländern aufstellen. Sie dürfen aber das Ziel der Preisstabilität nicht gefährden. Da auch Interventionen gegenüber Nichtmitgliedern der Währungsunion ausgesetzt werden können, ergäbe sich von der währungspolitischen Seite insgesamt keine offene Flanke für die Preisstabilität. De facto läge damit die Kompetenz für die Wechselkurspolitik im Falle von Konflikten mit der Preisstabilität bei der Europäischen Zentralbank.

Insgesamt ist der institutionelle Rahmen auch nach Einführung der Europäischen Währungsunion grundsätzlich geeignet, eine Geldpolitik im Sinne der goldenen Regel in die Praxis umzusetzen. Bedauerlich erscheint allenfalls, daß das EWI dem Zwischenziel der Steuerung des nominalen Sozialprodukts so wenig Beachtung schenkt. Hier wird man sehen müssen, wie sich die Europäische Zentralbank in der Praxis verhalten wird. Es ist zu hoffen, daß sie der Mahnung des Stammvaters des Monetarismus, Milton Friedman, gedenkt, der vor zu starken geldpolitisch verursachten Schwankungen des nominalen Sozialprodukts eindringlich warnte. Eine stärkere Glättung des Geldmengenwachstums und des nominalen Sozialprodukts könnte unseres Erachtens leichter erreicht werden, wenn die Geldmenge nicht nur indirekt über die Zinspolitik gesteuert würde. Im Rahmen der Offenmarktpolitik sollte deshalb, entgegen den Empfehlungen des EWI, die Geldmengenentwicklung direkt über den Handel mit einer breiten Palette verschiedener Finanzaktiva kontrolliert werden. Die wichtigsten institutionellen Regeln für die Geldpolitik nach Einführung des Euro sind im nachfolgenden Kasten nochmals zusammengefaßt.

Die wichtigsten Regeln für die Europäische Zentralbank

- Die Geldpolitik trägt stabilitäts- und beschäftigungspolitische Verantwortung.
- Die Geldpolitik sollte gemäß der goldenen Regel der Beschäftigungspolitik die nominale Gesamtnachfrage steuern und dabei bestimmte Geldmengenziele ankündigen.
- Die Steuerung von Geldmenge und nominaler Gesamtnachfrage sollte nicht allein im Wege der Zinspolitik erfolgen.
- Bei unvorhergesehenen Schwankungen der Umlaufgeschwindigkeit sollte die Geldpolitik ergänzend weitere Indikatoren zur Bestimmung des geldpolitischen Kurses heranziehen.

Lohnpolitik: das Fundament für mehr Beschäftigung

Was ist der gerechte Preis der Arbeit? Diese Frage kann getrost zu den ewigen Rätseln der Ökonomie gezählt werden. Zumindest in einer engen ökonomischen Auslegung des Begriffs der Gerechtigkeit kann man von einem gerechten Lohn sprechen, wenn Leistung und Gegenleistung übereinstimmen. Der Lohn für Arbeit ist danach gerecht, wenn jede Arbeitskraft das bekommt, was sie im Betrieb erwirtschaftet. Arbeit wird dann zugleich entsprechend ihres Beitrags zum Volkseinkommen entlohnt. In der Praxis hilft diese Definition des gerechten Lohnes jedoch nicht viel weiter, solange wir nicht wissen, wie hoch der Beitrag des einzelnen zur Wertschöpfung tatsächlich ist. Karl Marx vertrat die Auffassung, daß in einem kapitalistisch-marktwirtschaftlichen System die Arbeitgeber in der Lage sind, die Löhne unter den gerechten Lohn zu drücken. Arbeit wird nach Marx im Kapitalismus deshalb systematisch ausgebeutet. Die Kapitalisten würden den Arbeitern einen Teil des Lohns, den sogenannten Mehrwert, vorenthalten.

Die Neoklassik lehnt diese Vorstellung von der Ausbeutung der Arbeiterschaft ab. Sie entwickelte als Gegenposition zu Marx die uns bereits bekannte Grenzproduktivitätstheorie der Arbeit. Danach wird in einer Marktwirtschaft, die sich im Gleichgewicht befindet, jede Arbeit gerade entsprechend ihres Beitrags zur betrieblichen und volkswirtschaftlichen Wertschöpfung entlohnt. In der Marktwirtschaft wird der gerechte Lohn deshalb im Wettbewerb über individuell ausgehandelte Arbeitsverträge gefunden. Auch der Grundsatz »gleicher Lohn für gleiche Arbeit« wird bei der Entlohnung mit dem Grenzprodukt, also dem Beitrag zur Wertschöpfung, erfüllt, zumindest wenn man ihn so interpretiert, daß bei gleichem Beitrag zum betrieblichen Erfolg bzw. zum Volkseinkommen auch der gleiche Lohn bezahlt wird. Die neoklassischen Ökonomen sehen in der Entlohnung der Arbeit entsprechend ihrer Grenzproduktivität eine effiziente und gerechte Preisbildung für Arbeit.

Sie waren sich dabei der Tatsache bewußt, daß eine derartige Preisbildung für Arbeit perfekt funktionsfähige Arbeitsmärkte voraussetzt. Arbeitsmärkte, die in diesem Sinn zu einer perfekten Preisbildung für Arbeit führen, gibt es in der Realität natürlich nicht und kann es auch nicht geben. Für perfekte Arbeitsmärkte wären unter anderem vollständige Information aller Beteiligten, Abwesenheit von Transaktionskosten und vollkommener Wettbewerb auf allen Märkten erforderlich. Unter diesen und einigen weiteren Bedingungen wäre bei Vertragsfreiheit eine perfekte Preisbildung auf den Arbeitsmärkten als Ergebnis individueller Verhandlungen von Arbeitgebern und Arbeitnehmern zu erwarten. Das individuelle Aushandeln von Arbeitsverträgen allein kann also noch kein perfektes Lohnfindungssystem sichern. Die Frage ist nun, wie gravierend sich die in der Realität notwendigerweise immer vorhandenen Unvollkommenheiten der Märkte auf die Ergebnisse individueller Lohnverhandlungen auswirken. Kann man davon ausgehen, daß bei individuell ausgehandelten Arbeitsverträgen bei den Löhnen wenigstens in etwa Leistung und Gegenleistung übereinstimmen, oder kann es passieren, daß die Löhne sich erheblich nach oben oder unten vom Grenzprodukt der Arbeit entfernen? Sollte man also in einer Marktwirtschaft trotz der Unvollkommenheit der Märkte auf individuelle Verhandlungen über Arbeitsverträge setzen?

In Deutschland ist man zumindest bisher andere Wege gegangen. Für die überwiegende Zahl der Beschäftigten werden in Deutschland die Löhne und die Arbeitsbedingungen als Ergebnis überbetrieblicher

Tarifverhandlungen in sogenannten Flächentarifverträgen festgelegt. Es gibt jedoch unbestreitbar einen gewissen Trend zur Dezentralisierung. Manche sprechen in diesem Zusammenhang von Flexibilisierung, andere von einer Erosion des Flächentarifvertrags. Zwar kann von einer Austrittswelle von Unternehmen aus den Arbeitgeberverbänden bisher keine Rede sein. Die Unzufriedenheit insbesondere vieler mittelständischer Unternehmen mit den bisherigen Flächentarifverträgen zwischen Arbeitgeberverbänden und Branchengewerkschaften wird jedoch schärfer und lauter als früher artikuliert. In Wirtschaft und Wissenschaft nehmen außerdem die Stimmen zu, die eine Dezentralisierung der Tarifverhandlungen mit Blick auf die Europäische Währungsunion für notwendig halten.

Im Extrem bedeutet Dezentralisierung von Tarifverhandlungen über Löhne und Arbeitsbedingungen die völlige Individualisierung der Verhandlungen über Arbeitsverträge. Arbeitnehmer verhandeln direkt mit der Unternehmensleitung ihre Arbeitsverträge individuell aus. In der derzeitigen öffentlichen Diskussion um Dezentralisierung von Tarifverhandlungen spielt diese extreme Variante der völligen Individualisierung jedoch noch eine relativ geringe Rolle. In jüngster Zeit mehren sich jedoch die Anzeichen, daß sich die Diskussion in Richtung auf eine völlige Individualisierung der Lohnverhandlungen weiterentwickelt. So faßt 1997 die Bundesvereinigung der Deutschen Arbeitgeberverbände (BDA) ein Kolloquium zum Thema »Lohnverhandlungssysteme und makroökonomische Wirkungen« wie folgt zusammen: »Die Verhandlungen von der Ebene der Tarifvertragsparteien auf die der Betriebsparteien zu verlagern, bedeutet keineswegs schon eine Dezentralisierung. (...) Unter den Bedingungen der deutschen Rechtsordnung begründen Verhandlungen zwischen Management und Betriebsrat aus diesen Gründen weder ein dezentrales noch ein unter gesamtwirtschaftlichen Aspekten funktionsfähiges Lohnfindungssystem. Eine in der Substanz dezentrale Lohnfindung muß vielmehr auf dem individuellen Arbeitsvertrag aufbauen.«[1]

In der Regel ist mit Dezentralisierung gemeint, daß Löhne sowie gewisse Teilbereiche der Arbeitsbedingungen, etwa die Arbeitszeit, häufiger als bisher auf betrieblicher Ebene festgelegt würden. In größeren Unternehmen würden also Haustarifverträge über Löhne, vielleicht auch über Arbeitszeiten, zwischen Gewerkschaften beziehungsweise Betriebsräten und der Unternehmensleitung ausgehandelt. Die Festlegung von Lohngruppen, Fragen der Eingruppierung in Lohngruppen, Fragen der Arbeitssicherheit und vieles andere würden weiter in Manteltarifverträgen geregelt werden, die auch künftig überbetrieblich ausgehandelt werden könnten. Wir wollen uns jedoch im folgenden nicht der gesamten Problematik der Zentralisierung oder Dezentralisierung von Tarifverhandlungen widmen, sondern uns im wesentlichen auf die Frage der Lohnfindung beschränken. Unter Dezentralisierung der Lohnfindung verstehen wir dabei im folgenden die stärkere Verlagerung der Lohnfindung auf Unternehmensebene.

Zentralisierung oder Dezentralisierung?

Die Lohnfindungssysteme in den Industrieländern sind mit Blick auf den Zentralisierungsgrad höchst unterschiedlich. Auch wenn es schwierig ist, den Zentralisierungsgrad eindeutig zu messen, ist es relativ unstrittig, daß er in Irland, den skandinavischen Ländern und Deutschland besonders hoch ist. Eine ausgeprägte Dezentralisierung von Lohnverhandlungen finden wir im Vereinigten Königreich, in Japan und den USA. Dazwischen liegen Länder, in denen in größerem Umfang branchenweite Vereinbarungen durch betriebliche Verhandlungen ergänzt und ausgefüllt werden. Dies gilt etwa für Belgien, Italien, Frankreich und Spanien. Welche Erfahrungen wurden dabei mit den unterschiedlichen Lohnfindungssystemen gemacht? Was spricht für eine Dezentralisierung, was für eine Zentralisierung von Lohnverhandlungen?

Für eine Dezentralisierung spricht aus Sicht ihrer Befürworter die bessere Berücksichtigung individueller Gegebenheiten in den Unternehmen. Das kann sich sowohl auf die Interessen der Unternehmensleitung als auch auf die Belange der Arbeitnehmer beziehen. So kann es für ein Unternehmen in einer schwierigen Situation hilfreich sein, daß zur Rückgewinnung der Wettbewerbsfähigkeit eine vorübergehende Entlastung von der Lohnkostenseite eintritt. Generell würde eine Dezentralisierung vermutlich bewirken, daß sich die Lohnfindung stärker als bisher an der Gewinnsituation des einzelnen Unternehmens orientiert. Steigen die Gewinne, steigen die Löhne; sind die Gewinne schlecht, steigen die Löhne weniger, überhaupt nicht oder fallen sogar. Eine dezentrale Lohnfindung könnte im Ergebnis ähnlich wirken wie eine Gewinnbeteiligung: Arbeitnehmer würden stärker als bisher Mitunternehmer im Denken und Handeln. So kann es bei betrieblichen Lohnabschlüssen im Interesse der Beschäftigten liegen, niedrigere Löhne zu vereinbaren als bei konkurrierenden Unternehmen in anderen Regionen, wenn die Arbeitsplätze dadurch erhalten werden können. Arbeitnehmer stehen dann vor der Wahl, relativ niedrige Löhne bei einem Unternehmen vor Ort zu akzeptieren oder höhere Löhne in einem weiter entfernten Unternehmen zu erhalten. Angesichts der beträchtlichen Kosten der Mobilität, seien es lange Fahrzeiten oder Umzugskosten, kann es individuell durchaus vernünftig sein, geringere Mobilität durch einen gewissen Lohnverzicht zu erkaufen.

Die Überlegenheit eines marktwirtschaftlichen Wirtschaftssystems im Vergleich zu anderen Systemen beruht ganz generell darauf, daß den individuellen Wünschen und Bedürfnissen aller Marktteilnehmer Rechnung getragen werden kann, soweit dies angesichts der Knappheit an materiellen Gütern überhaupt möglich ist. Eine Verlagerung der Lohnverhandlungen auf die Unternehmensebene entspricht in diesem Sinne dem generellen Ordnungsprinzip in einer Marktwirtschaft. Dezentrale Lohnfindung ersetzt das bilaterale Monopol von Arbeitgeberverbänden und Gewerkschaften, schafft mehr Wettbewerb auf den Arbeitsmärkten und verhilft den Marktkräften zum Durchbruch.

Ein weiteres Argument für dezentrale Lohnverhandlungen ist, daß die Gefahr von Geschäften zu Lasten Dritter verringert wird. Falls Arbeitnehmer auf betrieblicher Ebene Löhne vereinbaren sollten, die das Unternehmen am Markt nicht erwirtschaften kann, müßten sie die Konsequenzen in Form des Verlustes ihrer Arbeitsplätze selbst mittragen. Wenn Gewerkschaften auf Branchenebene zu hohe Löhne durchsetzen, können sie hoffen, daß die negativen Konsequenzen nicht auf die von ihnen vertretenen Arbeitnehmer zurückschlagen. So könnte ein öffentlicher Druck erzeugt werden, Rentabilitätseinbrüche in ganzen Sektoren der Volkswirtschaft über expansive Geldpolitik abzufedern, um Arbeitslosigkeit zu verhindern. Es könnten Forderungen erhoben werden, über Subventionen oder sozial flankierende Maßnahmen einzugreifen. Bekannte Beispiele sind Tendenzen zur Frühverrentung auf Kosten der Rentenkasse, wie bei der Vorruhestands- und

Altersteilzeitregelung, Arbeitsbeschaffungsmaßnahmen aus Mitteln der Arbeitslosenversicherung oder Subventionierung der notleidenden Betriebe aus Steuermitteln. Der Arbeitsmarktexperte Norbert Berthold spricht davon, daß bei zentralen Lohnverhandlungen die Regierung in »beschäftigungspolitische Geiselhaft« genommen werde. Die Dezentralisierung sei notwendig, um »das Problem der Zuordnung der wirtschaftspolitischen Verantwortung in unserer Gesellschaft wieder eindeutig zu lösen und dafür zu sorgen, daß die beschäftigungspolitische Verantwortung der Tarifvertragsparteien nicht verwischt wird«[2].

Schließlich wird das veränderte internationale Umfeld als Argument für eine Dezentralisierung herangezogen. Dabei wird wie folgt argumentiert: Im Zuge der Globalisierung der Märkte habe das Tempo des Strukturwandels zugenommen. Dies erfordere raschere und flexiblere Anpassungen der Unternehmen. Die Arbeitnehmer müßten bereit sein, einen Teil der Anpassungslasten über flexiblere Arbeitseinkommen und/oder größere Mobilität zu tragen. Im Zuge der Europäischen Währungsunion würden die Anpassungszwänge noch schärfer hervortreten. Wenn mit der gemeinsamen Währung der Wechselkurs als Mechanismus zum Ausgleich unterschiedlicher Lohn- und Preisentwicklungen innerhalb der Währungsunion entfalle, müsse dies über eine größere Flexibilität auf den Arbeitsmärkten kompensiert werden. Im Rahmen der Globalisierung steige der Bedarf an Anpassung der relativen Preise bei international gehandelten Gütern und Dienstleistungen. Soweit die einzelnen Länder von diesem Anpassungsbedarf unterschiedlich getroffen würden, müßten sich notwendigerweise auch die realen Wechselkurse, das heißt die Austauschverhältnisse für international gehandelte Güter und Dienstleistungen, über Änderungen des gesamtwirtschaftlichen Preisniveaus verschieben. Diese Veränderungen der realen Wechselkurse zwischen den einzelnen Ländern könnten bei nationalen Währungen über Anpassungen der nominalen Wechselkurse, also Veränderungen der Währungsparitäten, geleistet werden. In einer Währungsunion stünden die nominalen Wechselkurse dafür nicht mehr zu Verfügung. Hier müßten die Löhne die Anpassung leisten.

Die Befürworter einer stärkeren Dezentralisierung kommen insgesamt zu dem Schluß, daß Deutschland für den sich verstärkenden internationalen »Wettbewerb der Lohnfindungssysteme« schlecht gerüstet sei. Deutschland sei deshalb zur Anpassung gezwungen, wenn es seine starke wirtschaftliche Stellung halten wolle.

Nicht minder zahlreich sind die Argumente für zentrale, das heißt überbetriebliche Lohnfindungssysteme. So wird bezweifelt, daß bei dezentralen Lohnverhandlungen im Durchschnitt niedrigere Nominallöhne vereinbart werden. Verschiedene Studien für ausgewählte Industrieländer belegen in der Tat, daß es keine signifikanten Unterschiede zwischen Ländern mit eher zentralisierter beziehungsweise dezentraler Lohnfindung gibt. Lohnabschlüsse auf Unternehmensebene liegen mittelfristig nicht signifikant unter und oft sogar über den entsprechenden Verbandstarifen. Selbst das von den Arbeitgebern getragene Institut der deutschen Wirtschaft, Köln, zweifelt an, daß Dezentralisierung zu niedrigeren Lohnabschlüssen führt: »Wenn auf Firmenebene die Arbeitnehmerschaft in einer besseren Machtposition ist als die zersplitterte Arbeitgeberseite, sind überhöhte Lohnabschlüsse nicht auszuschließen. Insgesamt wird es schwieriger, die gesamtwirtschaftliche Lohnentwicklung im Griff zu behalten.«[3] Zu diesem Befund paßt auch, daß die Streikaktivitäten bei Zentralisierung der Lohnverhandlungen offenbar geringer sind.

Ein zweites Argument zielt darauf, daß eine zu enge Koppelung von Lohn- und Gewinnentwicklung den strukturellen Wandel hemmen könne. Eine Parallelentwicklung von Gewinnen und Löhnen vermindere die Chancen, Pioniergewinne zu erzielen, und verringere den Zwang, eine schlechte Gewinnlage zu korrigieren. Statt Innovation und Produktivitätssteigerung sei das Ergebnis Strukturkonservierung. So befürchtet auch der Sachverständigenrat, daß zusätzliche Arbeitsplätze gar nicht erst entstehen, wenn eine ausschließlich betriebliche Lohnfindung die Expansion überdurchschnittlich produktiver Betriebe durch eine im Vergleich zum Flächentarifvertrag schnellere Lohnangleichung behindert.[4]

Für eine gewisse Zentralisierung spreche auch, daß die Gewerkschaften auf Unternehmensebene nicht erkennen, daß hohe Nominallohnabschlüsse preistreibend wirken. Mit zunehmendem Zentralisierungsgrad würden die Gewerkschaften jedoch die preistreibende Wirkung zu hoher Nominallöhne erkennen. Sie seien bei einer Zentralisierung der Lohnverhandlungen eher bereit, gesamtwirtschaftliche Verantwortung zu übernehmen.

Ein weiteres Argument für überbetriebliche Lohnfindung ist die einzel- und gesamtwirtschaftliche Senkung der Verhandlungskosten. Auf Unternehmensebene werden weniger Managementkapazitäten durch Lohnverhandlungen gebunden. Hinzu komme, daß Konflikte über die Höhe der Löhne außerhalb der Unternehmen stattfänden. Der Flächentarifvertrag vermeide die mögliche Eskalation von Konflikten innerhalb der Unternehmen. Gerade auf Unternehmensebene werde zumindest zu Beginn von betrieblichen Lohnverhandlungen erhebliches Konfliktpotential bestehen. Niemand könne ausschließen, daß sich die Konflikte verhärten und auf das gesamte Betriebsklima ausstrahlen. Insofern trage der Flächentarifvertrag zum Betriebsfrieden bei, indem er den Konflikt auf eine höhere Ebene verlagere. Geschäfte zu Lasten Dritter seien im übrigen auch bei Lohnverhandlungen auf betrieblicher Ebene – wenn auch eingeschränkt – immer noch möglich. So bleibe die Gefahr, daß auch bei betrieblichen Lohnvereinbarungen Arbeitsplatzbesitzer ihre Interessen zu Lasten der Arbeitssuchenden durchsetzen. Ein wirklicher Wettbewerb zwischen Arbeitslosen und den Arbeitsplatzbesitzern werde also auch bei betrieblicher Lohnfindung noch nicht erreicht.

Schließlich wird die Frage der »Waffengleichheit« von Tarifverhandlungen auf Unternehmensebene aufgeworfen. Historisch gesehen war die »Ohnmacht« des einzelnen Arbeiters gegenüber den großen Konzernen die wichtigste Triebkraft der gewerkschaftlichen Bewegung. Das heutige Lohnfindungssystem in Deutschland ist nicht zuletzt Ergebnis des historischen Ringens um die Rechte von Arbeitnehmern. Auch wenn viele Arbeitnehmer heute ihre Interessen selbst zu vertreten wissen, mag für sozial Schwächere nach wie vor die Gefahr einer Überforderung bestehen. Soweit die Befürworter zentraler Tarifverhandlungen.

Der Sachverständigenrat empfiehlt, die Vorteile eines Flächentarifvertrags mit der Notwendigkeit seiner Flexibilisierung in Einklang zu bringen. Umstritten bleibt das »Mischungsverhältnis« zwischen zentralen und dezentralen Elementen. Es geht dabei um die Frage, inwieweit der Flächentarifvertrag mit Elementen verbunden werden kann, die mehr Flexibilität auf betrieblicher Ebene ermöglichen. Hier werden Öffnungsklauseln und Optionen in die Diskussion gebracht. Dies hätte aus Sicht der Befürworter den Vorteil, daß Unternehmen die

Möglichkeit für betriebliche Regelungen eröffnet wird, aber kein Zwang entsteht, betriebliche Regelungen zu finden. Falls eine Einigung auf betrieblicher Ebene nicht gelingt, kann auf die überbetrieblich verhandelte Lösung zurückgegriffen werden. Ganz neu ist das im übrigen nicht. Bereits heute kann von Tarifverträgen jederzeit im gegenseitigen Einvernehmen nach oben abgewichen werden. Nur eine Unterschreitung der Tariflöhne ist nicht möglich, sofern das Unternehmen Mitglied im Arbeitnehmerverband ist bzw. der Tarifvertrag für allgemeinverbindlich erklärt worden ist.

Nominallohn- oder Reallohnflexibilität?

Das wichtigste Argument für eine Dezentralisierung der Lohnverhandlungen war, daß im Zuge der Globalisierung der Wirtschaft und des »Wettbewerbs der Lohnfindungssysteme« innerhalb der geplanten Europäischen Währungsunion eine höhere lohnpolitische Flexibilität erforderlich sei. Wer von lohnpolitischer Flexibilität spricht, muß zunächst klarstellen, ob Nominallohn- oder Reallohnflexibilität gemeint ist.

Das Kieler Institut für Weltwirtschaft hat 1997 die Systeme der Lohnfindung in den Mitgliedsländern der Europäischen Union unter dem Gesichtspunkt der Lohnflexibilität verglichen. Kriterium für Lohnflexibilität in dieser Studie ist die Anpassungsfähigkeit der Reallöhne an Veränderungen des gesamtwirtschaftlichen Verteilungsspielraums. In der Studie wird ausdrücklich hervorgehoben, daß Lohnflexibilität auf ganz unterschiedliche Weise zustande kommen kann, nämlich über Anpassungen der Nominallöhne oder über Veränderungen des Preisniveaus. So wurde für das Vereinigte Königreich, Italien und Schweden eine Lohnflexibilität bei relativ starren Nominallöhnen festgestellt. Die Flexibilisierung der Reallöhne erfolgte demnach durch eine Veränderung des Preisniveaus. Konkret heißt das: Die Geldpolitik hat ihr Geldangebot so ausgelegt, daß die Unternehmen einen Teil der Kostensteigerung im Wege von Preisanhebungen überwälzen konnten. So wurden aus relativ unbeweglichen Nominallöhnen entsprechend flexible Reallöhne.

Für die Beschäftigung ist es wichtig, daß sich die Reallöhne flexibel an Veränderungen des Verteilungsspielraums anpassen. Diese Reallohnflexibilität kann grundsätzlich auch bei relativ starren Nominallöhnen erreicht werden. Es kann sogar bei negativen Angebotsschocks ratsam sein, die erforderliche Reallohnflexibilität nicht auf dem Weg von Nominallohnanpassungen zu suchen. Wenn wir im folgenden die Frage der institutionellen Gestaltung des Lohnfindungssystems mit Blick auf die Europäische Währungsunion diskutieren, werden wir auf derartige Situationen stoßen. Auch bei hochgradig zentralisiertem Arbeitsmarkt und geringer Nominallohnflexibilität kann die Fähigkeit zur Absorption von exogenen Schocks ausgesprochen hoch sein. In der erwähnten Kieler Studie wird beispielsweise zum irischen Arbeitmarkt ausgeführt: »Das irische Lohnverhandlungssystem ist hochgradig zentralisiert. (...) Insgesamt ist die Anpassungsfähigkeit des irischen Arbeitsmarktes an exogene Schocks überdurchschnittlich.«[5]

Ein Plädoyer für den Flächentarifvertrag

Was muß die Lohnpolitik praktisch leisten, um die Rückkehr zur Vollbeschäftigung bei Preisstabilität zu ermöglichen und exogene Schocks abzufedern? Unter einem exogenen Schock versteht man eine unerwartete Verringerung des realen Verteilungsspielraums im Inland. Beispiele für derartige Angebotsschocks sind die beiden Ölkrisen der Jahre 1974 bis 1975 und 1981 bis 1982. Die Aufgaben der Lohnpolitik im Rahmen einer Beschäftigungspolitik auf der Grundlage der goldenen Regel sind in nachfolgendem Kasten zusammengefaßt.

Thesen zur Lohnpolitik

- Bei Unterbeschäftigung muß die Lohnpolitik über einen mittelfristigen Zeitraum einen moderaten Anstieg der Tariflöhne unterhalb des Produktivitätswachstums festschreiben.
- Wenn während der Laufzeit von Tarifverträgen ein exogener Schock auftritt, sollten die laufenden Verträge weder nach

oben noch nach unten angepaßt werden. In diesem Fall sollte die Lohnpolitik einen Anstieg des Preisniveaus und die damit verbundenen Reallohneinbußen hinnehmen, ohne mit einem Anstieg der Nominallöhne zu reagieren. Dieses Verhalten der Lohnpolitik steht nicht im Gegensatz zur Forderung nach Preisstabilität, solange kein Einstieg in eine Preis-Lohn-Spirale damit verbunden ist. Die effiziente gesamtwirtschaftliche Verarbeitung eines einmaligen exogenen Schocks kann eine einmalige Anpassung des gesamtwirtschaftlichen Preisniveaus erfordern.

- Die erforderliche Differenzierung der Löhne nach Branchen, Regionen und Qualifikationen wird über die »wage-drift« im Zuge der Rückkehr zur Vollbeschäftigung verstärkt.
- Flächentarifverträge bieten besonders günstige Voraussetzungen, diesen Anforderungen an die Lohnpolitik gerecht zu werden.

Zunächst sollte man sich klarmachen, daß die Lohnpolitik bestenfalls ein äußerst schwerfälliges Instrument sein kann. Der Versuch, über Veränderungen der Nominallöhne für alle abhängig Beschäftigten Störungen des gesamtwirtschaftlichen Gleichgewichts zu bekämpfen, kann niemals rasch funktionieren. Bereits Keynes plädierte deshalb in einer Situation der Unterbeschäftigung für ein Einfrieren der Löhne: »It would be much better that wages should be rigidly fixed and deemed incapable of material changes, than that depressions should be accompanied by a gradual downward tendency of money wages.«[6] Nur ein Narr, so Keynes, würde versuchen, die reale Geldmenge und damit die Gesamtnachfrage über die Löhne statt über die Geldmenge zu steuern. Beschäftigungspolitische Impulse könnten nicht im Wege eines »monetary management by trade unions« ausgelöst werden, sie müßten von der Geldpolitik kommen.[7] Die Lohnpolitik hat also bei Störungen des gesamtwirtschaftlichen Gleichgewichts keine wie immer geartete Anpassung zu erbringen. Durch ihr Stillhalten ist sie der Archimedische Punkt, der es der Geldpolitik ermöglicht, den Hebel anzusetzen. Ohne diesen ruhenden Pol könnte expansive Geldpolitik keine Beschäftigungsimpulse geben, sondern müßte in Inflation verpuffen. Der Lohnpolitik kommt also ausschließlich eine passive Rolle zu. Sie muß nicht agieren, sie muß zulassen. Sie muß keine Führungsrolle übernehmen, nur absichern. Dann laviert die Geldpolitik nicht länger auf einem schmalen Grat zwischen Konjunkturanregung und Inflationsgefahr. Lohnpolitische Absicherung verwandelt den schmalen, gefahrvollen Gebirgsgrat in einen sicheren Weg auf breiter Ebene.

Die Lohnpolitik ist unter den genannten Voraussetzungen stabilitäts- und beschäftigungskonform. Mit einem derartigen Verhalten würden die Tarifpartner den Unternehmen hohe Planungssicherheit für die Zukunft geben. Unternehmerisches Handeln ist in die Zukunft gerichtet. Es beruht auf Erwartungen über die Rentabilität von Investitionen über einen Zeitraum von fünf und mehr Jahren. Diese Erwartungen sind unsicher. Tarifverträge von mehrjähriger Dauer geben den Unternehmen eine größere Sicherheit als Grundlage für die Kalkulation von Investitionen. Höhere erwartete Erträge in Verbindung mit dieser Risikominderung werden die Unternehmen dazu veranlassen, auch weniger ertragreiche und riskantere Investitionen und Innovationen zu realisieren. Die positiven Erfahrungen mit länger laufenden Tarifverträgen des Jahres 1987 haben diesen Zusammenhang eindrucksvoll bestätigt. Tarifverträge über einen mehrjährigen Zeitraum sollten als Mindestlohnvereinbarungen verstanden werden. Höhere Löhne können sich dort herausbilden, wo Knappheiten an Arbeitskräften mit bestimmten Qualifikationen im Zeitverlauf auftreten. Je mehr sich die Wirtschaft der Vollbeschäftigung nähert, um so stärker kann die Preisbildung für Arbeit dezentral und sogar individuell erfolgen.

Lohnanpassung im Wege dezentraler Vereinbarungen ist ein viel zu träger Mechanismus, um rasch zur Vollbeschäftigung zurückzukehren. Auch in den USA ist es trotz des hochflexiblen Arbeitsmarktes mit stark dezentraler Lohnfindung zu Konflikten von Lohn- und Geldpolitik und hoher Arbeitslosigkeit gekommen. Dies muß nicht verwundern. Flexible Lohnanpassung bringt dem einzelnen Unternehmen im Krisenfall wenig. Wenn sich die Auftragslage für ein Unternehmen verschlechtert, ist dem Unternehmen in aller Regel mit einer Senkung der Lohnkosten nur wenig geholfen. Oft machen die Lohnkosten eines Industrieunternehmens nur zehn Prozent des Umsatzes aus. Selbst eine

Senkung der Lohnkosten um zehn Prozent würde die gesamte Kostenbelastung des Unternehmens gerade um ein Prozent senken. Damit kann man die Wettbewerbsfähigkeit eines Unternehmens nicht durchgreifend verbessern. Die Differenzierung der Löhne im Vergleich zu konkurrierenden Unternehmen bringt im einzelnen Unternehmen nicht mehr Beschäftigung und schon gar nicht gesamtwirtschaftlich. Man darf aber jetzt nicht – wie das vielfach geschieht – in den Fehler verfallen, aus diesem Befund zu folgern, daß gesamtwirtschaftlich die Lohnhöhe für die Beschäftigung ohne Bedeutung wäre. Im Gegenteil: Schon ein relativ geringfügiges Zurückbleiben des gesamtwirtschaftlichen Lohnanstiegs hinter dem Produktivitätsanstieg kann in Verbindung mit einer Ausweitung der Geldmenge gegebenenfalls eine durchgreifende Besserung der Ertragslage des krisengeschüttelten Unternehmens bewirken. Zwar wäre die direkte Lohnkostenentlastung in diesem Fall wesentlich geringer. Zugleich würden aber viele ebenfalls lohnkostenabhängige Vorleistungen des Unternehmens billiger, und die Absatzerwartungen würden im Zuge eines allgemeinen Aufschwungs verbessert. Insgesamt ist der Effekt damit wesentlich größer als bei einer auf das Unternehmen beschränkten Lohnkostenentlastung.

Mehr dezentrale Lohnfindung könnte auf gesamtwirtschaftlicher Ebene erst dann merklich beschäftigungsstimulierend wirken, wenn als Ergebnis der Differenzierung das gesamtwirtschaftliche Lohnniveau langsamer ansteigt oder gesenkt wird. Bis über mehr Lohndifferenzierung ein nennenswerter Anstieg der gesamtwirtschaftlichen Ertragserwartungen erreicht werden könnte, würde jedoch vermutlich viel Zeit verstreichen. Erfahrungsgemäß ist – wie schon Keynes betonte – die Sorge der Arbeitskräfte, in der Entlohnung relativ zu anderen zurückzufallen, besonders ausgeprägt. Auch wenn generell Bereitschaft zur Lohnzurückhaltung vorhanden wäre, stünde zu erwarten, daß die Arbeitnehmer ihre relative Lohnposition zäh verteidigen. Eine Dezentralisierung der Lohnabschlüsse würde die Widerstände gegen Lohnkürzungen erheblich verstärken, weil alle befürchten würden, Vorleistungen zu erbringen, die von anderen später nicht nachvollzogen und mitgetragen werden. Lohnzurückhaltung läßt sich deshalb viel einfacher und schneller durchsetzen, wenn alle Betroffenen erkennen können, daß damit keine relative Verschlechterung im Vergleich zu anderen verbunden ist, also keine Sonderopfer zu erbringen sind.

Der entscheidende Vorteil des Flächentarifvertrags liegt darin, daß damit Lohnpolitik zum Instrument der Beschäftigungspolitik werden kann. Flächentarife bieten die Chance, die Lohnentwicklung über einen gewissen Zeitraum festzuschreiben, also auf gesamtwirtschaftlicher Ebene Lohnzurückhaltung zu üben. Eine stetige gesamtwirtschaftliche Lohnentwicklung ist dabei zugleich eine besonders günstige Voraussetzung zur effizienten Verarbeitung exogener Schocks. Nach Einführung des Euro ist – wie im folgenden Abschnitt gezeigt wird – allenfalls bei exogenen Schocks, die die Mitgliedsländer der Währungsunion ungleich treffen, eine gewisse Nominallohnflexibilität auf gesamtwirtschaftlicher Ebene erforderlich.

Wenn man sich der Vollbeschäftigung nähert, können Elemente der dezentralen oder individuellen Lohnfindung verstärkt Platz greifen. Ein grundsätzlicher Widerspruch zwischen unserer Forderung, Lohnpolitik als Instrument der Beschäftigungspolitk einzusetzen, und der Flexibilisierung der Arbeitsmärkte besteht deshalb nicht. Lohndifferenzierung und individuell gestaltete Arbeitsverträge erlauben es grundsätzlich, den beiderseitigen Interessen von Arbeitgebern und Arbeitnehmern so gerecht wie möglich zu werden. Dagegen kann niemand etwas haben. Dezentralisierung der Lohnfindung und Flexibilisierung der Arbeitsmärkte sind aber keine tauglichen Maßnahmen zur Bekämpfung der Arbeitslosigkeit. Mehr Beschäftigung erhält man rasch und sicher über eine Politik nach der goldenen Regel. Das ist der Königsweg zur Vollbeschäftigung. Nur wenn sich die Gewerkschaften diesem Ansatz hartnäckig verschließen sollten, wäre man auf den langen und steinigen Weg der Deregulierung des Arbeitsmarktes als letzten Ausweg zur Überwindung der Arbeitslosigkeit angewiesen. Mit expansiver Geldpolitik bei Lohnzurückhaltung kann aber Vollbeschäftigung in jedem Fall viel schneller erreicht werden, als dies bei dezentraler Lohnfindung je möglich wäre.

Natürlich kann vom Flächentarifvertrag als Instrument der makroökonomischen Steuerung auch schlechter Gebrauch gemacht werden. Zweistellige Lohnsteigerungen Anfang der siebziger Jahre in Westdeutschland haben die Inflation beschleunigt und die Geldpolitik zur Restriktion gezwungen. Dies hatte gravierende Konsequenzen für die Gesamtwirtschaft und das Schicksal von Millionen von Menschen. Aber der Flächentarifvertrag kann auch beschäftigungspolitischen

Segen stiften, mit derselben flächendeckenden Wirkung. Flächentarifverträge sind demnach kein Wert an sich; entscheidend ist, ob guter oder schlechter Gebrauch von ihnen gemacht wird. Ein eindrucksvolles Beispiel in diesem Zusammenhang liefert Irland. Irland ist unbestritten das Industrieland mit dem höchsten Zentralisierungsgrad der Lohnverhandlungen. Anfang der achtziger Jahre lagen die Lohnerhöhungen im zweistelligen Bereich, die Inflation lag bei über 15 Prozent. Es gab wenig Wachstum, die Arbeitslosigkeit stieg bis auf 17 Prozent an. 1994 wurde im Rahmen eines Sozialpaktes für einen Zeitraum von drei Jahren der Lohnanstieg auf sehr niedrigem Niveau festgeschrieben. Irland hat also ganz im Sinne der goldenen Regel gehandelt. Der Erfolg blieb nicht aus. Seit 1994 sinken die Lohnstückkosten in Irland. Das Wachstum liegt seitdem bei etwa 7 Prozent – mit Abstand der höchste Wert in allen Industrieländern in den letzten Jahren. Zum Vergleich: In den Niederlanden und Neuseeland, die allgemein wegen ihrer erfolgreichen strukturellen Reformen hoch gelobt werden, lag das Wachstum im gleichen Zeitraum bei 2 bis 3 Prozent. Auch die Arbeitslosigkeit ist in Irland erheblich zurückgegangen, die Arbeitslosenquote lag Ende 1997 schon unter 10 Prozent.

Das Beispiel Irland zeigt: Zentrale Lohnverhandlungen sind nicht generell besser als dezentrale. Entscheidend ist, ob von Flächentarifverträgen guter Gebrauch gemacht wird. Dann bieten sie im Kampf gegen die Arbeitslosigkeit unschätzbare Vorteile. Flächentarifverträge können eine mittelfristige gesamtwirtschaftliche Lohnzurückhaltung festschreiben und über diese erkennbare und tragfähige lohnpolitische Absicherung erheblichen Spielraum für expansive Geldpolitik eröffnen. Eben das ist bei dezentraler Lohnfindung nicht zu haben.

Der Euro: neue Spielregeln auf dem Arbeitsmarkt?

Vielfach wird behauptet, die Europäische Währungsunion mache eine höhere Lohnflexibilität erforderlich. Innerhalb der Währungsunion können Veränderungen der realen Wechselkurse nicht mehr über nominale Wechselkursanpassungen erfolgen, sondern ausschließlich über Änderungen der Preisrelationen für die gehandelten Güter und Dienstleistungen. Innerhalb der Währungsunion wird es erhebliche regionale Wachstumsunterschiede geben. Diesen Wachstumsunterschieden müssen unterschiedliche Reallohnentwicklungen entsprechen, die bei Preisniveaustabilität entsprechende Nominallohndifferenzen erfordern. Höhere Lohnflexibilität in der Währungsunion wird häufig auch damit begründet, daß exogene Schocks auftreten könnten, die die Produktivitätsentwicklung der einzelnen Länder in unterschiedlicher Weise verändern. Derartige sogenannte asymmetrische Schocks sind aber angesichts der relativ homogenen Branchenstruktur der Mitgliedsländer der Europäischen Union praktisch kaum von Bedeutung. Wissenschaftliche Studien zeigen, daß die Wirtschaftsstruktur der europäischen Länder homogener ist als die regionale Wirtschaftsstruktur der USA. Das Risiko asymmetrischer Schocks ist für Europa nach Einführung der Europäischen Währungsunion mithin geringer als in den USA. Es bleibt aber richtig, daß die Lohnentwicklung in den einzelnen Regionen und Branchen unterschiedlichen Produktivitätsentwicklungen Rechnung tragen muß. Solange Arbeitslosigkeit herrscht, ist ein Zurückbleiben hinter der Produktivitätsentwicklung erforderlich.

Die Einführung des Euro zwingt uns keine höhere Lohnflexibilität auf. Der Euro bringt aber gleichwohl für die Rolle der Lohnpolitik weitreichende Veränderungen mit sich. Dies wird deutlich, wenn wir uns ansehen, was passiert, wenn in einzelnen Ländern der Währungsunion die oben beschriebenen lohnpolitischen Regeln mißachtet werden. Nehmen wir an, in allen Ländern der Währungsunion mit Ausnahme Deutschlands würden die Nominallöhne schneller steigen, als es der Verteilungsspielraum in diesen Ländern zuläßt. Würden noch unterschiedliche Währungen existieren, könnte sich Deutschland über eine Aufwertung der D-Mark von allen davon ausgehenden Inflationsgefahren abkoppeln. Ohne negative Rückwirkungen aus anderen Ländern befürchten zu müssen, könnte Deutschland eine Politik nach der goldenen Regel verfolgen, die Vollbeschäftigung und Preisstabilität sichert.

Anders nach Einführung der Währungsunion: Wegen der gemeinsamen Währung ergäben sich jetzt Lohnstückkostenvorteile und damit Exportüberschüsse und mehr Beschäftigung in Deutschland. In den anderen europäischen Ländern, die der Währungsunion angehören, würde die Nachfrage entsprechend zurückgehen und die Arbeitslosigkeit würde ansteigen. Eine Verletzung der stabilitätskonformen Regel der Lohnpolitik im europäischen Ausland wäre also im Fall der Währungsunion ein Beschäftigungsprogramm für Deutschland zu Lasten der anderen Mitglieder der Währungsunion. Solange es nationale Währungen gibt, kann ein lohnpolitisches Fehlverhalten anderer Länder über Wechselkursänderungen aufgefangen werden. In einer Währungsunion besteht diese Möglichkeit nicht mehr. Lohnpolitisches Fehlverhalten wird in der Währungsunion mit höherer Arbeitslosigkeit bestraft.

Der Wissenschaftliche Beirat beim Bundesministerium für Wirtschaft hat die steigende Verantwortung der Lohnpolitik für die Beschäftigung im Fall einer Währungsunion bereits 1989 in seinem Gutachten »Europäische Währungsordnung« herausgestellt. Dort heißt es: »Wer die Geldlöhne bestimmt, bestimmt zugleich die Reallöhne – und die Beschäftigung«. Die Schlußfolgerung aus dieser Erkenntnis kann jedoch höchst unterschiedlich ausfallen. Manche befürchten, daß ein besonders stabilitätsbewußtes Land im Rahmen einer Währungsunion von den weniger stabilitätsbewußten Ländern ausgebeutet werden könnte. Länder, die aufgrund zu hoher Löhne in der Entwicklung zurückfallen, würden Ausgleichsmaßnahmen zur finanziellen Förderung durchsetzen. Die Mittel dafür müßten von den stabilitätsbewußten Ländern mit günstiger Beschäftigungslage aufgebracht werden. Die Währungsunion schaffe deshalb Anreize, sich nicht stabilitätskonform zu verhalten. Aber auch der gegenteilige Schluß ist möglich. Da sich lohnpolitische Zurückhaltung in Form von Beschäftigungsgewinnen auszahle, werde die Währungsunion auf die Gewerkschaften disziplinierend wirken. Das Mitglied des Zentralbankrates der Deutschen Bundesbank, Olaf Sievert, spricht davon, daß der Euro einen »Wettbewerb der Länder und Regionen um Arbeitsplätze« auslösen werde. Die Währungsunion schaffe Anreize, sich stabilitätskonform zu verhalten.

Aus deutscher Sicht kann man fragen, was wir bei der Europäischen Währungsunion mehr zu fürchten haben: hohe oder niedrige Lohnabschlüsse anderer europäischer Länder. Noch vor kurzem überwogen in Deutschland die Stimmen, die davor warnten, die ärmeren Länder der Währungsunion würden eine rasche Angleichung der Löhne an das deutsche Niveau anstreben. In der Annahme, Deutschland würde weiterhin in puncto Beschäftigung und Preisstabilität Maßstäbe für Europa setzen, wurden höhere finanzielle deutsche Beiträge zur Stützung der ärmeren Regionen in Europa befürchtet. Inzwischen hat sich das Bild gewandelt. Gerade die Gewerkschaften in Deutschland befürchten, daß die Europäische Währungsunion in Deutschland Arbeitsplätze gefährden könnte. IG-Metall Chef Klaus Zwickel sieht bereits einen »Wettlauf des Tarif- und Sozialdumpings« heraufziehen. Unbestreitbar kommt den Löhnen nach Einführung des Euro eine deutlich größere Bedeutung für die Beschäftigung zu. Die gesamte nominale Nachfrageentwicklung im gemeinsamen Währungsraum wird von der Europäischen Zentralbank über die Geldmenge gesteuert. Die Lohnpolitik in den einzelnen Ländern bestimmt, wieviel von dem europäischen »Nachfragekuchen« real auf die einzelnen Länder entfällt. Eine Währungsunion eröffnet sozusagen Raum für eine lohnpolitische »Beggar-my-neighbour«-Politik, das heißt eine Lohnpolitik zu Lasten der Beschäftigung in anderen Mitgliedsländern.

Lohnpolitisches »beggar-my-neighbour« kann aber nicht der Weisheit letzter Schluß in einer Europäischen Währungsunion sein. Eine positive Beschäftigungsentwicklung bei Preisstabilität im gesamten europäischen Währungsraum kann deshalb nicht der Lohnpolitik in den einzelnen europäischen Ländern allein überlassen werden. Aus gesamteuropäischer Sicht ist es keineswegs befriedigend, wenn einzelne Mitgliedsländer der Währungsunion beschäftigungspolitische Erfolge zu Lasten anderer Mitgliedsländer erzielen. Deshalb bleibt es auch in der Europäischen Währungsunion falsch, die beschäftigungspolitische Verantwortung allein der Lohnpolitik zuzuweisen. Auch nach Einführung des Euro bleibt es eine Illusion, sich aus der Flexibilisierung der Arbeitsmärkte und der Dezentralisierung von Lohnverhandlungen einen raschen und durchgreifenden Anstieg der Beschäftigung zu erhoffen. Mit dem Euro wird allerdings das Problem der Koordinierung von Lohn- und Geldpolitik auf die europäische Ebene verlagert. Wie kann es dort gelöst werden?

Harmonie von Lohn- und Geldpolitik im Euro-Raum

Die goldene Regel der Beschäftigungspolitik verliert mit der Einführung des Euro nichts von ihrer Gültigkeit, allerdings wird sie zu einer Regel für eine europäische Lohn- und Geldpolitik. Die Beschäftigungspolitik ist dann nicht mehr allein nationale Aufgabe. Mit dem

Übergang der geldpolitischen Zuständigkeit auf die Europäische Zentralbank kann Vollbeschäftigung bei Preisstabilität in *allen* europäischen Ländern nicht länger allein auf der Ebene der Nationalstaaten erreicht und gesichert werden. Die Europäische Zentralbank trägt Mitverantwortung für die gesamteuropäische Beschäftigungsentwicklung. Diese Verantwortung ergibt sich unabhängig von den oben beschriebenen rechtlichen Vorschriften zwingend aus den ökonomischen Zusammenhängen. Zwar können, wenn auf europäischer Ebene gegen die goldene Regel der Beschäftigungspolitik verstoßen wird, einzelne europäische Länder die Ziele Vollbeschäftigung und Preisstabilität erreichen, allerdings nur zu Lasten anderer europäischer Länder. Ein Verstoß gegen die goldene Regel auf europäischer Ebene würde damit geradezu ein lohnpolitisches »beggar-my-neighbour« provozieren. Daran kann niemand interessiert sein.

Die beschäftigungspolitische Mitverantwortung der Europäischen Zentralbank wird bisher nicht ausreichend erkannt und öffentlich diskutiert. Immerhin mehren sich jedoch die Stimmen, die der Geldpolitik auf europäischer Ebene auch eine beschäftigungspolitische Dimension zuerkennen. So forderte Alexandre Lamfalussy, der erste Präsident des EWI, im Juni 1997 anläßlich der Amtsübergabe an seinen Nachfolger Willem F. Duisenberg: »Der Abbau der Arbeitslosigkeit muß das vorrangige Ziel staatlichen Handelns sein. Die Geldpolitik kann und muß – ist der Preisauftrieb erst einmal hinreichend eingedämmt – ihren Teil zur Unterstützung eines ausgewogenen Wirtschaftswachstums beitragen.« Auch nach Auffassung des Rates der Europäischen Union kann die Geldpolitik zur Verwirklichung des Beschäftigungsziels beitragen. In seiner Empfehlung über die Grundzüge der Wirtschaftspolitik vom Juli 1996 stellte er fest: »Je stärker die Geldpolitik bei ihrer Stabilitätsaufgabe durch angemessene Haushaltspolitiken und Lohnentwicklungen entlastet wird, desto eher werden die monetären Rahmenbedingungen einschließlich der Wechselkurse und der langfristigen Zinsen Wachstum und Beschäftigung begünstigen.« Konsequenterweise fordert der Rat eine Kooperation in diesen gesamtwirtschaftlichen Fragen mit den Sozialpartnern ein. Wie könnte diese Kooperation konkret aussehen?

Kooperation bedarf mehr als nur der richtigen Einsicht in das Zusammenwirken von gesamtwirtschaftlichen Instrumenten und Zielen. Geeignete Verfahren und operative Regeln sind notwendig, um den Einstieg in eine Kooperation zu erleichtern. An Blaupausen und Erfahrungen hierfür fehlt es nicht. Bereits Ende 1966 wurde in Deutschland – wie im zweiten Kapitel erwähnt – die »Konzertierte Aktion« von Tarifparteien, Notenbank und Gebietskörperschaften ins Leben gerufen. Alle Gruppen sollten ihre wechselseitige Abhängigkeit erkennen und ihr Verhalten im Interesse des Gemeinwohls darauf abstellen: »Der Spielraum der Expansionspolitik hängt entscheidend von dem Erfolg einer freiwilligen und gemeinsamen Aktion der Gewerkschaften und der Unternehmerverbände zu einem stabilitätsgerechten Verhalten im Aufschwung ab.« So lautete die offizielle Begründung der Konzertierten Aktion in der Regierungserklärung vom 13. Dezember 1966. Quantitative Orientierungsdaten sollten damals die gegenseitigen Abhängigkeiten allen Beteiligten deutlich vor Augen führen. Schiller drückte das so aus: »Bei den Orientierungsdaten handelt es sich vor allem um Alternativrechnungen, die darlegen, welche Wechselwirkungen zu beachten sind, wenn bestimmte Ziele angestrebt werden.«[8] Diese Orientierungsdaten betrafen in erster Linie die Lohnpolitik. Die Konzertierte Aktion brachte die Verantwortlichen für die Lohn-, Geld- und Fiskalpolitik an einen Tisch mit dem Ziel, allen Beteiligten eine konkrete Handlungsorientierung zu geben. Dieses Vorgehen kann uns auch heute als Vorbild für die Koordinierung von Lohn- und Geldpolitik im Eurowährungsraum dienen.

Bereits heute gibt es in der Europäischen Union vielfältige Instrumente zur Koordinierung der Wirtschaftspolitik. Artikel 103 des EG-Vertrages sieht abgestufte »Überwachungsmechanismen« zur Gewährleistung von Koordinierung und Konvergenz vor. Im Juni 1997 wurde auf dem Europäischen Rat in Amsterdam der EG-Vertrag um einen Titel zur Beschäftigung ergänzt. Die Hauptverantwortung für die Bekämpfung der Arbeitslosigkeit verbleibt dabei bei den Mitgliedsländern, die Europäische Union wird aber in die Verantwortung einbezogen. Sie wird dazu jährlich die Beschäftigungslage in der Gemeinschaft prüfen und den Mitgliedsländern »Leitlinien« geben. Außerdem wurde zur Koordinierung der Beschäftigungspolitik der Mitgliedsländer ein Beschäftigungsausschuß eingesetzt.

Entscheidend für den Erfolg der Koordinierung ist die inhaltliche Ausfüllung dieser Koordinierungsmechanismen. Diese könnte etwa wie folgt aussehen: Die Europäische Kommission sollte in jährlichem

Rhythmus unabhängige wirtschaftswissenschaftliche Forschungsinstitute aus verschiedenen Ländern der Union beauftragen, die aktuelle Lohn- und Geldpolitik in der Europäischen Union zu beurteilen. Insbesondere sollte für die einzelnen Mitgliedsländer der Union die jeweils mittelfristig zu erwartende Nominallohnentwicklung ermittelt werden. Zusammen mit dem absehbaren geldpolitischen Kurs sollte daraus eine Status-quo-Prognose zur Beschäftigungs- und Preisentwicklung in den Mitgliedsländern erstellt werden. Gleichzeitig sollten die Institute außerdem mittelfristige quantitative Szenarien zur Beschäftigungs- und Preisentwicklung in den einzelnen Ländern der Union vorlegen, die aus alternativen Lohnentwicklungen in den Mitgliedsländern und alternativen geldpolitischen Strategien der Europäischen Zentralbank resultieren würden. Empfehlungen zu wirtschaftspolitischen Fragen außerhalb der Lohn- und Geldpolitik sollten in den Szenarien ausgeklammert werden. Die Kommission müßte allerdings präzise Vorgaben machen, welche lohn- und geldpolitischen Szenarien zu untersuchen sind und welche Annahmen in bezug auf die Veränderung des weltwirtschaftlichen Rahmens und der übrigen Politikbereiche zugrunde gelegt werden sollen. Einen Vorschlag für die konkrete Umsetzung dieser wissenschaftlichen Vorarbeiten in eine wirksame Beschäftigungspolitik auf europäischer Ebene enthält der nachfolgende Kasten.

Die Koordination von Lohn- und Geldpolitik auf europäischer Ebene

Eine erfolgreiche Beschäftigungspolitik auf der Grundlage der goldenen Regel könnte in der Europäischen Union nach folgendem Schema konkret umgesetzt werden:

- Der Europäische Rat beschließt einstimmig beschäftigungspolitische Ziele zum Abbau der Arbeitslosigkeit in den Mitgliedsländern.
- Die Europäische Kommission legt auf der Grundlage von Prognosen und Szenarien mehrerer wirtschaftswissenschaftlicher Institute eine Einschätzung der voraussichtlichen Be-

schäftigungs- und Preisentwicklung in den Mitgliedsländern vor und identifiziert einen gegebenenfalls bestehenden Bedarf zur Verbesserung der Koordinierung von Lohn- und Geldpolitik, um die beschäftigungspolitischen Ziele zu erreichen.
- Auf Vorschlag der Kommission beschließt der Europäische Rat mit qualifizierter Mehrheit jährlich Orientierungen zur Koordinierung von Lohn- und Geldpolitik. Diese Orientierungen umfassen Empfehlungen zur Lohnentwicklung in einzelnen Mitgliedsländern. Ausmaß und zeitliche Dauer eines gegebenenfalls erforderlichen Zurückbleibens des Lohnanstiegs hinter dem Produktivitätswachstum sollten dabei für alle Mitgliedsländer möglichst exakt quantifiziert werden. Gegenstand der Orientierungen wäre zugleich eine Aussage über das mittelfristige Geldmengenwachstum, das von der Europäischen Zentralbank angestrebt werden sollte, wenn die Tarifparteien im großen und ganzen den lohnpolitischen Orientierungen folgen.

Die Politik, das heißt der Europäische Rat, hätte die Funktion eines ehrlichen Maklers, der die Kooperation zwischen den Tarifpartnern und der Europäischen Zentralbank vermittelt. Das politische Gewicht dieses Maklers kann das gegenseitige Vertrauen stärken, daß der für beide Partner vorteilhafte »Burgfrieden« – Lohnzurückhaltung gegen expansive Geldpolitik – gehalten, zumindest nicht ohne schwerwiegende Gründe aufgekündigt wird.

Die Orientierungsdaten des Europäischen Rates wären eine Art »benchmark« für die Tarifpartner in den einzelnen Mitgliedstaaten und die Europäische Zentralbank. Sie sollten rechtzeitig vor den Tarifvereinbarungen in den einzelnen Mitgliedsländern vorliegen. Wenn erkennbar wird, daß der Lohnanstieg in den einzelnen Mitgliedsländern im Rahmen der Orientierungen des Europäischen Rates bleibt, kann auch die Europäische Zentralbank den Orientierungen für die Geldpolitik folgen und im Interesse der Beschäftigung ein relativ hohes Geldmengenwachstum zulassen. Weichen die Tarifparteien dagegen erkennbar von den Orientierungen ab, kann die Europäische Zentralbank im Interesse der Preisstabilität das Geldmengenwachstum entsprechend zurücknehmen.

Aufgrund der Orientierungen des Europäischen Rates wird der Erfolg einer moderaten Lohnpolitik nachprüfbar. Die Tarifpartner wissen, mit welchem geldpolitischen Kurs bei einer bestimmten mittelfristig festzulegenden Rate des Nominallohnanstiegs gerechnet werden kann und wieviel zusätzliche Arbeitsplätze dabei in etwa zu erwarten sind. Die Quantifizierung des Beschäftigungsanstiegs erlaubt eine Erfolgskontrolle auf gesamtwirtschaftlicher Ebene. Der sichtbare Erfolg wird die Akzeptanz der Kooperation und ihrer Spielregeln weiter stärken. Die entscheidende Garantie sollte aber nicht die Vermittlung durch den Europäischen Rat sein müssen, sondern nach wie vor die Einsicht, daß durch Kooperation jede Seite ihre Ziele am schnellsten, am leichtesten und ohne Schaden für die jeweils andere Seite erreichen kann.

Es ist wichtig, daß Arbeitgeber nicht gezwungen werden, für einzelne Branchen oder einzelne Unternehmen Beschäftigungszusagen abzugeben, sondern die Erfolgskontrolle auf der gesamtwirtschaftlichen Ebene verbleibt. Wie sich die zusätzliche reale Nachfrage auf die einzelnen Branchen oder gar auf Unternehmen verteilt, kann seriös von Ökonomen nicht prognostiziert werden. Auf gesamtwirtschaftlicher Ebene läßt sich dagegen mit hinreichender Genauigkeit abschätzen, in welchem Umfang eine lohn- und geldpolitisch bedingte Verbesserung der mittelfristigen gesamtwirtschaftlichen Gewinnerwartungen zu einer zusätzlichen realen Gesamtnachfrage und zu mehr Beschäftigung führt. Es ist deshalb zweckmäßig, daß die Orientierungen des Europäischen Rates Beschäftigungsziele quantitativ vorgeben und deutlich machen, was zum Erreichen dieser Ziele von der Lohn- und Geldpolitik geleistet werden muß.

Das hier grob skizzierte Verfahren steht in Einklang mit Artikel 103 des EG-Vertrages. In den bestehenden Koordinierungsgremien müßte dazu allerdings erreicht werden, daß die lohn- und geldpolitisch getragene Beschäftigungspolitik inhaltlich von der angebots- und strukturpolitisch getragenen Wachstumspolitik abgegrenzt wird. Vermischt man diese beiden Politikbereiche, ist eine nicht mehr auflösbare Konfusion fast unvermeidlich vorprogrammiert. Der hier vorgeschlagene Koordinierungsprozeß hat das Ziel, Konflikte zwischen Geld- und

Lohnpolitik zu vermeiden und Vollbeschäftigung zurückzugewinnen. Alle Rezessionen in den Industrieländern sind – wie in den vorangegangenen Kapiteln gezeigt – aus Konflikten zwischen Lohn- und Geldpolitik entstanden. Arbeitslosigkeit in den Industrieländern kann – unabhängig von der Lösung struktureller Probleme der Wirtschaft – über eine geeignete lohn- und geldpolitische Abstimmung besiegt werden. Der hier vorgeschlagene Koordinierungsprozeß kann diese ökonomischen Zusammenhänge ins Bewußtsein der Öffentlichkeit rücken. Er dient im Kern also dazu, in der Öffentlichkeit die in den Ländern der Europäischen Union bestehenden beschäftigungspolitischen Optionen deutlich zu machen. Er darf weder als Bevormundung der Tarifparteien mit Lohnleitlinien noch als Aushöhlung der Unabhängigkeit der Europäischen Zentralbank mißverstanden werden. Er soll den Tarifpartnern und der Europäischen Zentralbank vielmehr helfen, ihrer gesamtwirtschaftlichen Verantwortung gerecht zu werden.

Auf einen zentralen Aspekt der Koordinierung in der Europäischen Währungsunion ist noch ausdrücklich hinzuweisen: Eine Harmonisierung der institutionellen Rahmenbedingungen der Arbeitsmärkte auf europäischer Ebene ist keine Vorbedingung für eine erfolgreiche europaweite Koordinierung von Lohn- und Geldpolitik. Auch bedarf es keiner europaweit einheitlichen Tarifpolitik. Gerade die deutsche Variante der Branchentarifvertäge in einzelnen Tarifbezirken, wo dem ersten Tarifabschluß de facto die Funktion eines Pilotabschlusses zukommt, scheint geeignet, um die hier skizzierten lohnpolitischen Erfordernisse umzusetzen. Wenn es gelingt, in Deutschland als dem wirtschaftlich stärksten Land der Europäischen Union die Orientierungen des Europäischen Rates in praktische Lohnpolitik umzusetzen, kann die erforderliche lohnpolitische Absicherung der Geldpolitik der Europäischen Zentralbank bereits erreicht werden. Das wirtschaftliche Gewicht Deutschlands innerhalb der Europäischen Währungsunion dürfte ausreichen, um über die Lohnpolitik in Deutschland den anderen Mitgliedsländern der Union eine Stabilitätsvorgabe zu geben. So wie bisher die Geldpolitik der Bundesbank de facto die Rolle des Stabilitätsankers in der Union ausfüllte, könnte nach Einführung der Europäischen Währungsunion die deutsche Lohnpolitik als Stabilitätsanker fungieren.

Bei einer moderaten Lohnpolitik in Deutschland wären nennenswerte Risiken für die Stabilität des Euro nicht zu befürchten, denn kein Land der Union könnte es sich auf Dauer leisten, in erheblichem Umfang von dieser lohnpolitischen Vorgabe nach oben abzuweichen. Wie oben beschrieben, würde sich dies als beschäftigungspolitischer Bumerang gegen dieses Land kehren. Dies bedeutet aber zugleich, daß zur Koordinierung von Lohn- und Geldpolitik in der Europäischen Union keine überzogenen Koordinierungsmechanismen erforderlich sind. Ein eher informelles System, das lediglich Orienticrungen entwickelt, reicht vollkommen aus. Je mehr das kooperative Verhalten von Lohn- und Geldpolitik eingeübt ist, desto eher kann auf formale Prozeduren verzichtet werden.

Kapitel 6

Mehrheiten für mehr Beschäftigung

Rasche und dauerhafte Erfolge im Kampf gegen die Arbeitslosigkeit sind nur zu erreichen, wenn Lohn- und Geldpolitik zur Steuerung der Beschäftigung eingesetzt werden. Bei Gewerkschaften und Notenbank liegt dementsprechend die gemeinsame Hauptverantwortung für die Beschäftigung. Wie bereits im fünften Kapitel verdeutlicht, trägt aber auch die Regierung beschäftigungspolitische Mitverantwortung. Die Regierung gestaltet, gestützt auf die parlamentarische Mehrheit, den institutionellen Rahmen für die Lohn- und Geldpolitik und kann zwischen Gewerkschaften und Notenbank vermitteln. Überdies kann sie mit der Steuer- und Sozialpolitik das Verhalten der Gewerkschaften in der Lohnpolitik ganz wesentlich beeinflussen. So kann die Regierung die Anreize für die Gewerkschaften verbessern, bei ihren tarifpolitischen Forderungen die Interessen der Arbeitslosen zu berücksichtigen. Der Regierung kann es gelingen, eine öffentliche Meinungsführerschaft in der Beschäftigungspolitik zu gewinnen. Gewerkschaften und Notenbank werden eine Beschäftigungspolitik nach der goldenen Regel voraussichtlich nur in die Praxis umsetzen, wenn diese Politik von der Regierung – gestützt auf die Mehrheit der Bevölkerung – aktiv eingefordert wird.

Mehrheiten gewinnt man nur durch Überzeugung. Die Wähler müssen auf Machbarkeit und Erfolg des beschäftigungspolitischen Konzepts vertrauen. Sie müssen vor allem für sich selbst Vorteile sehen, zumindest dürfen sie keine Nachteile befürchten. Die wichtigste Voraussetzung für die Beschaffung von Mehrheiten ist also, daß im Zuge dieser Politik niemand schlechter gestellt wird.

Die Voraussetzungen dafür sind günstig. Eine Politik, die eine Rückkehr zur Vollbeschäftigung ermöglicht, kann glaubwürdig höhere Einkommen für alle versprechen. Bei Vollbeschäftigung könnte das Volkseinkommen in Deutschland um mindestens 15 Prozent über dem heutigen Niveau liegen. Bei steigenden Einkommen wachsen die Staatseinnahmen entsprechend, die Ausgaben zur finanziellen Unterstützung der Arbeitslosen gehen zurück. Dies eröffnet Spielräume zur Senkung von Steuern und Beiträgen zur Sozialversicherung. Wenn es gelingt, die Beschäftigung zu steigern, macht es auch Sinn, zur Senkung der Beiträge zur Rentenversicherung eine Verlängerung der Lebensarbeitszeiten ins Auge zu fassen. Solange Unterbeschäftigung besteht, führt dagegen eine Verlängerung der Lebensarbeitszeit nicht zu niedrigen Beitragssätzen, sondern nur dazu, daß die Jungen noch länger draußen vor der Tür stehen.

Fraglich ist jedoch, ob allein mit Hinweis auf die oben erwähnten Entlastungen von Steuern und Sozialabgaben die Akzeptanz für Lohnzurückhaltung in der erforderlichen Breite gewonnen werden kann. In weiten Teilen der Bevölkerung mag Skepsis vorherrschen, ob die erwarteten positiven Beschäftigungswirkungen wirklich eintreten. Aus Sicht der Arbeitnehmer ist es zunächst das einzig Sichere, daß ein Verzicht in Form von Lohnzurückhaltung zu leisten ist. Ob sich die in Aussicht gestellte Entlastung realisiert, mag vielen als vage Hoffnung, vielleicht sogar als leeres Versprechen erscheinen. Lohnzurückhaltung war verständlicherweise noch nie ein populäres wirtschaftspolitisches Konzept. Welcher Politiker tritt schon gerne vor die Bevölkerung und fordert Lohnzurückhaltung ein? Ludwig Erhard ist für seine Maßhalteappelle ausgelacht worden und als Kanzler letztlich gescheitert. Wie soll man dem Volk erklären, daß bei Lohnzurückhaltung eine beschäftigungsfördernde Geldpolitik gemacht werden könnte? Wer räumt gerne öffentlich ein, daß der Weg zu mehr Beschäftigung über höhere Unternehmensgewinne führt?

Allein darauf zu verweisen, daß das Volkseinkommen um 15 Prozent steigen könnte und alle, wenn auch in unterschiedlichem Maße, davon profitieren werden, ist sicher zu wenig. Schließlich will jeder einzelne wenigstens in etwa wissen, ob er auf der Gewinnerseite stehen oder ob er im Vergleich zu anderen zurückfallen wird. Was aber sind die voraussichtlichen Verteilungswirkungen von Lohnzurückhaltung und expansiver Geldpolitik? Je länger Lohnzurückhaltung geübt wird, desto größer dürften die Verschiebungen der relativen Einkommenspositionen ausfallen. Im Aufschwung wird sich sehr schnell in einzelnen Regionen und Branchen sowie für bestimmte Qualifikationen eine höhere Nachfrage nach Arbeitskräften entfalten. Sobald in gewissen Segmenten des Arbeitsmarktes Knappheiten auftreten, wird es dort zu einer »wage-drift« kommen, das heißt zu übertariflichen Löhnen. Andere Segmente des Arbeitsmarktes werden sehr viel später oder im Extrem überhaupt nicht erreicht. So kann es bei veränderten Konsumentenwünschen oder als Folge des technischen und organisatorischen Fortschritts Entwicklungen geben, die bestimmte menschliche Arbeitsleistungen weitgehend entbehrlich machen. Allerdings ist es sehr schwer zu prognostizieren, welche Qualifikationen davon betroffen sein werden. Krugman und viele andere vertreten die These, daß im Zuge der Globalisierung und der weiteren Verringerung der Transportkosten der Lohndruck auf die unteren Lohngruppen in den Industrieländern weiter zunehmen wird.[1] Arbeitnehmer in den unteren Lohngruppen könnten deshalb möglicherweise von einem allgemeinen Wirtschaftsaufschwung weniger profitieren als höher qualifizierte Arbeitskräfte. Die Gefahr, daß gerade gering qualifizierte Arbeitskräfte vom allgemeinen Anstieg der Einkommen abgekoppelt werden könnten, ist zumindest nicht von der Hand zu weisen. Muß demnach mehr Beschäftigung mit noch stärkeren Einkommensunterschieden erkauft werden? Ist das soziale Auseinanderdriften der Gesellschaft im Zuge der Globalisierung der Wirtschaft eine ökonomische Notwendigkeit und deshalb unaufhaltsam?

Wenn Vollbeschäftigung zurückgewonnen werden soll, darf in der Tat Arbeit in keiner Verwendung höher entlohnt werden, als es ihrem Beitrag zum jeweiligen Betriebsergebnis entspricht. Andernfalls werden die Arbeitsplätze wegrationalisiert und die Beschäftigten entlassen. Das kann schlecht bezahlte Arbeit für gering qualifizierte Arbeitnehmer bedeuten, also zu den berühmten »bad jobs« führen. Ein »Working-poor«-Problem muß aber daraus nicht resultieren, wenn nachträgliche Korrekturen an der marktmäßigen Einkommensverteilung vorgenommen werden. Staatliche Umverteilung ist kurzfristig, das heißt bei gegebener Qualifizierung der Arbeitskräfte, der einzige Weg, um möglichen unerwünschten Verteilungswirkungen einer aktiven Beschäftigungspolitik über Lohnzurückhaltung und expansive Geldpolitik entgegenzuwirken und breite Zustimmung für diese Politik zu gewinnen.

Gegen »bad jobs« helfen langfristig Anstrengungen zur beruflichen Qualifizierung der Betroffenen. Mit Qualifizierungsmaßnahmen hat man im Rahmen der bisherigen Arbeitsmarktpolitik in Deutschland viel Erfahrung gesammelt. Manche meinen: vor allem schlechte Erfahrungen. Dieser Eindruck ist aber vor dem Hintergrund der bisherigen Mangelsituation auf dem Arbeitsmarkt zu sehen. Der Erfolg der Qualifizierungsmaßnahmen im Rahmen der Arbeitsmarktpolitik war bisher vor allem aus einem Grund relativ bescheiden: Auch nach einer erfolgreichen Fortbildung oder Umschulung stand kein neuer Arbeitsplatz zur Verfügung. Gerade weil der »mismatch« von Arbeitslosen und offenen Stellen – wie in Kapitel 1 erwähnt – zur Zeit in Deutschland keine entscheidende Ursache der Arbeitslosigkeit ist, finden viele Arbeitslose auch nach Qualifizierungsmaßnahmen keine neue Stelle. Wenn es gelingt, über eine geeignete makroökonomische Strategie in ausreichendem Umfang neue Arbeitsplätze zu schaffen, werden Qualifizierungsmaßnahmen im Rahmen der Arbeitsmarktpolitik ungleich erfolgreicher sein als bisher. Die Arbeitsmarktpolitik kann dann ihre »Brückenfunktion« in vollem Umfang ausfüllen. Über arbeitsmarktpolitische Maßnahmen können zwar keine neuen Arbeitsplätze geschaffen werden, sie können aber den Sprung zurück in den ersten Arbeitsmarkt wesentlich erleichtern.

Kurzfristig läßt sich das »Working-poor«-Problem jedoch nur über Umverteilung entschärfen. Umverteilungsbestrebungen stoßen aber unter den Bedingungen einer sich verschärfenden Standortkonkurrenz bei der heutigen Ausgestaltung des Steuer- und Sozialsystems schnell auf Grenzen. Umverteilung mit dem Ziel, bei Beziehern niedriger Einkommen für Lohnzurückhaltung zu werben, stößt sich empfindlich mit dem Bestreben, die Spitzensteuersätze zur Verbesserung der Attraktivität des Standortes Deutschland zu senken. Wie dieses Problem gelöst werden kann, soll nachfolgend skizziert werden. Im Zentrum der Überlegungen stehen dabei Vorschläge zur Umgestaltung des Steuer- und Sozialsystems. Aber auch die stärkere Beteiligung der Arbeitnehmer an steigenden Einkommen aus Unternehmertätigkeit und Vermögen ist ein möglicher Weg zur Korrektur unerwünschter Verteilungswirkungen. Die Akzeptanz der im vierten Kapitel vorgeschlagenen Politik ist aber vielleicht noch an eine weitere Voraussetzung geknüpft: Etwaige Zweifel an ihrer Umweltverträglichkeit sollten überzeugend entkräftet werden können. Deshalb wollen wir uns am Ende dieses Kapitels auch mit dem Verhältnis von Beschäftigungspolitik und Umweltpolitik auseinandersetzen.

Steuer- und Sozialpolitik: sozial und beschäftigungsfördernd

Steuerpolitik: befreit vom Joch der Standortkonkurrenz

Wer für Lohnzurückhaltung aus beschäftigungspolitischen Gründen werben will, muß im Gegenzug eine gewisse Kompensation für die unteren Lohngruppen anbieten können. Auf längere Sicht müssen wir deshalb ein Steuersystem entwickeln, das es erlaubt, verteilungspolitische Ziele trotz verschärfter internationaler Standortkonkurrenz zu verfolgen.

Unser gegenwärtiges Steuersystem ist wachstumsfeindlich und gefährdet die Zukunft des Standortes Deutschland. Es ist wachstumsfeindlich, weil Ersparnisse der Einkommensteuer unterliegen, und es ist standortgefährdend, weil Unternehmen mit Steuern belastet werden. Um zu verstehen, warum das so ist, müssen wir uns mit der Frage befassen, wovon das Wachstum einer Volkswirtschaft abhängt. Bei unverändertem Einsatz von menschlicher Arbeit kann das Wachstum nur gesteigert werden, wenn die menschliche Arbeit produktiver wird, also die Qualifikation der Arbeitskräfte verbessert, mehr Kapital eingesetzt und technischer Fortschritt rasch in Innovationen umgesetzt wird. Weder Qualifikationen und Investitionen noch der technische Fortschritt fallen jedoch vom Himmel. In einer Marktwirtschaft sind finanzielle Anreize für diese im weitesten Sinne zukunftsgerichteten Aktivitäten erforderlich.

Die Bereitschaft einer Gesellschaft zu zukunftsgerichteter wirtschaftlicher Aktivität, also zu Forschung, Entwicklung und Innovation, ist letztlich abhängig von der »Zeitpräferenz« in der Gesellschaft. Die Zeitpräferenz drückt ganz allgemein die individuelle Wertschätzung von Zukunftskonsum im Vergleich zum Gegenwartskonsum aus. In Gesellschaften mit hoher Präferenz für die Zukunft werden längere Produktionsumwege eingeschlagen, es wird mehr Kapital gebildet, außerdem fließen mehr Ressourcen in Bildung, Forschung, Entwicklung und Innovationen. Eine Besteuerung von Ersparnissen verzerrt die Zeitpräferenz der Gesellschaft künstlich in Richtung auf eine geringere Wertschätzung von Zukunftskonsum. Die Besteuerung von Ersparnissen ist deshalb ein Wachstumshindernis erster Ordnung. Wer das Wachstum stärken will, muß auf eine Steuerbefreiung von Ersparnissen setzen. Positiv ausgedrückt heißt dies: Besteuerung des Konsums.

Die Standortgefährdung durch das gegenwärtige Steuersystem ergibt sich daraus, daß überhaupt Unternehmen besteuert werden. Unter Standortgesichtspunkten ist die völlige Abschaffung der Unternehmensteuern die beste Lösung, sie ist besser als jede Absenkung der Spitzensteuersätze der Einkommen- und Körperschaftsteuer. Solange andere Industriestaaten nicht ebenfalls alle Unternehmensteuern abschaffen, ergibt sich aus dieser radikalen Veränderung des Steuersystems sogar ein höchst erfreulicher Vorteil im Wettbewerb zu anderen Standorten.

Wäre eine Abschaffung aller Unternehmensteuern aber nicht zutiefst unsozial, indem einseitig die Arbeitnehmer belastet werden müßten? Nicht im geringsten! Jede gesellschaftlich gewünschte steuerliche Umverteilung wäre mit der Abschaffung der Unternehmensteuern vereinbar. Der Grund dafür ist einfach: Die Besteuerung von Unternehmen ist ohnehin reine Fiktion. De facto können Unternehmen gar nicht besteuert werden, dies wird lediglich vorgetäuscht. Wenn wir Unternehmen besteuern, so müssen wir fragen, wer letztlich diese Steuern trägt. Sicher ist nur, daß es nicht die Unternehmen sind, denn auf Konsum verzichten und damit Steuern tragen können nur Menschen, nicht jedoch Unternehmen. Die Erwartung – oder vielleicht sollte man sagen: die Hoffnung – ist, daß Unternehmensteuern von den Eigentümern der Unternehmen getragen werden. Das ist jedoch eine recht vage Hoffnung. Wahrscheinlicher ist, daß Unternehmensteuern von allen Schichten der Gesellschaft getragen werden. Auch wenn niemand genau weiß, wer letztlich welche Steuerlast trägt, kann man annehmen, daß Unternehmensteuern weitgehend über die Preise auf die Verbraucher überwälzt werden. Obwohl die Unternehmen die Steuern letztlich nicht tragen, führen Unternehmensteuern aber zu einer Beeinträchtigung der wirtschaftlichen Aktivität. Sie bewirken eine zusätzliche Last – Ökonomen nennen das »excess burden« – in Form eines Verlusts an wirtschaftlicher Wertschöpfung. Sie erhöhen unnötig die Steuerlast und verschleiern die Verteilungswirkungen. Mit diesem unsinnigen Selbstbetrug sollten wir aufhören.

Neben dem Wachstumsargument spricht also auch die Standortkonkurrenz für eine ausschließliche Besteuerung des Konsums. Dabei kann auf bereits bestehende Konsumsteuern (Mehrwertsteuer, Mineralölsteuer, Tabaksteuer) zurückgegriffen werden oder über neue Lenkungssteuern aus ökologischen Gründen nachgedacht werden. Im Zentrum müßte jedoch die Umstellung der heutigen Einkommen- und Körperschaftsteuer auf eine Konsumsteuer stehen. Der Kronberger Kreis, eine Gruppe von liberalen Ökonomen, hat bereits 1986 einen Systemwechsel der Besteuerung mit dem Übergang zu einer Konsumsteuer sowie eine weitgehende Integration von Sozialleistungen in das Steuersystem vorgeschlagen. Dabei soll die Konsumsteuer als veranlagte Konsumsteuer ausgestaltet werden. Vereinfacht ausgedrückt bedeutet dies, daß ganz ähnlich wie bisher das Einkommen eines Jahres erfaßt wird. Von diesen Einnahmen werden alle Ausgaben zur Vermögensbildung abgesetzt. Hinzugerechnet werden Einnahmen aus der Auflösung von Vermögen sowie Konsumentenkredite. Die Steuer wird also nicht wie die Mehrwertsteuer indirekt erhoben, sie kann deshalb zur Umverteilung eingesetzt werden.

Solange Unternehmen ihre Gewinne reinvestieren – egal ob im eigenen Betrieb oder in anderen Betrieben –, fallen also keine Steuern an. Gewinne werden aber dann besteuert, wenn sie bei den Anteilseignern der Unternehmen für Konsumzwecke ausgegeben werden. Konsum wird also steuerlich belastet, unabhängig davon, ob das Einkommen aus Unternehmertätigkeit oder anderen Einkunftsarten stammt. Auch Einkünfte aus Vermögen würden also der Konsumsteuer unterliegen, sofern das Einkommen konsumtiv verwendet wird. Die Steuerbefreiung gilt nur für Ersparnisse, nicht für Erträge aus den Ersparnissen, es sei denn, auch diese werden wieder gespart.

Die Umstellung auf eine Konsumsteuer in Deutschland oder der Europäischen Union wirft zweifellos eine ganze Reihe von Problemen auf. So stellt sich beispielsweise die Frage der Außenbesteuerung. Ausländer können naturgemäß nicht der Konsumsteuer unterworfen werden. Zur steuerlichen Erfassung der ins Ausland fließenden Unternehmensgewinne wäre es deshalb ratsam, eine Körperschaftsteuer auf ausgeschüttete Gewinne beizubehalten, die bei Ausländern, die Anteile an deutschen Unternehmen halten, zu einer Steuerbelastung führen. Bei Inländern würde die Körperschaftsteuer auf die Steuerschuld voll angerechnet. Damit würde erreicht, daß nicht die Unternehmen, sondern ausschließlich die Anteilseigner besteuert werden. Einbehaltene Gewinne wären völlig steuerfrei. Es ist hier aber weder möglich noch notwendig, auf die steuertechnischen Probleme einer Umstellung des heutigen Systems näher einzugehen.

Eine veranlagte Konsumsteuer mit einem progressiven Steuersatz könnte für verteilungspolitische Ziele eingesetzt werden, ohne daß Standortnachteile befürchtet werden müßten. Die Steuerpolitik wäre aus der babylonischen Gefangenschaft der Standortkonkurrenz befreit. Statt die Spitzensteuersätze zurückzunehmen, könnte mit einer progressiven Konsumsteuer auch im Zeitalter der Globalisierung eine steuerliche Umverteilung zugunsten der sozial Schwachen geleistet werden. Einem forcierten Auseinanderdriften der Gesellschaft nach US-amerikanischem Muster könnte so entgegengewirkt werden. Die Steuerpolitik könnte beschäftigungspolitisch flankierend eingesetzt werden, um die Akzeptanz für Lohnzurückhaltung bei den Gewerkschaften zu stärken. Um Mißverständnisse zu vermeiden: Eine Beschäftigungspolitik nach der goldenen Regel ist auch vor der Umstellung des Steuersystems auf eine Konsumsteuer möglich. Die möglichst rasche Auflösung des heute bestehenden Konflikts zwischen Umverteilungszielen und der Attraktivität des Wirtschaftsstandortes könnte eine derartige Politik aber wirkungsvoll unterstützen.

Soziale Sicherungssysteme: dauerhaft tragfähig

Mit der Integration von Sozialleistungen in eine Konsumsteuer, wie vom Kronberger Kreis und anderen vorgeschlagen, könnte das soziale Netz erheblich an Effizienz und Gerechtigkeit gewinnen. Die Idee der Integration des Steuer- und Transfersystems kam unter dem Begriff der »negativen Einkommensteuer« bereits in den vierziger Jahren in Großbritannien auf. In Deutschland wurde sie – lange nach dem Vorschlag des Kronberger Kreises – erst in den neunziger Jahren von Fritz W.

Scharpf populär gemacht. Seit dem Bundestagswahlkampf 1994 wird sie unter dem Begriff »Bürgergeld« verstärkt diskutiert. Ziel dieses Bürgergeldes ist es, eine Grundsicherung für alle bereitzustellen, das Transfersystem zu vereinfachen und konsistenter zu machen sowie die Anreize zur Arbeit zu stärken. Das heutige Transfersystem beeinträchtigt in vielfacher Weise die Arbeitsanreize. Wenn bestimmte Einkommensgrenzen überschritten werden, entfallen Sozialleistungen, wie zum Beispiel die Sozialhilfe. Um dies zu vermeiden, haben Empfänger von Sozialleistungen nur wenig Interesse, eine gering bezahlte legale Erwerbsarbeit aufzunehmen.

Kritisiert wird an dem Vorschlag des Bürgergeldes, daß die Kosten seiner Einführung sehr hoch seien. Die von der Bundesregierung eingesetzte Expertenkommission »Alternative Steuer-Transfer-Systeme« lehnte ihn deshalb 1996 aus fiskalischen Gründen ab. Je nach Ausgestaltung werden die Kosten für die Einführung eines Bürgergeldes in Deutschland auf 100 bis 400 Milliarden D-Mark geschätzt. Die vorliegenden Schätzungen berücksichtigen jedoch nicht mögliche positive Beschäftigungseffekte und die damit verbundenen Einsparchancen für den Staat. Bei Erfolgen im Kampf gegen die Arbeitslosigkeit wird die Einführung eines Bürgergeldes finanzierbar. Bei Vollbeschäftigung könnte das Volkseinkommen um mehr als 500 Milliarden D-Mark über dem heutigen Niveau liegen. Dies würde in Verbindung mit einer progressiv gestalteten Konsumsteuer Möglichkeiten der Einführung eines Bürgergeldes eröffnen. Damit könnte verhindert werden, daß eine neue Schicht von »working poor« entsteht.

Zum Teil wird auch kritisiert, daß das Bürgergeld nicht in ausreichendem Maß Arbeitsanreize schaffe. In diesem Zusammenhang wird häufig auf die Reform der Sozialhilfe in den USA verwiesen. Dort ist 1996 ein Sozialhilfesystem mit geradezu extremen Arbeitsanreizen eingeführt worden: Die Unterstützung für hilfsbedürftige Familien wurde in den USA auf fünf Jahre befristet. Spätestens nach zwei Jahren müssen Sozialhilfeempfänger arbeiten. Wer nicht arbeitet, bekommt, zumindest in bestimmten Fällen, gar keine Sozialhilfe. Dafür wird das Einkommen bei denjenigen, die gering entlohnte Arbeit annehmen, vom Staat aufgebessert: Belohnt wird, wer arbeitet. Die Arbeitsanreize dieses Systems sind fraglos stärker als beim Bürgergeld mit seiner garantierten Grundsicherung. Im Grunde sind sie so strikt, daß wir besser von einer Arbeitspflicht sprechen sollten. Nicht zuletzt dieser Grund spricht gegen das US-Modell und für das Modell des Bürgergeldes. Dem Bürgergeld liegt der Gedanke zugrunde, daß allen Menschen in der Gesellschaft ein Leben in Würde ermöglicht werden sollte. Es knüpft das Recht auf ein Dach über dem Kopf sowie das Recht auf Nahrung und Kleidung nicht daran, ob die Menschen ihre »Pflicht« gegenüber der Gesellschaft erfüllen. Hinzu kommt, daß die Verknüpfung von Sozialhilfe mit einer generellen Arbeitspflicht nur funktioniert, wenn – wie in den USA – aufgrund der generellen Beschäftigungssituation ausgezeichnete Chancen bestehen, Arbeit zu finden. Dies räumt übrigens auch das arbeitgebernahe Institut der Deutschen Wirtschaft (IW) ein, das zur Sozialhilfereform in den USA feststellt: »Entscheidende Prämisse für das Gelingen der Reform ist indes die ausgezeichnete Performance des amerikanischen Arbeitsmarktes, die damit umschrieben ist, daß dort Monat für Monat rund 210.000 neue Arbeitsplätze geschaffen werden. Ohne diese Aufnahmefähigkeit des Arbeitsmarktes wäre die Kopplung der Sozialhilfe an die Arbeitspflicht gar nicht zu realisieren gewesen. Hieran würde beispielsweise in Deutschland eine Sozialhilfereform nach amerikanischem Muster scheitern.«[2]

Die große Aufgabe, eine Soziale Marktwirtschaft zu gestalten, die sozialen Belangen Rechnung trägt und sich zugleich im internationalen Standortwettbewerb gut behaupten kann, wäre mit der Umstellung des Steuersystems auf eine Konsumsteuer in Kombination mit der Einführung eines Bürgergeldes jedoch noch nicht gelöst. Auch das ganze System der Sozialversicherungen (Renten-, Kranken-, Arbeitslosen- und Pflegeversicherung) muß so umgestaltet werden, daß das von der Gesellschaft gewünschte Niveau an sozialer Sicherung – wie hoch dieses Niveau auch immer sein mag – selbst bei einer weiteren Intensivierung des internationalen Wettbewerbs dauerhaft erhalten werden kann. Die gegenwärtigen Sozialversicherungssysteme sind dazu mit Sicherheit nicht in der Lage. So urteilt der Sachverständigenrat in seinem Jahresgutachten 1996/97: »Die sozialen Sicherungssysteme lassen sich so, wie sie historisch gewachsen sind und wie sie heute funktionieren, nicht fortführen.«[3]

Die demographische Entwicklung, die voraussichtlich weitere Verlängerung von Ausbildungszeiten sowie Fortschritte in der Medizin werden die Sozialversicherung zunehmend belasten. Ohne eine wirksame beschäftigungspolitische Strategie werden außerdem auch noch die Beiträge für die Arbeitslosenversicherung weiter ansteigen. Der Anstieg des Anteils der Rentner an der Gesamtbevölkerung ist zumindest für die nächsten 30 Jahre unausweichlich. Zur Zeit beträgt das Verhältnis der Erwerbspersonen zu den Personen im Rentenalter etwa 3 zu 1. Im Jahr 2030 wird das Verhältnis bei etwa 1,2 zu 1 liegen. Mehr Ausgaben für Gesundheit und Pflege liegen bei verbesserten medizinischen Möglichkeiten im Interesse der Menschen. Gundsätzlich gibt es keinen Anlaß, diesen Ausgabenanstieg seitens des Staates begrenzen zu wollen. Wenn die Menschen einen höheren Anteil ihres Einkommens für Gesundheit und Pflege aufwenden wollen, sollten sie vom Staat nicht daran gehindert werden. Selbst wenn es künftig gelingen sollte, Leistungen für Gesundheit und Pflege effizient zu erbringen: Wir müssen uns darauf einstellen, daß die Ausgaben der Sozialversicherungssysteme in der von uns überschaubaren Zukunft weiter steigen werden.

Jeder weitere Anstieg der Beiträge zur Sozialversicherung verteuert in dem bestehenden System die Kosten der Arbeit, weil die Beiträge bisher zur Hälfte von den Arbeitgebern erbracht werden. Wenn ein Anstieg der Arbeitslosigkeit vermieden werden soll, müßte zumindest bei jedem Anstieg der Beiträge eine entsprechende Verringerung des Lohnanstiegs für alle Beschäftigten, die der Sozialversicherungspflicht unterliegen, vereinbart werden. Wie die Erfahrung zeigt, ist dies kaum durchzusetzen. Selbst wenn es gelingt, wäre jedoch zu befürchten, daß es wegen der höheren Beiträge verstärkt zur Abwanderung in die Schattenwirtschaft bzw. sozialversicherungsfreie Beschäftigung kommen würde. Schon heute erfreuen sich zumindest auf Arbeitgeberseite die versicherungsfreien Beschäftigungsverhältnisse mit Einkommen von weniger als 620 D-Mark wachsender Beliebtheit. Dies wirkt nicht nur wettbewerbsverzerrend, es schafft zugleich erhebliche sozialpolitische Probleme in der Zukunft, weil immer mehr Menschen im Alter ohne ausreichende Altersvorsorge sein werden.

Das System muß also umgebaut werden. Sozialpolitiker wehren sich dagegen. So spricht Heiner Geißler davon, daß die »Partnerschaft in der Sozialversicherung als Stück der deutschen Sozialkultur« erhalten werden müsse. Damit befindet sich die Sozialpolitik in der permanenten Defensive. Bei allem Verständnis für die Sorge der Sozialpolitiker, die

Diskussion um den Umbau des Sozialsystems könne auf einen Abbau der Sozialleistungen hinauslaufen: Der Abbau wird gerade dann notwendig, wenn der Umbau nicht gelingt. Um die Wirtschaft nicht zu überfordern, fallen Sozialleistungen zunehmend dem Rotstift zum Opfer. Bei einem sich verschärfenden internationalen Standortwettbewerb werden immer geringere Sozialleistungen die Wirtschaft immer stärker überfordern. Die Beibehaltung des Systems programmiert also den Abbau der Leistungen vor. Es macht daher keinen Sinn, den Umbau des Systems hinauszuschieben. Gerade sozialpolitisch engagierte Menschen sollten deshalb grundlegende Reformen einfordern. Je früher der Umbau des Systems beginnt, desto größer ist die Chance, daß gravierende Ungerechtigkeiten vermieden werden können.

Wege zu einer Neuordnung

Wie müßte das neue System aussehen? Der Sachverständigenrat hat der Reform der sozialen Sicherung in seinem Jahresgutachten 1996/97 ein Sonderkapitel gewidmet. Der Rat schlägt vor, staatliche Umverteilungspolitik außerhalb der Sozialversicherungen anzusiedeln. Die Beiträge zur Sozialversicherung sollten dann allein von den Arbeitnehmern aufgebracht werden. De facto werden – wie auch der Rat betont – die Arbeitgeberanteile schon heute von den Arbeitnehmern getragen. Ebensowenig wie man Unternehmen besteuern kann, kann man Unternehmen soziale Lasten aufbürden. Arbeitgeberbeiträge werden über die Preise auf die Verbraucher überwälzt. Der geringste Teil dürfte von den Eigentümern der Unternehmen getragen werden. Arbeitgeberanteile zur Sozialversicherung sollten als Lohnbestandteil begriffen und steuerunschädlich dem Einkommen der abhängig Beschäftigten zugeschlagen werden. Dies würde zunächst nur bedeuten, daß die Regel, wonach steigende Beiträge zur Sozialversicherung mit einer entsprechenden Minderung des Lohnanstiegs einhergehen müssen, automatisch realisiert würde. Alle weiteren Steigerungen der Beiträge müßten dann von den Arbeitnehmern getragen werden. Parallel dazu müßten schrittweise Sozialleistungen und Erwerbsarbeit entkoppelt werden. Diese Entkoppelung müßte sich so vollziehen, daß Elemente der Umverteilung aus der Sozialversicherung herausgenommen und durch eine Steuerfinanzierung ersetzt würden. Solange wir noch keine progressive Konsumsteuer haben, sollten die Steuermittel durch die Mehrwertsteuer oder spezifische Verbrauchsteuern, beispielsweise auch Ökosteuern, aufgebracht werden. Im Rahmen der Sozialversicherung sollten nur die Risiken abgesichert werden, von denen alle Arbeitnehmer im wesentlichen gleichermaßen betroffen sind. Die Arbeitnehmer könnten dann für ihre Beiträge zur Sozialversicherung äquivalente Gegenleistungen erwarten.

Die heutige Ausgestaltung der Sozialversicherung führt zu recht merkwürdigen Umverteilungswirkungen. Reiche, die jenseits der Höchstgrenzen der Sozialversicherung liegen, tragen gar keine oder relativ geringe soziale Lasten. Umverteilung im Rahmen der Sozialversicherung heißt – auch darauf weist der Rat hin – Umverteilung zwischen Beziehern mittlerer und niedriger Einkommen. Dem könnte man dadurch begegnen, daß alle Erwerbstätigen der Sozialversicherungspflicht unterworfen würden. Besser wäre es allerdings, wie bereits erwähnt, die Umverteilungsaufgaben aus der Sozialversicherung ganz auszulagern. Sozialtransfers würden dadurch transparent. Fragen der Gerechtigkeit könnten auf einer wesentlich besseren Informationsgrundlage diskutiert und entschieden werden. Die Akzeptanz für eine wirksame Beschäftigungspolitik könnte dadurch wesentlich verbessert werden.

Bei aller Übereinstimmung mit den Vorschlägen des Rates: In einem Punkt, nämlich in der Frage des anzustrebenden Niveaus der sozialen Sicherung, müssen wir ihm widersprechen. Hier vertritt der Rat die inzwischen den Lesern hinlänglich bekannte Sicht, daß die Sozialansprüche aus Gründen der Standortsicherung zurückgeschraubt werden müßten: »Auf der einen Seite aus standortpolitischen und einkommenspolitischen Gründen Steuerentlastungen zu fordern und auf der anderen Seite zu verlangen, daß soziale Leistungen weiterhin in gewohnter Weise gewährt werden – das paßt nicht zusammen.«[4] Damit überschreitet der Rat die Grenzen wissenschaftlicher Politikberatung. Aufgabe der Politikberatung ist es, Vorschläge zu machen, wie das Sozialsystem so gestaltet werden kann, daß sich keine Zielkonflikte zwischen der internationalen Wettbewerbsfähigkeit der Wirtschaft und den sozialpolitischen Zielsetzungen ergeben. Über das gesellschaftlich gewünschte Niveau der sozialen Sicherung entscheidet dann nach einem demokratischen Willensbildungsprozeß die Politik.

Gehen wir nun in aller Kürze speziell auf die beiden wichtigsten Säulen der Sozialversicherung, die Renten- und die Krankenversicherung, ein. In der Rentenversicherung gibt es zur Zeit kein echtes Äquivalenzprinzip. Die heute erbrachten Beiträge dienen nur indirekt der eigenen Vorsorge. Sie werden nicht angespart, sondern im sogenannten Umlageverfahren für Rentenzahlungen ausgegeben. Dafür werden Ansprüche erworben, für die künftige Generationen einmal aufkommen sollen. Dieses Verfahren führt bei demographischen Veränderungen zu einer ungerechten Lastenverteilung zwischen den Generationen. Der Sachverständigenrat schlägt neben Reformen innerhalb des bestehenden Systems einen allmählichen Übergang zum Kapitaldeckungsverfahren vor, bei dem die Beiträge zur Rentenversicherung angespart werden. Damit könnte die Lastenverteilung zwischen den Generationen gesteuert werden. In den meisten Industrieländern wird das Kapitaldeckungsverfahren zur Altersvorsorge praktiziert. In Deutschland gab es nach dem verlorenen Weltkrieg naturgemäß keine andere Möglichkeit, als mit dem Umlageverfahren zu beginnen. Es könne – so der Rat – jetzt aber noch die Zeit genutzt werden, um Rücklagen für die kommenden Jahrzehnte aufzubauen, in denen sich der Altersaufbau drastisch verschlechtern wird. Der Systemübergang ist allerdings nicht einfach, da die heute aktiv im Erwerbsleben stehende Generation dadurch stark belastet würde. Sie müßte die heutigen Renten aufbringen und zusätzlich ihre eigene Altersversorgung ansparen. Der Übergang kann deshalb niemals abrupt erfolgen. In der Übergangsphase könnten dabei finanziell gut gestellte Rentner einen Beitrag leisten, um entsprechende Rücklagen anzusparen.

Der Rat schlägt vor, daß nach Abschluß des Übergangs vom Umlageverfahren zum Kapitaldeckungsverfahren die beitragsfinanzierte Rente auf eine Grundsicherung beschränkt werden sollte. Diese Grundsicherung sollte durch betriebliche und individuelle Elemente der Alterssicherung ergänzt werden. Anders als der Sachverständigenrat würden wir – wie erwähnt – eine Grundsicherung für alle Staatsbürger im Rahmen eines Bürgergeldes vorziehen. Eine steuerfinanzierte Grundsicherung muß aber ebenfalls über eine sehr lange Übergangszeit kombiniert werden mit der (modifizierten) Fortsetzung des heutigen Umlagesystems.

Besonders groß ist der Reformbedarf im Bereich der Krankenversicherung. Das heutige Nebeneinander von Privatversicherungen für Selbständige, gutverdienende Angestellte und Beamte sowie gesetzlichen Versicherungen für alle übrigen sollte abgeschafft werden. Ähnlich der Haftpflichtversicherung für Kraftfahrzeuge sollte eine Versicherungspflicht gegen Krankheit bei voller Wahlfreiheit unter privaten Versicherungen eingeführt werden. Auch der Rat erwägt, neben anderen Optionen, den Übergang zu einer privaten Pflichtversicherung für alle, hält aber die praktischen Schwierigkeiten für enorm. Probleme sieht der Rat insbesondere bei der Berechnung der angesparten Altersrückstellungen, die Versicherungswechslern »mitgegeben« werden müßten. Versicherungsunternehmen müßten dabei gezwungen werden, ihre interne Kalkulation offenzulegen. Diese Probleme lassen sich jedoch vermeiden.

Wahlfreiheit unter privaten Krankenkassen setzt Wettbewerb unter den Versicherungen voraus. Diesen Wettbewerb gibt es bisher nicht. Wer sich einmal bei einer privaten Kasse versichert hat, ist ihr heute praktisch auf Gedeih und Verderb ausgeliefert. Ein Wechsel zu einer anderen Kasse ist kaum möglich oder mit großen finanziellen Verlusten für die Versicherten verbunden. Der Wettbewerb zwischen privaten Krankenversicherungen beschränkt sich weitgehend auf Neuzuversichernde. Ganz problematisch wird es für chronisch Kranke oder Personen, die mit gesundheitlichen Risiken behaftet sind. Für sie gibt es praktisch überhaupt keine Wechselmöglichkeit. Belohnt werden also die Gesunden, die Kranken werden bestraft.

Wer die Krankenversicherungen privatisieren will, muß einen Wettbewerbsrahmen mit gleichen Startbedingungen für alle schaffen. Dies bedeutet, daß innerhalb dieses Systems keine sozialpolitisch motivierte Umverteilung stattfinden kann, weil sonst Krankenversicherungen einen Wettbewerbsvorteil hätten, die die ihr übertragenen sozialpolitischen Aufgaben schlechter wahrnehmen als andere Wettbewerber. In der privaten Krankenversicherung sollte weder eine Umverteilung von oben nach unten noch eine Umverteilung der Lasten zwischen jung und alt erfolgen. Damit entfiele auch die Notwendigkeit, aus den Beiträgen der Jungen die hohen Krankheitsrisiken der Alten abzudecken. Soziale Leistungen, zum Beispiel Tariferleichterungen für Personen mit gesundheitlichen Schäden bzw. Risiken sowie für Familien oder einkommensschwächere Personen, müßten aus öffentlichen Mitteln erbracht werden.

Der Staat könnte alle Bürger nach ihren gesundheitlichen Risiken in Risikoklassen einteilen. Nach Risikoklasse und gegebenenfalls nach weiteren sozialen Kriterien gestaffelt, würden staatliche Zuschüsse zu den Krankenversicherungsbeiträgen gewährt. Jede private Krankenversicherung würde ihren Kunden einen Versicherungsvertrag entsprechend des aktuellen individuellen Versicherungsrisikos anbieten. Keine Versicherung hätte demnach einen Vorteil, wenn sie nur junge Personen mit geringen gesundheitlichen Risiken annähme. Jeder einzelne könnte jederzeit in eine andere Versicherung wechseln, wenn diese einen kostengünstigeren Vertrag anbietet. Wenn im Alter das Krankheitsrisiko steigt, erhöht sich – soweit aus sozialen Gründen gewünscht – die individuelle Zuzahlung des Staates, ebenso bei Familien mit Kindern oder wenn sich individuell Veränderungen in der Einstufung der gesundheitlichen Risiken ergeben. Damit wird die Umverteilung transparent und somit unter Gerechtigkeitsgesichtspunkten gestaltbar.

Strukturelle Reformen des Steuer- und Sozialsystems zur Flankierung der Beschäftigungspolitik

- Abschaffung aller Unternehmensteuern, Steuerbefreiung von Ersparnissen: Umstellung der Einkommen- und Körperschaftsteuer auf eine veranlagte Konsumsteuer, die auch bei einer weiteren Intensivierung der Standortkonkurrenz eine Umverteilungspolitik ermöglicht;
- Einführung eines Bürgergeldes mit weitgehender Integration von Sozialleistungen in die Konsumsteuer: Ziel ist es, eine Grundsicherung für alle bereitzustellen, das Transfersystem transparent und konsistent zu gestalten sowie die Anreize zur Arbeit zu stärken;
- Entlastung der Unternehmen von Sozialversicherungsbeiträgen: Steuerunschädlicher Zuschlag der Arbeitgeberanteile zur Sozialversicherung zum Einkommen der abhängig Beschäftigten. Künftige Beitragssteigerungen werden von den Arbeitnehmern getragen;

- Entkoppelung von Sozialleistungen und Erwerbsarbeit: Herausnahme aller versicherungsfremden Leistungen aus der Sozialversicherung durch Umstellung auf Steuerfinanzierung;
- Übergang zum Kapitaldeckungsverfahren in der Rentenversicherung;
- Abschaffung der gesetzlichen Krankenversicherung: Einführung einer Versicherungspflicht gegen Krankheit bei voller Wahlfreiheit unter privaten Krankenversicherungen.

Investivlohn: ungenutzte Potentiale

Expansive Geldpolitik bei Lohnzurückhaltung ist der Schlüssel für mehr Beschäftigung. Folgt man dieser Strategie, so würden im Ergebnis die Unternehmensgewinne zumindest anfangs sehr viel schneller steigen als die Reallöhne der abhängig Beschäftigten. Gerade daraus würden sich die dringend erforderlichen Anreize für Unternehmen ergeben, mehr Arbeitskräfte einzustellen. Lohnzurückhaltung ist andererseits für Arbeitnehmer kein populäres politisches Programm. In Zeiten, in denen die Gewinne der Unternehmen neue Rekordmarken erreichen, mögen Maßhalteappelle an die Adresse der abhängig Beschäftigten manchem als blanker Zynismus erscheinen. Zur Verbesserung der Akzeptanz der hier vorgeschlagenen Beschäftigungspolitik sollte deshalb die oben beschriebene steuerliche Umverteilungspolitik durch eine wirkungsvolle Politik zur stärkeren Beteiligung von Arbeitnehmern am Produktivvermögen ergänzt werden. Dazu bieten sich tarifvertragliche Regelungen über die investive Verwendung von Teilen des Lohns (Investivlohn) an. Besonders vorteilhaft wäre es, wenn die Höhe des Investivlohnes in Abhängigkeit von der Höhe des Gewinns des jeweiligen Unternehmens festgelegt würde.

In der Vergangenheit haben die Gewerkschaften dem Ziel der Beteiligung der Arbeitnehmer am Produktivvermögen über Investivlöhne wenig Beachtung geschenkt. Im Vordergrund standen die Ziele Lohnerhöhung und Arbeitszeitverkürzung. Schon für die Vergangenheit läßt sich bezweifeln, ob diese Prioritätensetzung der Gewerkschaften im Interesse ihrer Mitglieder lag. In den meisten Branchen nutzen die derzeitigen tarifvertraglichen Regelungen noch nicht einmal den gesetzlich vorgegebenen Rahmen, bis zu dem vermögenswirksame Leistungen staatlich gefördert werden können. Die Aufstockung von vermögenswirksamen Leistungen würde deshalb viele Arbeitnehmer in den Genuß einer zusätzlichen staatlichen Sparförderung bringen.

Aber auch ganz unabhängig von eventueller staatlicher Unterstützung würde die Beteiligung von Arbeitnehmern am Produktivvermögen sowohl für die Unternehmen als auch für die Mitarbeiter erhebliche Vorteile bringen. Die Vorteile für die Unternehmen wären bei einer gewinnabhängigen Ausgestaltung besonders ausgeprägt. So müßten Unternehmen, die Verluste machen, keine Investivlöhne an ihre Belegschaft abführen. Durch gewinnabhängig gestaltete Lohnelemente würde – unabhängig ob investiv oder nicht investiv verwendet – erreicht, daß Unternehmen in schwierigen Situationen kostenmäßig entlastet würden. Die Risiken bei konjunkturell bedingten Nachfrageschwankungen würden für die Unternehmen verringert. Der Zwang zur strukturellen Anpassung würde dadurch nicht aufgehoben, aber gegebenenfalls zeitlich gestreckt. Gewinnabhängige Lohnelemente in Verbindung mit einem relativ niedrigen Wachstum der Nominallöhne würden gleichsam als »Stoßdämpfer« gegen allzu abrupte strukturelle Anpassungszwänge wirken.

Investiv verwendete Lohnbestandteile brächten Unternehmen Vorteile im Finanzierungsbereich, bedeuteten sie doch neues Eigenkapital. Angesichts der bestehenden Probleme insbesondere kleiner und mittlerer Unternehmen beim Zugang zum Risikokapitalmarkt könnte dadurch ein vielbeklagtes Hemmnis für mehr Selbständigkeit abgebaut werden. Bei gewinnabhängigen Investivlohnmodellen würden für die Unternehmen beide Vorteile kombiniert: Es kämen sowohl die Finanzierungsvorteile als auch die Entlastung bei den Kosten der Arbeit zum Tragen. Für Arbeitnehmer hängt die Attraktivität von Investivlöhnen von der Rendite und dem Risiko der jeweiligen Beteiligung ab. Schon in der Vergangenheit lag der Ertrag von Beteiligungskapital langfristig über dem Kapitalmarktzins. Eine erfolgreiche Beschäftigungspolitik nach der goldenen Regel würde die Sachkapitalrenditen bei verringerten Risiken weiter erhöhen.

Im langfristigen Trend sinkt der Anteil der Arbeitseinkommen am Volkseinkommen, das heißt, die Lohnquote sinkt. Die Erwerbsarbeit als Hauptquelle der Einkommen breiter Schichten der Bevölkerung verliert an Bedeutung. Für die Arbeitnehmer wird es deshalb in Zukunft noch wichtiger, neben dem Einkommen aus Erwerbsarbeit über weitere Einkommensquellen zu verfügen, wenn sie ihre relative Einkommensposition halten wollen. Der Rückgang der Lohnquote würde bei erfolgreicher Anwendung der hier vorgeschlagenen beschäftigungspolitischen Strategie zumindest vorübergehend noch verstärkt. Arbeitnehmer, die neben dem Arbeitsentgelt einen wachsenden Teil ihres Einkommens aus Kapitalerträgen und Unternehmensgewinnen beziehen, werden einem beschäftigungspolitisch gegebenenfalls erforderlichen Anstieg der Gewinne aus Unternehmertätigkeit sehr viel weniger kritisch gegenüberstehen. Eine tendenzielle Verringerung der Lohnquote ist dann auch für sie akzeptabel. Wenn die hier vorgeschlagene Beschäftigungspolitik erfolgreich in die Praxis umgesetzt wird, bedeutet dies zugleich, daß es für Arbeitnehmer keine ertragreichere Vermögensanlage geben wird als die Beteiligung am Produktivvermögen der heimischen Volkswirtschaft. Trotzdem sollten Vorkehrungen getroffen werden, das Risiko der Vermögensanlage für Arbeitnehmer zu begrenzen.

Die Gewerkschaften stehen der Beteiligung von Arbeitnehmern am Produktivvermögen bisher noch skeptisch gegenüber, weil zumindest bei betrieblichen Mitarbeiterbeteiligungsmodellen im Falle der Insolvenz des Unternehmens neben dem Arbeitsplatz auch ein Teil des Vermögens der betroffenen Arbeitnehmer verloren wäre. Möglicherweise befürchten sie langfristig auch einen Funktionsverlust, wenn Arbeitnehmer zu »Kleinkapitalisten« und die Gegensätze zwischen Kapital und Arbeit verwischt werden. Trotz der erwähnten Vorteile von Investivlohnvereinbarungen bestehen auch auf Arbeitgeberseite Vorbehalte. Abgelehnt werden insbesondere gewerkschaftlich organisierte überbetriebliche Fondsmodelle (Tariffonds), die den Gewerkschaften zusätzliche Einflußmöglichkeiten in den Unternehmen verschaffen könnten. In tarifvertraglichen Regelungen, die für ganze Branchen und Regionen verbindlich festlegen, daß ein Teil des Lohnes als Investivlohn geschuldet wird, sieht die Arbeitgeberseite außerdem eine Beschränkung unternehmerischer Entscheidungsfreiheit. Arbeitgeber bevorzugen deshalb betriebsindividuelle Vereinbarungen.

Schätzungsweise könnten für maximal ein Drittel der abhängig Beschäftigten in Deutschland betriebliche Lösungen der Beteiligung am Produktivvermögen (Mitarbeiterbeteiligung) gefunden werden. Allen anderen Arbeitnehmern sollten für die tariflich vereinbarten Investivlöhne indirekte Beteiligungsformen über Investmentfonds sowie über Beteiligungsgesellschaften angeboten werden. Dabei steht es den Gewerkschaften frei, eigene Fonds bzw. Beteiligungsgesellschaften in freier Konkurrenz zu anderen Finanzintermediären zu gründen und zu betreiben. Die Arbeitnehmer könnten frei wählen, bei welchem Fonds bzw. bei welcher Beteiligungsgesellschaft sie ihren Investivlohn anlegen. Bei allen Formen der indirekten Beteiligung würde über die Diversifikation der Beteiligungen eine Risikostreuung erreicht, so daß für die Arbeitnehmer keine übermäßigen Risiken entstünden.

Ein wirksamer Beitrag zur Entschärfung künftiger Tarifauseinandersetzungen sowie für mehr Akzeptanz der hier vorgeschlagenen beschäftigungspolitischen Strategie kann jedoch nur erwartet werden, wenn Arbeitnehmer in absehbarer Zukunft einen nennenswerten Teil ihres Einkommens aus Produktivvermögen beziehen. Die Bereitschaft der Arbeitgeber und der Gewerkschaften, Investivlöhnen hohe Priorität in den Tarifverhandlungen einzuräumen, sollte deshalb durch eine substantielle Verbesserung der staatlichen Förderung der Vermögensbildung von Arbeitnehmern flankiert werden.

Eckpfeiler eines gewinnabhängigen Investivlohnmodells

- Gewinnabhängige Umwandlung eines bestimmten Teils des Arbeitsentgelts in Investivlohn im Rahmen von tarifvertraglichen Regelungen;
- Wahlfreiheit für Arbeitnehmer bei der Anlageentscheidung ihres Investivlohnbestandteils in Produktivvermögen;
- in Unternehmen, die aufgrund ihrer Größe und ihrer Rechtsform dazu geeignet sind, sollten betriebsindividuelle Mitarbeiterbeteiligungsmodelle möglich sein: Tarifvertragliche Inve-

stivlohnvereinbarungen können durch betriebliche Vereinbarungen abbedungen werden;

- Versicherungslösungen oder Feuerwehrfonds zur Begrenzung der Risiken bei betrieblichen Mitarbeiterbeteiligungsmodellen;
- Verbesserung der staatlichen Förderung der Beteiligung von Arbeitnehmern am Produktivvermögen.

Umweltpolitik: keine Gefahr für die Beschäftigung

Der Konflikt zwischen umweltpolitischen Forderungen und der Sicherheit von Arbeitsplätzen ist allgegenwärtig. Ganz gleich, ob es um den Ausbau von Flughäfen, die Erschließung eines neuen Braunkohletagebaus, neue Verkehrswege oder die Reduzierung von CO_2 geht, stets wird ökologischen Bedenken entgegengehalten, daß es um die Sicherung von Arbeitsplätzen gehe. Wenn Hunderttausende wegen unerträglichen Fluglärms um den Schlaf gebracht werden, wenn Landschaft zubetoniert wird und Arten vernichtet werden, so geschieht dies angeblich, um noch höhere Arbeitslosigkeit zu verhindern. Wir tauschen Natur und Gesundheit gegen Arbeitsplätze, so jedenfalls hat es den Anschein.

Bereits im dritten Kapitel haben wir die These aufgestellt, daß Umweltschutzpolitik ohne Gefahr für die Beschäftigung möglich ist. Umweltschutzmaßnahmen geraten bei geeigneter makropolitischer Flankierung nicht in Konflikt zum Beschäftigungsziel. Allerdings sind sie auch kein Wundermittel zur Schaffung von mehr Arbeitsplätzen. Die Alternative »mehr Beschäftigung oder mehr Umweltschutz« ist eine Scheinalternative, für viele ein Denkzwang, aber sie ist kein Sachzwang. Das heißt nicht, daß Umweltpolitik und Beschäftigungspolitik nichts miteinander zu tun haben. Ganz im Gegenteil! Vielmehr gilt: Umweltpolitik bedarf der beschäftigungspolitischen Flankierung, Beschäftigungspolitik bedarf der umweltpolitischen Flankierung.

Gerade wenn das Versprechen »Arbeit für alle« eingelöst wird, ist damit zwangsläufig eine Ausweitung der wirtschaftlichen Aktivität verbunden. Ohne umweltpolitische Flankierung würde dies zusätzliche Umweltschäden nach sich ziehen. Manche mögen dies achselzuckend zur Kenntnis nehmen. Die Sensibilität der Öffentlichkeit für Umweltprobleme nimmt jedoch zu. Manche werden sogar fragen, ob mehr Beschäftigung und weiteres Wachstum überhaupt verantwortbar sind, wenn die Umwelt davon noch stärker in Mitleidenschaft gezogen wird. Wer Mehrheiten für eine wirksame Beschäftigungspolitik will, der muß deshalb zugleich eine Antwort auf das Problem der Umweltverschmutzung geben können.

Welche Antworten können auf die umweltpolitischen Herausforderungen gegeben werden? Wer befindet darüber, und welche beschäftigungspolitischen Konsequenzen ergeben sich daraus? Umweltpolitik muß die Vereinbarkeit von wirtschaftlichen Aktivitäten mit einer Substanzerhaltung der Umwelt, das heißt der Erhaltung ihrer Regenerationsfähigkeit, sicherstellen. Aus dieser Norm müssen operationale Umweltqualitätsziele abgeleitet werden, die erreicht werden müssen bzw. nicht verletzt werden dürfen. Ein solches Umweltqualitätsziel ist zum Beispiel die Reduktion von CO_2-Emissionen auf nationaler Ebene um 25 bis 30 Prozent bis zum Jahr 2005, wie es die Bundesregierung 1990 und 1991 formuliert hat.

Wie ehrgeizig die Umweltqualitätsziele sein sollten, kann nicht Gegenstand dieses Buches sein. Für unsere Überlegungen gilt: Ist im politischen Entscheidungsprozeß ein Konsens über Umweltqualitätsziele gefunden worden, so sind das Vorgaben für das Wirtschaften, die ebenso bindend einzuhalten sind wie Steuer- und Sozialgesetze oder Auflagen des Gewerberechts. Die politische Praxis sieht anders aus. Die Vorgabe quantitativer Ziele, wie die oben erwähnte Vorgabe zur Minderung von CO_2-Emissionen, ist eher die Ausnahme als die Regel. Der übliche umweltpolitische Ansatz besteht darin, für bestimmte Produktionsverfahren mittels ordnungsrechtlicher Auflagen vorzuschreiben, daß bestimmte Grenzwerte bei Schadstoffemissionen nicht überschritten werden dürfen. Bei der Festlegung von Emissionsgrenzwerten steht in aller Regel sehr stark der Aspekt der wirtschaftlichen Kosten der umweltpolitischen Auflage für die betroffenen Unternehmen im Vordergrund. Gefragt wird, welche Auflagen unter dem Gesichtspunkt der internationalen Wettbewerbsfähigkeit der Unternehmen gerade noch verkraftbar erscheinen. Das erreichbare umweltpolitische Ziel ergibt sich dann indirekt aus den bestehenden Vorstellungen über die Belastbarkeit und Anpassungsfähigkeit der Wirtschaft.

Dieses Vorgehen stellt die tatsächlichen Zusammenhänge auf den Kopf. Es ist irrational zu glauben, das Umweltsystem müsse sich an den angeblich bestehenden ökonomischen Notwendigkeiten ausrichten. Die Natur läßt nicht mit sich verhandeln. Es geht kein Weg daran vorbei: Aus dem ökologischen System heraus müssen die notwendigen Anpassungen des ökonomischen Systems definiert werden und nicht umgekehrt. Die Ökonomie ist ein Subsystem des ökologischen Systems, weil das Wirtschaftssystem im Unterschied zur Natur von Menschen gemacht worden ist und von Menschen geändert werden kann. Es ist deshalb auch ökonomisch unsinnig, aus angeblichen wirtschaftlichen Erfordernissen heraus umweltpolitische Maßnahmen zu definieren, ohne zu fragen, ob die dann verbleibenden Umweltschäden langfristig verkraftbar sind. Eine kluge »Langzeitökonomie« muß aus den naturgesetzlich gegebenen ökologischen Zusammenhängen die notwendigen Anforderungen an die Wirtschaft und den Menschen definieren. Da wir nicht in der Lage sind, die relevanten ökologischen Zusammenhänge auch nur annähernd mit unserem menschlichen Verstand zu erfassen, handeln wir dabei unter großer Unsicherheit. Bei Unsicherheit ist es aber klug, auf der sicheren Seite zu bleiben und sich im Zweifel für den Umweltschutz zu entscheiden.

Jede Umkehrung dieser Vorgehensweise ist eine unverantwortliche »Vogel-Strauß-Politik«. Beispielsweise müssen wir fragen, wieviel Luftverkehr unsere Atmosphäre verträgt und daraus ableiten, ob eine weitere Zunahme des Luftverkehrs verantwortbar ist. Es kann uns nicht beruhigen, daß Düsentriebwerke nach dem neuesten Stand der Umwelttechnik gebaut werden. Schon gar nicht akzeptabel ist, daß die Wirtschaft ihre eigenen umweltpolitischen Zielvorgaben im Wege der freiwilligen Selbstverpflichtung entwickelt, sofern diese an die Stelle von politisch entschiedenen Vorgaben treten sollen. Umweltqualitätsziele müssen in einem demokratischen Entscheidungsprozeß gefunden und von der Politik verantwortet werden.

Effiziente Lenkungsinstrumente: Umweltsteuern und -zertifikate

Wenn Umweltziele vorgegeben sind, stellt sich die Frage, wie die gesellschaftlich gewünschte Umweltqualität zu minimalen Kosten, das heißt mit den geringsten Einbußen an materiellem Wohlstand, erreicht wird. Das bedeutet zunächst, daß mit dem Einsatz umweltpolitischer Maßnahmen keinerlei Beschäftigungsverluste verbunden sein dürfen. Käme es zu Beeinträchtigungen des Beschäftigungsziels, wären die Einbußen an materiellem Wohlstand mit Sicherheit nicht minimiert. Kostenminimierung bezieht sich sowohl auf die bereits heute gegebenen technischen Möglichkeiten als auch auf die möglichst rasche Entwicklung neuer, innovativer Lösungen.

Die Anforderung der Kostenminimierung kann im Prinzip in ganz einfacher Weise sichergestellt werden: über Lenkung mit Hilfe des Preismechanismus. Das heißt nichts anderes als die Belastung der Verursacher von Umweltschäden mit Kosten, die der Umweltschädigung entsprechen. Dadurch wird erreicht, daß jeder einzelne ein Interesse hat, Umweltschädigungen zu vermeiden oder Anstrengungen zu ihrer Verringerung zu unternehmen, soweit dies billiger ist als die Entrichtung des Preises für Umweltnutzung. Insgesamt bewirkt dies, daß Umweltschäden dort reduziert werden, wo es am billigsten möglich ist. Volkswirtschaftlich werden die Kosten der Drosselung von Umweltschäden dadurch minimiert. Preisliche Lenkung kann auf zwei Wegen erreicht werden: über Umweltsteuern und Umweltzertifikate. Im Bereich der Umweltsteuern, der sogenannten Ökosteuern, ist die CO_2-/Energiesteuer in der Öffentlichkeit das bekannteste Beispiel. Dabei geht es um die Frage, ob für die nächsten Jahre die Emission von CO_2 bzw. der Verbrauch von Energie mit einem im Zeitverlauf steigenden Satz besteuert werden soll, um den Energieverbrauch zu verteuern und damit Anreize zur Energieeinsparung zu geben. Energieeinsparung und Drosselung der CO_2-Emissionen könnten auch über Zertifikate, also Rechte zur CO_2-Emission, erreicht werden. Emittenten von CO_2 müßten dabei verpflichtet werden, in entsprechendem Umfang Zertifikate zu erwerben. Das Gesamtvolumen der Emissionsrechte würde vom Staat vorgegeben. Die Zertifikate könnten an einer Börse gehandelt werden, so daß sich täglich ein Marktpreis für sie ergibt. Der Unterschied zwischen Umweltsteuern und -zertifikaten besteht darin, daß im Fall der Steuerlösung der Preis der Umweltnutzung festgelegt wird und sich die mengenmäßige Belastung der Umwelt mit Schadstoffen in Abhängigkeit des gewählten Preises über die Märkte ergibt. Im Fall der Zertifikate ist es genau umgekehrt. Festgelegt wird die maximal zulässige Schadstoffbelastung der Umwelt, und der Preis der Umweltnutzung ergibt sich über die Märkte.

Oft wird es als Vorteil der Zertifikatelösung angesehen, daß die Einhaltung der Umweltqualitätsziele unmittelbar gesichert wird und der Preis der Umweltnutzung sich entsprechend anpaßt. Für die Festlegung von Preispfaden für die Umweltnutzung wird dagegen vorgebracht, daß sich die Unternehmen bei ihren langfristigen Investitionsentscheidungen an den Preissignalen orientieren und vorgegebene Preispfade die Planungssicherheit von Unternehmen erhöhen würden. Starke Schwankungen der Preise für Umweltnutzung würden zu Unsicherheit und abwartendem Verhalten führen, kurzfristige Abweichungen von den Umweltqualitätszielen könnten dagegen in Kauf genommen werden. In der Praxis dürften die Unterschiede zwischen der Steuer- und der Zertifikatelösung nur gering sein. Vorgegebene Preispfade können von der Politik genauso geändert werden wie Umweltqualitätsziele. In beiden Varianten würde in der Praxis wohl ein Prozeß von Versuch und Irrtum zu erwarten sein, in dessen Verlauf es jeweils zu Anpassungen der Preise für Umweltnutzung und der Umweltqualitätsziele käme. Aus theoretischer Sicht sind Umweltsteuern und -zertifikate also relativ gleichwertig. Umweltzertifikate wurden jedoch lange als realitätsfern belächelt. Hierfür gibt es keinen Grund. In den USA werden Umweltzertifikate mit großem Erfolg in der Praxis angewandt, so zum Beispiel im Bereich der Schwefeldioxydemissionen.

In Deutschland sind wir von einer durchgängigen preislichen Lenkung im Bereich der Umweltpolitik weit entfernt. Es dominieren ordnungsrechtliche Regelungen, die sich am jeweiligen Stand der Technik orientieren. Anreize für billigere innovative Lösungen sind dadurch in hohem Maße geschwächt. Im Abfallbereich ist es mit dem Aufbau des Dualen System Deutschland zu Weichenstellungen gekommen, die eine preisliche Lenkung stark behindern. Zugestanden sei, daß aus Gründen der Gefahrenabwehr ordnungsrechtliche Vorschriften in gewissem Umfang notwendig sind. Neben dem geltenden Ordnungsrecht könnten jedoch marktwirtschaftliche Instrumente im Bereich der

Umweltpolitik weit stärker eingesetzt werden, als dies bislang der Fall ist. Es steht deshalb außer Zweifel, daß aufgrund der heute in Deutschland angewandten umweltpolitischen Instrumente die Kosten des Umweltschutzes unnötig hoch sind.

Aber selbst die beste Instrumentierung kann nicht vermeiden, daß die Einhaltung von Umweltqualitätszielen etwas kostet. Umweltschutz bedeutet, daß Arbeitskräfte, die umweltschutzbezogen eingesetzt werden, für andere Arbeiten nicht mehr zur Verfügung stehen. Dadurch sinkt bei gleicher Beschäftigtenzahl der Output an konventionellen Gütern und Dienstleistungen. Der gesamtwirtschaftliche Verteilungsspielraum sinkt. Sollten mehrheitlich ehrgeizige Umweltqualitätsziele angestrebt werden, so könnte wegen des erforderlichen Verzichts auf materiellen Wohlstandszuwachs die politische Durchsetzbarkeit der vorgeschlagenen Beschäftigungspolitik gefährdet sein: Der verbleibende Einkommensanstieg der Durchschnittsbürger könnte so gering ausfallen, daß eine weitere Lohnzurückhaltung abgelehnt wird. Je niedriger die Einbußen an materiellem Wohlstand sind, die zur Erreichung gegebener Umweltqualitätsziele in Kauf genommen werden müssen, desto leichter wird auch die politische Durchsetzbarkeit einer Politik für mehr Beschäftigung. Auch deshalb ist es wichtig, Umweltqualitätsziele zu minimalen Kosten zu erreichen.

Prüfstein der Umweltpolitik: der Beschäftigungseffekt

Bei erhöhten Umweltschutzanforderungen kann also mit der gleichen Zahl an Arbeitskräften nur ein geringeres reales Sozialprodukt an konventionellen Gütern und Dienstleistungen erstellt werden. Das heißt, der statistisch gemessene Anstieg der Arbeitsproduktivität fällt geringer aus, als es ohne forcierten Umweltschutz möglich gewesen wäre. Die Arbeitsproduktivität ist nun das Bindeglied, das den Zusammenhang zwischen mehr Umweltschutz und dessen Beschäftigungswirkungen herzustellen erlaubt.[5] Wir erinnern uns an die goldene Regel der Beschäftigungspolitik, wonach für eine stabilitätsgerechte Geldmengenausweitung um so mehr Platz ist, je stärker die Nominallöhne hinter dem Anstieg der Arbeitsproduktivität zurückbleiben. An dieser Regel ändert sich nichts, wenn wir Umweltaspekte mit in den Blick nehmen. Orientieren sich die Tarifvertragsparteien an dem niedrigeren

Anstieg der Arbeitsproduktivität »nach Umweltschutz«, wie er von der amtlichen Statistik ohne Um- und Nebenrechnungen ausgewiesen wird, entstehen durch mehr Umweltschutz keine Gefahren für die Beschäftigung.

Aber wie sind diese Aussagen mit der Sorge um die Verlagerung etwa von Grundstoffindustrien in die Nachbarländer als Folge eines nationalen umweltpolitischen Alleingangs zu vereinbaren? Umweltpolitische Maßnahmen werden die verschiedenen Branchen einer Volkswirtschaft, je nachdem ob es sich um umweltschonende oder umweltbelastende Branchen handelt, kostenmäßig sehr unterschiedlich belasten. Nehmen wir nun an, daß sich die Lohnsteigerungen – wie oben beschrieben – an der Veränderung der gesamtwirtschaftlichen Arbeitsproduktivität »nach Umweltschutz« orientieren, wie sie als Durchschnitt aller Branchen errechnet wird und entsprechend niedriger ausfällt, als es ohne Einführung von Umweltauflagen der Fall gewesen wäre. Dann haben im Ergebnis die umweltschonenden Branchen sogar niedrigere Stückkosten als zuvor, da sie von der generellen Mindersteigerung der Nominallöhne profitieren, ohne daß bei ihnen zugleich die Arbeitsproduktivität durch mehr Umweltschutz wesentlich verringert worden wäre. Dagegen haben die besonders umweltbelastenden Branchen trotz der Lohnzurückhaltung höhere Stückkosten zu verzeichnen, wenn Umweltverschmutzung mit einer entsprechenden Kostenbelastung belegt wird. Dieses umweltpolitisch erzeugte »Branchengefälle« zwischen Kostenbelastung und -entlastung erzeugt einen auch über die Landesgrenzen hinausgehenden strukturellen Anpassungsbedarf.

In einem Land, das eine Vorreiterrolle im Umweltschutz übernimmt, produzieren die umweltbelastenden Branchen jetzt teurer als im Ausland. Dadurch besteht bei genügend großen Kostenunterschieden ein Anreiz zur Verlagerung der Produktion ins Ausland. Das ist aber nur die eine Seite des Umstrukturierungsprozesses. Denn wegen der per saldo gesunkenen Stückkosten für umweltschonende Branchen im Inland besteht gleichzeitig ein Anreiz für Unternehmen im Ausland, ihre umweltschonenden Produktionen in das Umweltschutzland zu verlagern. Da sich Be- und Entlastung der Wirtschaft insgesamt die Waage halten, ist zu erwarten, daß mittelfristig auch der Beschäftigungssaldo aus dem Export und Import von Arbeitsplätzen ausgeglichen sein wird. Was sich verändert hat, ist die Struktur der Arbeitsplätze: mehr umweltfreundliche Arbeitsplätze im Inland, was ja das umweltpolitische Ziel war, zugleich aber mehr umweltbelastende Arbeitsplätze im Ausland. Umweltbelastende Industrien wandern ab, umweltfreundliche kommen ins Land. Vieles spricht dafür, daß das Ausland dies als schlechten Tausch empfinden und die Umweltpolitik des Vorreiterlandes imitieren wird. Bei einer beschäftigungspolitisch flankierten Umweltpolitik gewinnt im internationalen Standortwettbewerb nicht mehr das Land mit den niedrigsten Umweltanforderungen, sondern das Land mit den höchsten Anforderungen zwingt die anderen zur Anpassung.

Was nun den zeitlichen Ablauf des Strukturwandels betrifft, könnte man befürchten, daß der Abbau umweltbelastender Strukturen schneller vonstatten gehen könnte als der Aufbau neuer Strukturen in umweltschonenden Bereichen. Falls diese pessimistische Variante tatsächlich eintreten sollte, müßte im Übergang der beschäftigungspolitische Impuls aus expansiver Geldpolitik bei Lohnzurückhaltung noch etwas stärker ausfallen, um gesamtwirtschaftlich Vollbeschäftigung zu sichern. Eine etwaige Kluft zwischen Wegfall und Aufbau von Arbeitsplätzen im umweltpolitisch induzierten Strukturwandel könnte so durch einen zusätzlichen gesamtwirtschaftlichen Anstieg der Beschäftigung überbrückt werden.

Wir haben nunmehr die Voraussetzungen aufgezeigt, unter denen mehr Umweltschutz die Beschäftigung nicht gefährdet, um diesen oft behaupteten Kurzschluß zu entkräften. Wie sieht es mit der gegenteiligen Behauptung aus, wonach Umweltschutz Beschäftigung schaffe? Auch diese Behauptung kann so nicht stehenbleiben. Wäre sie richtig, müßten wir bei hoher Arbeitslosigkeit nur mehr Umweltschutz betreiben. Auch eine steuerliche Belastung von Umweltnutzung ist keine beschäftigungspolitische Wunderwaffe. Eine ökologische Steuerreform, wie zum Beispiel die viel diskutierte Energie- oder CO_2-Steuer, wird oft mit der Verheißung einer »doppelten Dividende« angepriesen: mehr Umweltschutz *und* mehr Arbeitsplätze zugleich. Dies ist so nicht richtig. Mehr Umweltschutz kostet etwas, nämlich Verzicht auf herkömmliche Güter. Nur wenn die Bereitschaft besteht, diesen Verzicht zu leisten, stellt sich auch der erwünschte positive Beschäftigungseffekt ein. In den Genuß der doppelten Dividende kommt man nur, wenn die niedrigere Arbeitsproduktivität akzeptiert wird und zur Grundlage der Entscheidung über die Nominallöhne gemacht wird. Zwingend notwendig ist außerdem die geldpolitische Flankierung gemäß der goldenen Regel der Beschäftigungspolitik.

Auch Förderanreize zur Entwicklung neuer Umwelttechnologien bringen beschäftigungspolitisch in der Regel nichts. Die Steuern, die dafür aufgebracht werden müßten, würden anderswo Nachfrage verdrängen. Ohne kompensierende Entlastung bei den Arbeitskosten könnte im Ergebnis die Beschäftigung sogar sinken. Nur wenn es gelänge, hohe Vorreitergewinne im internationalen Handel mit Umwelttechnologien zu erzielen, könnte bei unveränderter Lohnentwicklung die Rechnung beschäftigungspolitisch aufgehen. So etwas ist aber nicht planbar. Ob neue Beschäftigungsfelder lediglich alte verdrängen oder zusätzliche Arbeitsplätze bringen, hängt stets von der Beschäftigungspolitik auf gesamtwirtschaftlicher Ebene ab.

Thesen zum Verhältnis von Umwelt- und Beschäftigungspolitik

- Beschäftigungspolitik bedarf der umweltpolitischen Flankierung zur Vermeidung von Umweltschäden aufgrund höherer wirtschaftlicher Aktivität.
- Umweltpolitik bedarf der beschäftigungspolitischen Flankierung. Umweltschutz birgt keine Beschäftigungsrisiken, wenn die goldene Regel beachtet wird, was insbesondere bedeutet, daß die Bereitschaft vorhanden ist, die ökonomischen Kosten umweltpolitischer Maßnahmen zu tragen.
- Umweltqualitätsziele werden von der Politik aufgrund demokratischer Willensbildungsprozesse vorgegeben.
- Über den Preismechanismus werden Verursacher von Umweltschäden mit Kosten belastet, die der Umweltschädigung entsprechen. Das heißt, die festgelegten Umweltqualitätsziele werden erreicht, indem Anreize zur Lenkung der wirtschaftlichen Aktivität in die ökologisch erwünschte Richtung gege-

ben werden: Anreize für Energieeinsparung, für Rohstoffschonung, für Emissionsminderungen, für innovative Lösungen, für Miniaturisierung, für Abfallvermeidung und Abfallrecycling, für das Sammeln von Blechdosen aus Bächen und Grünflächen usw.

- Bei einer beschäftigungspolitisch flankierten Umweltpolitik gewinnen im internationalen Standortwettbewerb nicht mehr Länder mit den niedrigsten Umweltanforderungen; Länder in einer umweltpolitischen Vorreiterrolle zwingen vielmehr andere Länder zur Anpassung.

Kapitel 7

Die Soziale Marktwirtschaft: ein universelles Modell

Am Anfang unseres Weges stand der Vorsatz, mehr Beschäftigung ohne Gefährdung anderer wichtiger Ziele zu erreichen: Die Freiheiten der Marktwirtschaft, soziale Gerechtigkeit, Umweltschutz und Geldwertstabilität sollten nicht für mehr Beschäftigung geopfert werden (Kapitel 1). Nach einem Rückblick auf Theorie und Praxis der Beschäftigungspolitik (Kapitel 2 und 3) haben wir unseren Vorschlag zur Bekämpfung der Arbeitslosigkeit zunächst unabhängig von Raum und Zeit, sozusagen unter Laborbedingungen, entwickelt. Dabei stand die Vereinbarkeit von mehr Beschäftigung mit Preisstabilität im Zentrum. Im nächsten Schritt wurde die Strategie anhand der wirtschaftlichen Entwicklung in Deutschland und den USA auf ihre empirische Relevanz getestet (Kapitel 4). Später wurde das Konzept zunehmend auf die aktuelle Situation Deutschlands im Jahr 1998 bezogen. So war es erforderlich, auf die Gestaltung der Rahmenbedingungen der Lohn- und Geldpolitik im Zusammenhang mit der angestrebten Europäischen Währungsunion einzugehen (Kapitel 5). Bei unseren Überlegungen zur Gewinnung von Mehrheiten für den hier vorgeschlagenen beschäftigungspolitischen Ansatz ging es in erster Linie darum, zur Zeit noch bestehende Konflikte zwischen dem Beschäftigungsziel und sozial- bzw. umweltpolitischen Zielen aufzulösen (Kapitel 6). Es bleibt noch die Aufgabe, die Beschäftigungspolitik national und international in einen größeren wirtschafts- und gesellschaftspolitischen Rahmen einzuordnen.

In den vorangegangenen Kapiteln haben wir eine funktionsfähige marktwirtschaftliche Ordnung vorausgesetzt, also Wettbewerb auf den Märkten bei weitgehenden wirtschaftlichen Freiheitsrechten. In Deutschland sowie den meisten Industrie- und Schwellenländern wird man dies – trotz der ordnungspolitischen Sündenfälle, die es in allen Ländern gibt – im wesentlichen unterstellen können. Für viele andere Länder mit Beschäftigungsproblemen gilt dies nicht. Dort reicht es beschäftigungspolitisch nicht aus, allein auf eine Koordinierung von Lohn- und Geldpolitik zu setzen. Zumindest parallel zur makropolitischen Globalsteuerung muß hier noch an den Fundamenten der marktwirtschaftlichen Ordnung gearbeitet werden.

So gab es in Ostdeutschland zum Zeitpunkt der Wende keine funktionsfähige marktwirtschaftliche Ordnung. Zwar vollzog sich der Übergang zur Marktwirtschaft sehr rasch, dennoch müssen auch heute noch die Beschäftigungsprobleme in Ostdeutschland zumindest teilweise im Zusammenhang mit der Transformation von der sozialistischen Planwirtschaft zur Sozialen Marktwirtschaft gesehen werden. Dieses deutsche Sonderproblem, das wir bisher im Interesse einer geschlossenen Darstellung einer erfolgreichen Beschäftigungspolitik zurückgestellt haben, wollen wir nachfolgend aufgreifen.

Auch in den Transformationsländern Mittel- und Osteuropas sowie den Nachfolgestaaten der Sowjetunion, in China sowie vielen Entwicklungsländern fehlt es bisher noch weitgehend an einer tragfähigen marktwirtschaftlichen Ordnung. Den Transformationsländern muß – auch wegen der davon möglicherweise ausgehenden Rückwirkungen auf den deutschen Arbeitsmarkt – dabei besondere Aufmerksamkeit geschenkt werden.

Mit dem Übergang zu einer Sozialen Marktwirtschaft kann die Grundlage für einen tragfähigen gesellschaftlichen Grundkonsens gelegt werden, der eine stabile wirtschafts- und gesellschaftspolitische Entwicklung bei dauerhaft hoher Beschäftigung ermöglicht. Die Soziale Marktwirtschaft beruht aber ihrerseits auf Grundlagen, die außerhalb der Fragen der reinen Wirtschaftsordnung liegen. Wer die Soziale Marktwirtschaft erhalten will, muß diese Faktoren jenseits der Wirtschaftsordnung im Auge behalten.

Arbeit für alle – auch in den neuen Bundesländern

Der Zusammenbruch der Beschäftigung in Ostdeutschland nach der deutschen Einheit war ein Schock – ein Schock vor allem für die Betroffenen, denen das Risiko der Arbeitslosigkeit bis dahin völlig fremd war. Wirtschaftlich gesehen war der »Arbeiter- und Bauernstaat« DDR wie ein Bauernhof organisiert (Kapitel 1). Alle verfügbaren Arbeitskräfte wurden in der Produktion eingesetzt. Ein Beschäftigungsproblem gab es nicht. Die Versorgung der Bevölkerung mit Konsumgütern und Dienstleistungen ließ jedoch stark zu wünschen übrig. Vor der Wende blickte man in Ostdeutschland mit verständlichem Neid auf den hohen Lebensstandard der Verwandten im Westen. Die harte D-Mark war Symbol und Verheißung des goldenen Westens. So wurde in der Zeit des Umbruchs auf den Straßen skandiert: »Kommt die D-Mark, bleiben wir, kommt sie nicht, gehen wir zu ihr.« Die Währungsunion mit Ostdeutschland noch vor der deutschen Einheit war politisch unvermeidlich. Im Anschluß an die Einführung der D-Mark im Osten kam es dort zu einem dramatischen Beschäftigungseinbruch. Etwa 3 Millionen Arbeitsplätze gingen innerhalb von nur zwei Jahren verloren. Bis heute ist die Arbeitslosigkeit in den neuen Bundesländern überdurchschnittlich hoch geblieben. Wird der Osten Deutschlands dauerhaft zu einem wirtschaftlichen Notstandsgebiet, oder kann die Kluft zwischen Ost und West in einem überschaubaren Zeitraum abgebaut werden?

Die Erwartungen und Hoffnungen, die an die Währungsumstellung geknüpft wurden, waren völlig unrealistisch. Im Osten erhoffte man sich Wohlstand quasi über Nacht. Im Westen glaubte man, daß mit der Einführung der Marktwirtschaft und der D-Mark wenigstens die Grundlagen eines wirtschaftlichen Aufschwungs im Osten gelegt seien. Folge der Währungsumstellung war jedoch, daß die unproduktive DDR-Wirtschaft schockartig mit einer Aufwertung überzogen wurde. Damit nicht genug, kam es im Anschluß an die Währungsunion zu einer erheblichen Steigerung der Löhne im Osten. Verständlicherweise erhofften sich die Ostdeutschen von der Wende eine möglichst rasche Angleichung der Löhne an das Westniveau. Die Ostlöhne, 1 zu 1 umgestellt auf D-Mark, waren jedoch nicht mehr von der Produktivität gedeckt. Das Deutsche Institut für Wirtschaftsforschung (DIW),

Berlin, schätzte vor der Wende die Produktivität der ostdeutschen Wirtschaft auf etwa 40 Prozent des Westniveaus. Im Zuge der Transformation sank diese Vergleichszahl im Jahr 1991 auf 31 Prozent. Die Löhne stiegen aber weiter an, so daß sie im Jahr 1991 um etwa 50 Prozent über der Produktivität lagen.

Die Produktivität wird bei gegebener Qualifikation der Arbeitskräfte in erster Linie von der Größe und der Qualität des vorhandenen Kapitalstocks bestimmt. Die Kapitalausstattung der ostdeutschen Wirtschaft war im Vergleich zum Westen mager. Die amtliche Statistik setzt den Wert des Kapitalstocks in Ostdeutschland zum Zeitpunkt der Wende bei etwas mehr als 1.200 Milliarden D-Mark an. Pro Kopf der Bevölkerung entsprach dies rund 40 Prozent des Westniveaus (196.000 D-Mark pro Kopf im Westen gegenüber 78.000 D-Mark im Osten). Dieser Kapitalstock wurde jedoch durch die Währungsumstellung und den anschließenden Lohnanstieg wirtschaftlich weitgehend entwertet. Zwar schätzte der erste Chef der Treuhandanstalt, Detlev K. Rohwedder, den »ganzen Kram« immer noch auf 600 Milliarden D-Mark. Aber auch damit war das ehemals volkseigene Produktivvermögen Ostdeutschlands bei weitem überschätzt. Der Kassensturz der Treuhandanstalt erbrachte Ende 1994 einen Verlust aus der Privatisierung von 300 Milliarden D-Mark. Der Wert eines Unternehmens bestimmt sich nun einmal aus seinen Ertragserwartungen. Wenn die Löhne weit über der Produktivität liegen und zudem noch mit schnellen Lohnsteigerungen gerechnet werden muß, können keine Gewinne, sondern nur Verluste erwartet werden. Das Produktivvermögen der ehemaligen DDR ist durch Währungsunion und anschließenden Lohnanstieg wirtschaftlich völlig entwertet, ja sogar negativ geworden.[1]

Das DIW ist nach der Wende hart kritisiert worden, es habe die Produktivität der DDR-Wirtschaft weit überschätzt. Das Produktivvermögen der DDR vor der Wende sei viel maroder gewesen als angenommen. Diese Kritik war überzogen. Auch wenn der Kapitalstock der DDR zweifellos veraltet und in schlechtem Zustand war, hätten große Teile davon ohne Aufwertung und anschließendem Lohnanstieg weiter genutzt werden können. Zwar ist richtig, daß die DDR-Wirtschaft Ende der achtziger Jahre zunehmend »auf Verschleiß« gefahren wurde, ein dramatischer Wirtschaftseinbruch stand ihr aber nicht bevor.

Der Beschäftigungseinbruch nach der Wende ist nicht allein durch den schlechten Zustand der DDR-Wirtschaft zu erklären. Mehrere andere Faktoren kamen hinzu. Die rasche Transformation von der Planwirtschaft zur Marktwirtschaft hat den Betroffenen viel abverlangt. Zu DDR-Zeiten waren die Unternehmen gewohnt, daß ihnen Waren und Dienstleistungen aus der Hand gerissen wurden, dagegen war die Beschaffung von Vorleistungen ein Problem. Unternehmen in den neuen Ländern mußten lernen, daß in der Marktwirtschaft der Absatz von Waren und Dienstleistungen zum Problem wurde. Hohe Warenlager belasteten unter marktwirtschaftlichen Bedingungen dagegen die Liquidität und mußten abgebaut werden. In der Marktwirtschaft war praktisch alles neu und anders. Probleme im Übergang konnten dabei nicht ausbleiben. Eine weitere schwere Belastung für den Aufschwung Ost war das Problem der Rückgabe bzw. der Entschädigung von Alteigentümern. Die Bundesregierung hat sich in den Verhandlungen zum Einigungsvertrag früh auf einen Vorrang für die Rückgabe festgelegt. Eine Entschädigungsregelung schien zu teuer. Obwohl später »Vorfahrtsregeln« für Investitionen eingeführt wurden, war nicht mehr zu vermeiden, daß ungelöste Fragen der Rückgabe den Aufschwung in vielen Fällen hemmten. Ein weiteres gravierendes Problem war das rasche Wegbrechen der traditionellen Absatzmärkte im Osten. Diese Schwierigkeiten waren weitgehend von außen vorgegeben und damit bis zu einem gewissen Grad unvermeidlich.

Daneben gab es aber auch »hausgemachte« Probleme, die zumindest direkt weder eine Folge der »Erblast« noch Folge der Transformationsprobleme waren. Zu den »hausgemachten« Problemen zählt dabei nicht etwa die rasche Privatisierung durch die Treuhandanstalt. Diese politische Entscheidung war richtig. Jeder Versuch der Sanierung unter Staatsregie hätte schlechtere Ergebnisse gebracht. Angesichts der Schnelligkeit der Privatisierung waren Fehler in Einzelfällen sicher unvermeidlich. Das wesentliche »hausgemachte« Problem waren die makroökonomischen Rahmenbedingungen, unter denen die Privatisierung und der Neuaufbau stattfinden mußten. Diese Bedingungen waren die denkbar schlechtesten.

Wegen der dramatischen Aufwertung der Währung und des anschließenden Lohnanstiegs waren die Löhne in Ostdeutschland, wie bereits erwähnt, weit über die Produktivität hinaus angestiegen. Betriebswirtschaftlich gesehen bedeutete dies, daß die bestehenden ostdeutschen Unternehmen gewaltige Verluste erwirtschafteten. Mancherorts waren die Verluste größer als der Umsatz. Wer kauft aber verlustbringende Unternehmen? Wie Sauerbier mußte die Treuhandanstalt die Unternehmen anbieten. Zur Deckung der künftig zu erwartenden Verluste mußten Investoren mit hohen Subventionen gelockt werden. Um Mißbrauch und Subventionsbetrug zu vermeiden, mußten die Subventionen an Investitions- und Beschäftigungszusagen geknüpft und mit Vertragsstrafen bewehrt werden. Kein Wunder, daß die Treuhandanstalt potentiellen Interessenten mühsam hinterherlaufen mußte. Die Lohn-Produktivitäts-Lücke von etwa 50 Prozent war eine schwere Hypothek für die Privatisierung und den Aufschwung Ost. Ohne die Lohn-Produktivitäts-Lücke hätte die Privatisierung ein schwunghafter Handel werden können. Das Wegbrechen ganzer Industriesektoren mit seinen negativen Folgen für die Beschäftigung hätte vermieden bzw. begrenzt werden können.

Die produktivitätsgerechte Entlohnung in Ostdeutschland hätte dabei keineswegs bedeuten müssen, daß der Lebensstandard der Ostdeutschen auf dem DDR-Niveau geblieben wäre. Das wirtschaftspolitische Kunststück, die deutsche Einheit bei Erhalt eines hohen Beschäftigungsstandes im Osten zu meistern, hätte darin bestanden, über niedrige Löhne den Wirtschaftsstandort Ost attraktiv zu machen und den Ostdeutschen einen finanziellen Ausgleich in Form eines direkten, degressiv gestalteten Einkommenstransfers zu gewähren. In den ersten zwei Jahren wären dabei die aus Westdeutschland zu leistenden Transfers sicherlich hoch gewesen. Schon nach relativ kurzer Zeit hätte der damit bewirkte selbsttragende Aufschwung in den neuen Bundesländern jedoch die Senkung der Transferleistungen erlaubt. Politisch wäre es darum gegangen, bei Lohnzurückhaltung in Ost und West die Bereitschaft zur Solidarität im Westen mit den materiellen Ansprüchen des Ostens in Übereinstimmung zu bringen. Die Aufgabe, den Auschwung Ost zu initiieren, konnten die gewährten Unternehmenssubventionen nur unzureichend leisten. Den Weg zum vielbeschworenen selbsttragenden Aufschwung Ost hätte die Lohnpolitik bereiten müssen. Die Angleichung der Löhne an das Westniveau hätte dann im Ergebnis schneller erfolgen können, als es jetzt der Fall sein wird. Entscheidend für einen selbsttragenden Aufschwung im Osten war und ist, in welchem Umfang privates Investitionskapital angelockt werden kann. Privates Kapital wird durch gute Gewinnerwartungen vor Steuern angelockt. Subventionen und Steuervergünstigungen für Unternehmen sind dafür kein hinreichender Ersatz.

Sieben Jahre nach der deutschen Einheit liegt die Produktivität im Osten erst bei etwa 60 Prozent des Westniveaus. Gemessen daran sind die Löhne im Osten nach wie vor viel zu hoch. Sie liegen in Ostdeutschland um 30 Prozent über der Produktivität; schlimmer noch: Diese Lohn-Produktivitäts-Lücke nimmt seit 1994 nicht mehr ab. Unter diesen Bedingungen kann es keinen dynamischen, selbsttragenden Aufschwung im Osten geben. Das Wachstum im Osten lag 1996 kaum höher als im Westen, 1997 lag es sogar unter der westdeutschen Rate. Das gleiche wird für 1998 erwartet. Die Bereitschaft im Westen, weitere Transfers zu leisten, geht zurück. Die Ostförderung mußte unter dem Diktat der leeren Haushaltskassen reduziert werden. Die Politik hat die Chance zur Herstellung der deutschen Einheit mutig ergriffen und glänzend gemeistert, das Beschäftigungsproblem Ost harrt aber noch der Lösung.

Was ist zu tun? Heute ist es zu spät, um direkte Einkommenshilfen in größerem Umfang einzusetzen: Der Lohnanstieg ist nicht mehr rückgängig zu machen. Jetzt hilft nur noch ein wirtschaftlicher Aufschwung im Westen, der so stark ist, daß er den Osten mitzieht. Wie dieses Beschäftigungswunder auf den Weg gebracht werden kann, war Thema der vorhergehenden Kapitel dieses Buches. Bis der so erzeugte Aufschwung in ganz Deutschland richtig greift, muß die Ertragsschwäche im Osten weiter über Subventionen abgefedert werden. Dies ist zwar wegen des damit verbundenen Investitionsdirigismus beileibe kein Königsweg, doch andernfalls rutscht die Wirtschaft im Osten noch weiter ab. Eine zeitliche Streckung der Anpassung der Ostlöhne an das Westniveau würde den Aufholprozeß dabei unterstützen.

Transformationsländer: eine Perspektive für Europa

Die Transformationsprozesse in den mittel- und osteuropäischen Ländern sowie in den Nachfolgestaaten der Sowjetunion sind bisher nicht sehr erfolgreich verlaufen. Auf der Habenseite ist sicher zu buchen, daß sie insgesamt überwiegend friedlich verlaufen sind und in nahezu allen

Staaten demokratische Strukturen aufgebaut wurden. Kriegerische Auseinandersetzungen hat es in den Nachfolgestaaten Jugoslawiens und in Tschetschenien gegeben. Diese Konflikte blieben jedoch regional begrenzt.

Die wirtschaftliche und soziale Situation in den meisten Transformationsländern kann aber nicht befriedigen. Besonders besorgniserregend ist die Entwicklung in Rußland. Die mittel- und osteuropäischen Staaten haben sich im Vergleich zu Rußland besser entwickelt, wobei auch hier erhebliche Unterschiede zwischen den einzelnen Ländern bestehen. Werfen wir einen kurzen Blick auf die wirtschaftliche Entwicklung in einzelnen Transformationsländern. Dabei ist für uns nicht nur die Frage von Interesse, wie die Beschäftigungsprobleme der Transformationsländer überwunden werden können. Wir müssen auch nach den Rückwirkungen einer dynamischen wirtschaftlichen Entwicklung in den Transformationsländern auf die Beschäftigung in Deutschland fragen. Deutschland hat einerseits besonders gute Chancen, in den östlichen Reformländern neue Absatzmärkte zu erschließen. Auf der anderen Seite gibt es vielfach Befürchtungen, daß sich unter dem Druck einer erstarkenden Billigkonkurrenz aus dem Osten die Beschäftigungsprobleme in Deutschland verschärfen könnten.

Rußland: eine vermeidbare Beschäftigungskatastrophe

In allen Reformländern gab es zu Beginn der Transformation einen mehr oder weniger tiefen wirtschaftlichen Einbruch. Polen war das erste Transformationsland, in dem bereits im Jahr 1992 wieder eine wirtschaftliche Erholung eingesetzt hat. In Ungarn, Tschechien und der Slowakei wurde die Talsohle im Jahr 1993 durchschritten. In Rußland dagegen ist die Wirtschaftskraft seit 1990 Jahr für Jahr zurückgegangen, teilweise mit zweistelligen Raten. Erstmals seit sieben Jahren verzeichnete das Bruttoinlandsprodukt 1997 keinen Rückgang. Die Arbeitslosigkeit liegt heute offiziell bei 10 Prozent, in Wahrheit aber weit höher.[2] Nach wie vor zögert die russische Regierung, Entflechtung und Umstrukturierung der mit Arbeitskräften überbesetzten großen staatlichen oder halbstaatlichen Kombinate in Angriff zu nehmen, weil damit die bestehende Arbeitslosigkeit offen zutage treten würde. Nur etwa 36 Prozent aller Beschäftigten sind im privaten Sektor tätig, weitere 24 Prozent im gemischten Sektor, das heißt in Unternehmen mit staatlicher Kapitalbeteiligung. Die restlichen 40 Prozent befinden sich im öffentlichen Sektor, also in rein staatlichen Unternehmen und in der Verwaltung. Die Investitionen in Rußland lagen 1996 nur noch bei einem Viertel des Niveaus von 1990. Die Talfahrt der Investitionen hat sich 1997 mit einem Rückgang von 7 Prozent weiter fortgesetzt. Die sozialen Unterschiede haben gewaltige Ausmaße angenommen. Nach Angaben der russischen Regierung lebt ein Viertel der Bevölkerung unterhalb der Armutsgrenze. Einige wenige haben – auf mehr oder weniger legale Weise – gewaltige Vermögen angehäuft. Allerdings in der Regel nicht durch die Produktion von Waren und Dienstleistungen. Kaum jemand kann in Rußland zur Zeit aus langfristigen Investitionen Gewinne erwarten. Die Unsicherheit für Investoren ist so groß, daß mit extrem kurzem Zeithorizont gewirtschaftet wird. Lohnend sind vor allem Handelsaktivitäten und der Export von Rohstoffen. Am profitabelsten sind natürlich die illegalen Schiebereien der Mafia. Unternehmer können Produkte und Leistungen aber nur dann anbieten und entsprechende risikobehaftete Investitionen durchführen, wenn sie Gewinne erwarten können. Dazu wären Rechtssicherheit und stabile wirtschaftliche Rahmenbedingungen notwendig. Beides fehlt in Rußland wie in vielen anderen Transformationsländern.

Es gibt aber auch positive Beispiele. Frappierend ist die erfolgreiche Beschäftigungspolitik in Tschechien. Die Arbeitslosenquote ist während des gesamten Transformationsprozesses nie über 4 Prozent hinausgegangen. Das Wirtschaftswachstum liegt seit 1995 bei etwa 4 Prozent. Die Investitionen wachsen seit 1995 mit zweistelligen Raten. Sicher kann nicht ohne weiteres Tschechien mit Rußland verglichen werden. Die geographische Lage Tschechiens im Herzen Europas in unmittelbarer Nachbarschaft zur Europäischen Union, verbunden mit der Perspektive des Beitritts, bietet fraglos besonders günstige Bedingungen. Dennoch ist Tschechien in mehrfacher Hinsicht ein lehrreiches Beispiel. Das Land liefert einen Beleg für unsere These, daß Vollbeschäftigung keine Frage des absoluten Niveaus der Leistungsfähigkeit einer Volkswirtschaft ist, sondern eine Frage der Übereinstimmung zwischen Ansprüchen an das Sozialprodukt und gesamtwirtschaftlichem Verteilungsspielraum. Ein deutscher Arbeiter verdient im Durchschnitt annähernd zehnmal so viel wie ein tschechischer. Die Produktivität der tschechischen Wirtschaft – gemessen als Bruttoinlandsprodukt pro Kopf der Bevölkerung – erreicht aber mehr als ein Drittel der Produktivität der deutschen Wirtschaft. Die tschechischen Löhne sind also nicht nur absolut niedriger als in Deutschland, auch gemessen an der Produktivität ist die Lohnzurückhaltung dort größer als in Deutschland. Zugleich zeigt das Beispiel Tschechien aber auch, daß die wirtschaftlichen Schwierigkeiten anderer Transformationsländer nicht pauschal als unumgänglich bezeichnet werden können.

Je schwächer die Wirtschaftsleistung eines Landes ist, desto schwieriger wird es natürlich, die Ansprüche an das wirtschaftlich Mögliche anzupassen. In Rußland liegt der Durchschnittsverdienst einer Arbeitskraft noch weit unter dem tschechischen Niveau. Gerade 3,5 Prozent des deutschen Niveaus werden erreicht. Wenn die Wirtschaftskraft nachläßt, die Verbraucher also bereits an ein besseres Versorgungsniveau gewöhnt sind, ist es verständlicherweise besonders schwierig, die Ansprüche nach unten anzupassen. Der russischen Bevölkerung ist hier schon Beispielloses abverlangt worden. Die Durchschnittslöhne sind, sofern sie überhaupt ausbezahlt werden, seit dem Zusammenbruch des kommunistischen Regimes real um etwa 40 Prozent gefallen. Unter diesen extremen Umständen kann Beschäftigungspolitik natürlich nicht mehr allein auf die Aufgabe reduziert werden, die Ansprüche mit dem Verteilungsspielraum abzustimmen. Wenn ein Großteil der Bevölkerung unter die Armutsgrenze gefallen ist, wäre das eine zynische Sichtweise. Angebots- und Wachstumspolitik zur Verbesserung der Produktivität der Wirtschaft ist unter diesen Umständen eine Vorbedingung für einen Beschäftigungsanstieg. Sie schafft überhaupt erst die Voraussetzung für eine Abstimmung von Ansprüchen und Verteilungsspielraum. Eine Verbesserung der Beschäftigungssituation kann also unter derartigen Bedingungen realistischerweise erst im Zuge eines Wachstumsprozesses erwartet werden, der von einer Steigerung der Produktivität getragen wird. Voraussetzung für eine lohn- und geldpolitisch getragene Beschäftigungspolitik ist mit anderen Worten, daß entsprechende Anreize für private wirtschaftliche Aktivität überhaupt vorhanden sind, daß also zumindest privatwirtschaftliche Aktivität nicht grob behindert wird. Unabdingbar ist, daß funktionsfähige

Märkte (einschließlich der Kapitalmärkte) wenigstens ansatzweise vorhanden sind, daß ein Mindestmaß an Wettbewerb und Rechtssicherheit herrscht, daß eine einigermaßen stabile Geld- und Währungsordnung existiert, daß die heimische Währung nicht erheblich überbewertet ist und private wirtschaftliche Aktivitäten nicht konfiskatorisch besteuert werden.

Mit der Einführung eines marktwirtschaftlichen Rechtsrahmens allein sind aber noch lange keine funktionsfähigen Güter- und Kapitalmärkte geschaffen. Rechtsvorschriften müssen in die Praxis umgesetzt, Verstöße dagegen geahndet werden, um Rechtssicherheit herzustellen. Mit der formalen Übertragung des volkseigenen Produktivvermögens auf private Eigentümer verfügen die so »privatisierten« Unternehmen weder über neues Kapital noch über neue unternehmerische Konzepte und Management-Know-how. Funktionsfähige Märkte gibt es nur, wenn ausreichend Wettbewerb herrscht. Privatisierung allein ist zu wenig, wenn im Ergebnis private Monopole entstehen. Für einen funktionsfähigen Wettbewerb bedarf es einer gesunden Mischung aus kleinen, mittleren und großen Unternehmen. Der Aufbau eines leistungsfähigen wirtschaftlichen Mittelstandes ist gerade unter diesem Aspekt von besonderer Bedeutung.

Kleine und mittlere Unternehmen stoßen aber gerade in Rußland nach wie vor auf fast unüberwindliche Hemmnisse. Das größte Problem ist dabei der gravierende Mangel an Finanzierungsmöglichkeiten. Die Eigenkapitalausstattung der Existenzgründer ist in den meisten Fällen völlig unzureichend. Kommerzielle Kredite von Geschäftsbanken sind für kleine und mittlere Unternehmen oft nur zu erhalten, wenn die Eigentümer der Unternehmen über gute persönliche Beziehungen verfügen. Allenfalls in Ausnahmefällen gibt es Kredite mit sehr kurzer Laufzeit. Der reale Zins dafür beträgt in Rußland zur Zeit (Mitte 1998) etwa 50 Prozent.

Ein funktionsfähiger Markt für Eigen- und Fremdkapital konnte aber nicht entstehen, weil in Rußland bisher keine stabile Geld- und Währungsordnung existiert. Die hohen Inflationsraten bewirkten eine drastische Verkürzung des Zeithorizontes für alle wirtschaftlichen Entscheidungen. Die wirtschaftliche Aktivität verlagert sich zunehmend von der Investitions- und Produktionstätigkeit hin zur reinen Handelstätigkeit. Ersparnisse zur Finanzierung von längerfristigen

Investitionen in privaten Unternehmen stehen kaum zur Verfügung. Soweit es überhaupt gesamtwirtschaftliche Ersparnis gibt, wird diese durch Geldschöpfung erzwungen und zur Deckung der Defizite der öffentlichen Haushalte eingesetzt. Vor diesem Hintergrund bleibt den privaten Unternehmen als einzige Alternative die Selbstfinanzierung. Die Fähigkeit dazu wird aber durch die hohe Abgaben- und Steuerlast beeinträchtigt. Vielfach gibt es einen Wildwuchs gerade im Bereich der kommunalen Abgaben. Wer kann, behilft sich im Wege der Steuerhinterziehung, womit die öffentlichen Haushalte wiederum notleidend werden.

In Rußland betrug der Anstieg der Verbraucherpreise im Jahr 1992 rund 2.500 Prozent. Seitdem wurden – auch unter dem Druck des Internationalen Währungsfonds – die größten Anstrengungen unternommen, die Inflation zu reduzieren. Die Geldpolitik mußte über den gesamten Zeitraum einen zunehmend restriktiven Kurs steuern. Tatsächlich gelang es, den Anstieg der Verbraucherpreise im Jahr 1997 bis auf 14 Prozent zurückzuführen. Diese sich jahrelang hinziehende Stabilisierungspolitik hat die wirtschaftliche Entwicklung in Rußland ganz wesentlich behindert. In Westdeutschland hat man 1948 aus wohlerwogenen Gründen einen anderen Weg gewählt. Um eine langanhaltende Stabilisierungskrise zu vermeiden, wurde mit der Währungsreform ein schneller und harter Schnitt gezogen, der aber im Anschluß einen wirtschaftlichen Neuanfang bei Stabilität ermöglichte.

Internationale Unterstützungsleistungen, die es in nicht geringem Umfang gab und gibt, und Verschuldung im Ausland können den Transformationsländern nicht mehr als eine Atempause verschaffen, sie können die Probleme letztlich nicht lösen. Länder, die sich im Ausland verschulden, sind aber praktisch zum ökonomischen Erfolg verurteilt, wenn sie nicht zum Spielball der Gläubiger werden wollen. Wer erst im »Pariser Club« oder »Londoner Club« um Entlastung vom Schuldendienst nachsuchen muß, ist so gut wie verloren. Mehr als jede materielle Unterstützung durch die westlichen Industrieländer hätte eine wirklich effektive und kompetente wirtschaftspolitische Beratung der Transformationsländer leisten können. Guter Rat wäre in diesem Fall nicht teuer gewesen; ob er gegeben wurde, wissen wir nicht. Wenn es ihn gab, ist er nicht befolgt worden.

Hongkong vor der Haustür: Beschäftigungsgefahren aus dem Osten?

Die wirtschaftliche Entwicklung der Transformationsländer im Osten wird häufig mit den Beschäftigungsproblemen in Deutschland in Verbindung gebracht. Polnische Arbeiter verdrängen auf deutschen Baustellen zunehmend einheimische Arbeitskräfte. Eisen- und Stahlerzeugnisse, Holzprodukte, Lederwaren und Textilien aus Mittel- und Osteuropa drängen auf den deutschen Markt. Deutsche Unternehmen investieren in Tschechien oder verlagern Produktionsstätten nach Ungarn. Mit einem Wort: Seit dem Fall des Eisernen Vorhangs haben wir Niedriglohnländer in unmittelbarer Nachbarschaft, quasi »Hongkong vor der Haustür«. Vielfach werden dramatische Konsequenzen für den Arbeitsmarkt in Deutschland befürchtet, wenn die mittel- und osteuropäischen Länder in die Europäische Union integriert werden und Rußland wirtschaftlich erstarkt. Ist die wirtschaftliche Entwicklung der mittel- und osteuropäischen Staaten und deren Beitritt zur Europäischen Union tatsächlich eine wirtschaftliche Gefahr für Deutschland?

Die nackten Zahlen sprechen bislang eine andere Sprache. Die deutsche Handelsbilanz mit den Transformationsländern ist in etwa ausgeglichen. 9,1 Prozent der deutschen Exporte gingen 1996 in die Transformationsländer. Deren Anteil an allen deutschen Importen betrug im gleichen Jahr ebenfalls 9,1 Prozent. Diese Export- und Importanteile wachsen, allerdings keineswegs dramatisch. Bei den deutschen Direktinvestitionen ergibt sich bisher eine recht verhaltene Entwicklung, von einem »Run« nach Osten kann keine Rede sein. In den ersten fünf Jahren seit dem Fall des Eisernen Vorhangs haben deutsche Unternehmen weniger als 5 Milliarden US-Dollar in mittel- und osteuropäischen Ländern investiert. Das waren etwa 0,2 Prozent aller deutschen Investitionen. Die meisten Investitionen dienten dabei – wie viele Umfragen bestätigen – der Sicherung von Absatzmärkten in diesen Ländern. Die Verlagerung von Produktionsprozessen spielte dagegen bisher eine relativ geringe Rolle. 30 Prozent aller Direktinvestitionen in die mittel- und osteuropäischen Länder flossen zudem in den Dienstleistungssektor, zum Beispiel in den Bau von Hotels. Diese wenigen Zahlen zeigen, daß die deutsche Wirtschaft im Zuge der Öffnung der Märkte im Osten bisher einem verhältnismäßig geringen strukturellen Anpassungsdruck ausgesetzt war. Das muß bei einer dynamischen Entwicklung in den Transformationsländern natürlich nicht so bleiben.

Für die Zukunft ist in der Tat nicht auszuschließen, daß in bestimmten Sektoren strukturelle Anpassungserfordernisse entstehen, die das übliche Maß übersteigen. Insbesondere in arbeitsintensiven Bereichen kann die Billiglohnkonkurrenz aus dem Osten dann stärker spürbar werden. Dies kann in diesen Bereichen zu Arbeitsplatzverlusten führen. Wenn die strukturellen Veränderungen jedoch keinen schockartigen Charakter annehmen, ist es ohne weiteres möglich, daß im gleichen Tempo, wie Arbeitsplätze wegfallen, neue Arbeitsplätze entstehen. Die Intensivierung der Handels- und Wirtschaftsbeziehungen kann sich durchaus bei Vollbeschäftigung sowohl in den mittel- und osteuropäischen Ländern als auch in Deutschland vollziehen, wenn die oben dargestellten Grundregeln der Beschäftigungspolitik jeweils beachtet werden. Keines der Länder muß dann beschäftigungspolitische Erfolge zu Lasten der jeweils anderen Länder anstreben. Der intensive Austausch von Waren, Dienstleistungen und Kapital vollzieht sich zum gegenseitigen Vorteil aller Beteiligten.

Es ist nicht mehr als ein Vorurteil aus längst überwundenen merkantilistischen Zeiten, daß eine Konkurrenz aus Ländern mit niedrigen Lohnkosten die heimischen Arbeitsplätze zwangsläufig gefährdet. Diese Sorge ist nur begründet, wenn es in der makropolitischen Steuerung im Inland zu schwerwiegenden Fehlern kommt. Eine protektionistische Abschottung gegenüber Billiglohnländern bietet in solchen Fällen keine Zuflucht. Auf diese Weise können Beschäftigungsprobleme in bestimmten Sektoren allenfalls kurzfristig verschleiert werden. Es ist auf Dauer nicht möglich, sich im Wege der Abschottung vor internationaler Konkurrenz Einkommensvorteile und bessere Beschäftigungschancen zu verschaffen. Im Gegenteil: Langfristig werden bei einem Rückgriff auf protektionistische Maßnahmen Einkommenschancen verschenkt. Statt sich vor Billiglohnkonkurrenz durch Abschottung zu schützen, sollten wir auf eine dynamische wirtschaftliche Entwicklung in den bisherigen Billiglohnländern setzen, insbesondere wenn sich diese unmittelbar vor unserer Haustür befinden. Die Wirtschaftsentwicklung in den mittel- und osteuropäischen Ländern kann durch eine allmähliche Integration dieser Länder in die Europäische Union unterstützt werden.

Im Zuge einer dynamischen Entwicklung mit wachsender Produktivität werden auch die Löhne in den mittel- und osteuropäischen Ländern steigen. Der gewaltige Lohnkostenvorteil gegenüber Deutschland schmilzt damit allmählich dahin. Gleichzeitig ergeben sich dabei insbesondere für die deutsche Wirtschaft Chancen zur Erschließung neuer Absatzmärkte und zur Nutzung von Spezialisierungsvorteilen. Langfristig wiegen diese Vorteile die vorübergehenden strukturellen Anpassungskosten mehr als auf. Gerade für Deutschland wäre es wirtschaftlich nachteilig, wenn die Oder und der Böhmerwald für längere Zeit eine scharfe Wohlstandsgrenze bilden würden. Insbesondere für die grenznahen Gebiete in Deutschland wäre dies eine starke Beeinträchtigung der Entwicklungsmöglichkeiten. Erinnert sei nur an die Probleme der sogenannten »Zonenrandgebiete« zu Zeiten der deutschen Teilung. Trotz Zonenrandförderung blieben diese Gebiete wirtschaftlich hinter der allgemeinen Entwicklung zurück.

Zwischen Deutschland und den mittel- und osteuropäischen Ländern bestanden traditionell intensive Handelsbeziehungen. Mit dem Fall des Eisernen Vorhangs besteht die Chance, diese ehemaligen Handelspartnerschaften neu zu beleben. Bereits jetzt zeigt sich, daß Deutschland der mit großem Abstand wichtigste Handelspartner der mittel- und osteuropäischen Länder ist. 1995 gingen zum Beispiel 58 Prozent aller Exporte Tschechiens nach Deutschland. 52 Prozent der tschechischen Importe kamen aus Deutschland. Mit dem Beitritt mittel- und osteuropäischer Länder zur Europäischen Union werden sich die Handelsbeziehungen zu Deutschland weiter intensivieren. Deutschland hat alle Chancen, von dieser Osterweiterung der Europäischen Union besonders zu profitieren. Eine Integration der mittel- und osteuropäischen Länder ist aber nur möglich, wenn die Institutionen der Europäischen Union sowie wesentliche Politikbereiche grundlegend reformiert werden. Eine einfache Fortsetzung der europäischen Agrarpolitik sowie der Struktur- und Regionalförderung in der bisherigen Form würde eine Osterweiterung für lange Zeit unmöglich machen. Wenn die Europäische Union die Kraft zu einer Reform auf diesen Gebieten aufbringt, bietet die Integration der mittel- und osteuropäischen Länder gerade für Deutschland letztlich mehr Chancen als Risiken.

Wichtig ist, daß im Verlauf des Integrationsprozesses bruchartige strukturelle Veränderungen vermieden werden, die Konvergenz also graduell und zeitlich gestreckt gestaltet wird. Dann können die erforderlichen strukturellen Anpassungsprozesse von der Wirtschaft ohne staatliche Hilfen geleistet werden, ohne daß damit gesamtwirtschaftliche Beschäftigungsrisiken verbunden wären. Die mittel- und osteuropäischen Länder stellen weder jetzt noch im Falle einer eventuellen weiteren Verstärkung ihrer Wachstumsdynamik eine Gefahr für die Beschäftigung in Deutschland dar. Eine Senkung der Löhne in Deutschland in Richtung auf das Niveau der mittel- und osteuropäischen Länder ist weder jetzt noch künftig notwendig, um Vollbeschäftigung in Deutschland zu erreichen. Das Umgekehrte wird passieren: Die Löhne in Mittel- und Osteuropa werden sich an das deutsche Niveau annähern, bei hoher Beschäftigung auf beiden Seiten. Vollbeschäftigung in Deutschland kann trotz »Hongkong vor der Haustür« allein über die Lohn- und Geldpolitik erreicht werden, wenn die Politik keine künstlichen strukturellen Brüche auf dem Weg zur Integration Mittel- und Osteuropas in die Europäische Union erzeugt.

Grundlagen der Gesellschaft jenseits der Wirtschaftsordnung

Unsere Vorschläge zur Beschäftigungspolitik setzen – wie erwähnt – eine wenigstens in Ansätzen funktionsfähige marktwirtschaftliche Ordnung voraus. Die marktwirtschaftliche Ordnung ist aber ihrerseits von Bedingungen abhängig, die eine Marktwirtschaft aus sich selbst heraus nicht schaffen kann, Bedingungen, die jenseits der Fragen der Gestaltung der Wirtschaftsordnung liegen. Eine Marktwirtschaft kann ihre volle Funktionsfähigkeit nur entfalten, wenn sie eingebettet ist in ein stabiles, demokratisch organisiertes Gemeinwesen, eine politische Ordnung, die von einem breiten Grundkonsens über individuelle und gesellschaftliche Werte getragen wird. Eine erfolgreiche Marktwirtschaft braucht Menschen, die Freude an der Arbeit haben, Menschen, die als abhängig Beschäftigte oder als Selbständige Verantwortung übernehmen und Eigeninitiative entfalten.

Ein Klima des gegenseitigen Vertrauens ist dabei für den wirtschaftlichen Erfolg besonders günstig. Was sich unter ehrbaren Kaufleuten oder unter »Gentlemen« von selbst versteht, braucht nicht geregelt, kodifiziert und über Rechtsanwälte und Gerichte verfolgt oder eingeklagt zu werden. Ein »Ehrenkodex« kann sich allerdings nur zwischen Personen ausbilden, zwischen denen gesellschaftlicher Kontakt nicht aufgrund zu großer sozialer Unterschiede ausgeschlossen ist. Wo eine dünne Oberschicht die Massen der Elenden unterdrückt, können im allgemeinen weder Eigenverantwortung noch gegenseitiges Vertrauen wachsen. Eine marktwirtschaftliche Ordnung kann sich jeweils nur soweit in einer Gesellschaft ausbreiten, wie die Gleichheit vor dem Gesetz formal und in der Rechtswirklichkeit reicht. Marktwirtschaft braucht, wenn sie zur Stabilität der Gesellschaft beitragen soll, deshalb auch ein Mindestmaß an Gleichheit – vor dem Gesetz und an Chancen. Chancengleichheit bedeutet, daß nicht bereits die Geburt über Erfolg und Mißerfolg in der Gesellschaft entscheidet. Die formale Freiheit allein reicht nicht aus, um Chancengleichheit in diesem Sinn sicherzustellen.

Der Kapitalismus als Wirtschaftsform hat historisch gesehen nicht etwa dazu geführt, daß sich das eigenverantwortliche Leistungsstreben und das Vertrauen auf die Redlichkeit des Geschäftspartners in seinem Gefolge entwickelt hätten. Vielmehr fand der entstehende Kapitalismus diese Bedingungen vor, oder besser gesagt: er konnte gerade dort entstehen, wo er diese Bedingungen vorgefunden hat. Max Weber hat diese Zusammenhänge in seinen Werken zur Religionssoziologie präzise herausgearbeitet. Manche Erkenntnisse Webers mußten im Zuge der weiteren Forschungsarbeiten auf diesem Gebiet relativiert werden. Es bleibt aber das Verdienst von Weber, die grundlegenden Bedingungen des Kapitalismus jenseits der Fragen der reinen Wirtschaftsordnung als Gegenstand der Wissenschaft etabliert zu haben.

Beschäftigung in Entwicklungsländern: Aufbau mittelständischer Strukturen

Viele Entwicklungsländer, die mit Beschäftigungsproblemen kämpfen, verfügen über soziale Strukturen, die – seien sie historisch gewachsen oder Folge früherer kolonialer Abhängigkeit – als Grundlage für eine marktwirtschaftliche Ordnung nicht geeignet sind. Es wäre deshalb vermessen, unsere Empfehlungen zur Beschäftigungspolitik unbesehen auch auf die Entwicklungsländer zu übertragen. Das heißt nicht etwa, daß der Erklärung der Beschäftigungsentwicklung durch Lohn- und Geldpolitik bei Entwicklungsländern gar keine Relevanz zukommt. Die Ursachen der Beschäftigungsprobleme in den Entwicklungsländern lassen sich jedoch nicht pauschal auf einen Nenner bringen. Wie Arbeit für alle auch in den Entwicklungsländern geschaffen werden kann, muß wohl in einem eigenen Buch für jedes einzelne Land beschrieben werden.

Nach dem Zusammenbruch des sozialistischen Regimes in der Sowjetunion und den wirtschaftlichen Reformbestrebungen in China gibt es nur noch wenige Entwicklungsländer, die unverdrossen an der marxistisch-leninistischen Planwirtschaft festhalten. Damit haben sich aber noch lange keine marktwirtschaftlichen Ordnungen etabliert. In vielen Ländern dominieren eine kleine privilegierte Oberschicht oder große internationale Konzerne fast die gesamte Wirtschaft. Was fehlt, ist ein wirtschaftlicher Mittelstand, der nur heranwachsen kann, wenn er im Wettbewerb nicht benachteiligt wird. Teilweise müssen auch kulturelle Barrieren überwunden werden. In jedem Fall bedarf es dazu eines leistungsfähigen Bildungssystems, um das notwendige Humankapital zu entwickeln.

Solange keine Möglichkeiten zur selbständigen wirtschaftlichen Betätigung bestehen, strömen immer größere Teile der Bevölkerung in der Hoffnung auf Arbeit und Brot in die Städte. Für die letzten zehn Jahre wird die Zahl der Menschen, die die ländlichen Gebiete verlassen haben, weltweit auf bis zu einer Milliarde geschätzt. Die Aufnahmefähigkeit der großen Agglomerationsräume ist aber begrenzt. Ein Teufelskreis von Arbeitslosigkeit, sozialem Abstieg, Armut und Kriminalität beginnt. Beschäftigungspolitik in den Entwicklungsländern muß unter diesen Umständen viel mehr sein als eine Abstimmung von Lohn- und Geldpolitik. Notwendig wären vor allem:

- Bildung und Ausbildung, insbesondere aller Jugendlichen, um die Voraussetzungen für eigenverantwortliche wirtschaftliche Tätigkeit zu schaffen;
- Beseitigung von Privilegien sowie Maßnahmen zur Korrektur der ungleichen Vermögensverteilung;
- Förderung eines selbständigen wirtschaftlichen Mittelstandes, der für lokale Märkte nach den Bedürfnissen der breiten Bevölkerungsschichten produziert.

In selbständigen mittelständischen Betrieben könnte dann Beschäftigung vor Ort geschaffen werden. Damit würde das Problem der Landflucht an der Wurzel angegangen.

Wirtschaftliches Handeln: geprägt von Wertvorstellungen

Die gesellschaftlichen Grundlagen jenseits der Wirtschaftsordnung sind aber nicht nur für Entwicklungsländer ein wichtiges Thema. In Deutschland und den anderen »alten« Industrieländern waren, als der Kapitalismus entstand, bestimmte individuelle Wertvorstellungen und ethische Grundlagen der Gesellschaft vorhanden. Fraglich ist aber, ob diese gesellschaftlichen Bedingungen, unter denen sich marktwirtschaftliche Wirtschaftssysteme historisch entwickelten, weitgehend unverändert fortbestehen oder ob hier Fundamente brüchig werden. Die Ergebnisse der marktwirtschaftlichen Ordnung sind immer abhängig von den in dieser Gesellschaft bestehenden individuellen Wertvorstellungen und den gesellschaftlichen Konventionen. In der Marktwirtschaft wird – worauf schon Adam Smith hingewiesen hat – der Eigennutz der einzelnen auf bestmögliche Weise zum Wohl der Gesamtheit nutzbar gemacht. Gleichwohl sind die Ergebnisse der marktwirtschaftlichen Ordnung letztlich immer so gut wie die Menschen, die innerhalb dieser Ordnung wirtschaften.

Zu den individuellen Wertvorstellungen und den gesellschaftlichen Konventionen zählen der Fleiß, die Leistungsbereitschaft, die Gründlichkeit, die Genauigkeit, die Zuverlässigkeit, die Pünktlichkeit, der Ehrgeiz und die Risikobereitschaft. Diese Eigenschaften werden bisweilen etwas abschätzig als »Sekundärtugenden« bezeichnet. Zweifellos sind sie für den wirtschaftlichen Erfolg einer Gesellschaft jedoch von großer Bedeutung. Man kann durchaus soweit gehen, diese Eigenschaften zu den sittlichen Grundlagen der Gesellschaft zu zählen. Gleichwohl ist es wichtig, den instrumentellen Charakter dieser Sekundärtugenden zu erkennen. Nie darf die Frage nach den individuellen und gesellschaftlichen Zielen, in deren Dienst diese »Sekundärtugenden« gestellt werden, fehlen. Sind diese Ziele allein materieller Art, oder gibt es Werte und Ziele jenseits der vom Eigennutz regierten rein materiellen Gesinnung?

Den ordoliberalen Freiburger Ökonomen war es ein wichtiges Anliegen zu verdeutlichen, daß die Marktwirtschaft auf ethischen Grundlagen der Gesellschaft aufgebaut werden muß. Der Beitrag, den die Marktwirtschaft als Element einer Gesellschaftsordnung leisten kann, hängt an dieser Voraussetzung. Die Marktwirtschaft kann diese Voraussetzungen nicht selbst schaffen. Die Freiburger Ökonomen sahen in der (protestantischen) christlichen Ethik eine tragfähige Basis für eine marktwirtschaftliche Ordnung. Auf dieser Grundlage hielten sie die marktwirtschaftliche Ordnung für geeignet, einen wesentlichen Beitrag zur Schaffung und Bewahrung einer stabilen, gerechten und sozialen Gesellschaft zu leisten. Sie formulierten diesen Grundsatz bereits während des Krieges in der sogenannten »Freiburger Denkschrift«, die in enger Zusammenarbeit von Ökonomen und Theologen auf Anregung von und in Zusammenarbeit mit Dietrich Bonhoeffer Ende 1942 entstand.[3] Die Autoren der Freiburger Denkschrift hielten eine rein materielle Gesinnung der Menschen für eine große sittliche Gefahr alles Wirtschaftens. In der Tradition der Freiburger Denkschrift wollte der Ordoliberalismus die Soziale Marktwirtschaft eingebettet sehen in eine Gesellschaft, die sich der christlichen Sozialethik verpflichtet fühlt.

Der Neoliberalismus gefährdet dieses Anliegen des Ordoliberalismus. Das Ziel einer stabilen, gerechten und sozialen Gesellschaft ist Neoliberalen fremd. Anläßlich eines im Jahr 1979 an der Freiburger Universität – der Wiege des Ordoliberalismus – gehaltenen Vortrages provozierte Friedrich A. von Hayek sein Publikum mit der Bemerkung, er »könne nicht sozial denken, denn er wisse gar nicht, was das sei«. Möglichst weitreichende wirtschaftliche Freiheiten haben Vorrang vor dem Schicksal der im Konkurrenzkampf Unterlegenen. Der Neoliberalismus setzt auch im sozialen Bereich auf private Initiative. Gibt es privat getragene Wohlfahrtsinitiativen nicht in ausreichendem Maß, so gibt es für den Staat nach seiner Auffassung keinen Grund einzuspringen. Der Neoliberalismus fordert Freiheit, ohne zu fragen, wieviel Ungleichheit und Ungerechtigkeit die menschliche Gesellschaft verkraftet. Menschen, die nicht in der Lage sind, die Freiheitsrechte zu ihrem eigenen wirtschaftlichen Vorteil zu nutzen, müssen damit rechnen, daß für sie nur ein Platz am Rande der Gesellschaft bleibt. Daß sich die gescheiterten Existenzen mit ihrer Rolle am äußersten Rand der Gesellschaft stillschweigend abfinden, wird unterstellt. Hier ist der Neoliberalismus von einem fast grenzenlosen Zukunftsoptimismus. Er verabsolutiert die Freiheit des einzelnen, welche Konsequenzen auch immer sich daraus für die Gesellschaft ergeben mögen. Warum sollte man auch die Folgen bedenken? Der Kapitalismus hat schon so manches überlebt, vor allem Prognosen seines Untergangs.

Der Neoliberalismus muß aber nicht das letzte Wort der Geschichte sein. Die christliche Ethik überwindet den Sozialdarwinismus des Neoliberalismus durch das Gesetz der Nächstenliebe. Auf die Frage, was das höchste Gebot sei, antwortet Jesus (Markus 12,28 ff.): »Liebe Gott über alles und deinen Nächsten wie dich selbst, es gibt keine erhabenere Regel.« Diese Regel ist ein zentrales Element der sittlichen Grundlagen, auf denen der Ordoliberalismus eine stabile Gesellschaft ohne materielle Not aufbauen wollte. Die Marktwirtschaft ist im Rahmen dieses umfassenden gesellschaftspolitischen Programms nur ein Element. Sie ist nicht mehr als ein Instrument, das Verschwendung von Ressourcen verhindern und wirtschaftlichen Machtmißbrauch unterbinden soll. Sie ist – anders als beim Neoliberalismus – auf keinen Fall selbst das Ziel. An diese Tradition lohnt es sich anzuknüpfen.

Die Freiburger Ökonomen orientierten sich bei der Suche nach tragfähigen ethischen Grundlagen der marktwirtschaftlichen Ordnung an der protestantischen Ethik. Heute fällt es leichter als vor mehr als fünfzig Jahren, auf der Suche nach tragfähigen ethischen Grundlagen einer Gesellschaft über konfessionelle Gebundenheiten hinauszutreten. Anders als damals muß sicherlich die Frage der ökologischen Zielsetzungen der Gesellschaft mit ins Bild genommen werden. Den Streit unterschiedlicher Ansichten zu den ethischen Grundlagen sollten wir nicht fürchten. Wichtig ist zunächst, sich auf die Suche nach diesen Grundlagen ernsthaft einzulassen. Dann könnte gelingen, wie es Erich Fromm fordert, daß »wir der gegenwärtigen Situation ein Ende machen, in der eine gesunde Wirtschaft nur um den Preis kranker Menschen möglich ist. Unsere Aufgabe ist es, eine gesunde Wirtschaft für gesunde Menschen zu schaffen.«[4]

Anmerkungen

Kapitel 1

1 *Ifo-Schnelldienst* 17-18/1997, S. 13.
2 Egon Friedell: *Kulturgeschichte der Neuzeit*, Band 2, München 1983 (1. Auflage 1928), S. 852 ff.
3 Walter Eucken: *Grundsätze der Wirtschaftspolitik*, Tübingen 1990 (1. Auflage 1952), S. 140, 308.

Kapitel 2

1 Ludwig Erhard: *Kriegsfinanzierung und Schuldenkonsolidierung*, Denkschrift 1943/44, Frankfurt/M., Berlin, Wien 1977, S. 242.
2 Norbert Kloten: *Erfolg und Mißerfolg der Stabilisierungspolitik*, Frankfurt a. M. 1976, S. 685 ff.
3 Karl Schiller: »Betrachtungen zur Geld- und Konjunkturpolitik«, in *Walter Eucken Institut, Vorträge und Aufsätze* Band 102, Tübingen 1984, S. 17.
4 Manfred J. M. Neumann: »Stabilisierungspolitik in monetaristischer Sicht«, in *Stabilisierungspolitik, WSI-Studien* Nr. 27 (1974), S. 80.

Kapitel 3

1 Joseph A. Schumpeter: *Theorie der wirtschaftlichen Entwicklung*, Berlin 1964 (1. Auflage 1911), S. 236.
2 John M. Keynes: *The General Theory of Employment, Interest and Money*, Cambridge 1973 (1. Auflage 1936), S. 267.

3 Keynes (1936), S. 267. Der hier verwendete Begriff der realen Geldmenge (= nominale Geldmenge gemessen in Gütereinheiten) entspricht dabei der »quantity of money in terms of wage units«, solange sich Preise und Nominallöhne mit der gleichen Rate verändern.
4 Siehe hierzu Keynes (1936), S. 15.
5 Keynes (1936), S. 207.
6 Ein Beispiel hierfür ist das Lehrbuch von Bernhard Felderer und Stefan Homburg: *Makroökonomik und neue Markroökonomik*, 5. Auflage, Berlin 1991, S. 154: »(Die keynesianische Theorie) gelangt über die Zwischenglieder zinsunelastischer Investition, absoluter Liquiditätspräferenz sowie starrer Löhne oder Preise zu einer theoretischen Erklärung des Unterbeschäftigungsproblems.«
7 Siehe hierzu Volker Hallwirth: *Die Beschäftigung in Abhängigkeit von Preisen und Löhnen*, Göttingen 1982.

Kapitel 4

1 Deutsche Bundesbank: *Monatsberichte*, 37. Jg., Nr. 1 (1985), S. 22.
2 Die beschäftigungspolitische Faustregel wurde von Flassbeck aus der Fisherschen Verkehrsgleichung abgeleitet. Vgl. Heiner Flassbeck: »Geldmenge, Löhne und Beschäftigung«, in *DIW-Vierteljahresheft 3/1987: Zur Rolle von Geld- und Lohnpolitik bei der Bekämpfung der Arbeitslosigkeit*, S. 157ff. Eine erweiterte theoretische und empirische Analyse des Zusammenhangs bietet Willi Koll: »Geldmenge, Lohn und Beschäftigung – Gesamtwirtschaftliche Bedingungen für mehr Beschäftigung bei Stabilität«, in *Walter Eucken Institut, Vorträge und Aufsätze*, Band 120, Tübingen 1988.
3 Für eine ausführliche Herleitung des Zusammenhangs siehe Volker Hallwirth: »Geld- und Lohnpolitik als Instrumente der Beschäftigungspolitik«, in *Jahrbücher für Nationalökonomie und Statistik*, Band 205, Heft 2 (1988), S. 131-149.
4 Vgl. Leopold Uhlmann: »Geschäftslage und Kapazitätsausnutzung als Indikatoren der Industriegewinne«, in *Ifo-Schnelldienst* 31/1996, S. 8 ff.
5 Siehe Council of Economic Advisers: *The Annual Report* in *Economic Report of the President*, Washington 1997, S. 139 ff.
6 Horst Siebert: »Wenn wir die Arbeitslosigkeit wirklich halbieren wollen«, in *Handelsblatt* vom 19./20. Dezember 1997.
7 Bei einer Substitutionselastizität, die kleiner als eins ist, muß der Kapitalstock sogar schneller wachsen als die Beschäftigung, um einen Rückgang des Produktivitätsanstiegs zu vermeiden.

Kapitel 5

1 Bundesvereinigung der Deutschen Arbeitgeberverbände: *Lohnverhandlungssysteme und makroökonomische Wirkungen*, Köln 1997, S. 44.
2 Symposium des Instituts der deutschen Wirtschaft: *Lohnpolitik in der Europäischen Währungsunion*, Köln 1997, S. 26 und S. 52.
3 »Lohnpolitik in der Europäischen Währungsunion«, in *Beiträge zur Wirtschafts- und Sozialpolitik*, Heft 234, Köln 1997, S. 56.
4 Sachverständigenrat: *Jahresgutachten* 1996/97: Ziff. 326.
5 Dirk Dohse, Christiane Krieger-Boden: *Rahmenbedingungen für den Arbeitsmarkt in einer erfolgreichen Wirtschafts- und Währungsunion der EU-Staaten*, Institut für Weltwirtschaft, Kiel 1997, S. 79.
6 Keynes (1936), S. 265.
7 Keynes (1936), S. 268.
8 BMWI-Texte: *Stabilität und Wachstum – Das Gesetz zur Förderung der Stabilität und des Wachstums der Wirtschaft*, Bonn 1970, S. 21.

Kapitel 6

1 Paul Krugman: »Is Capitalism too productive?«, in *Foreign Affairs*, Sept./Okt. 1997, S. 79-94.
2 IW-trends: *Die amerikanische Sozialhilfe-Reform*, Heft 4/97, S. 72.
3 Sachverständigenrat: *Jahresgutachten 1996/97*, S. 324.
4 Sachverständigenrat: *Jahresgutachten 1996/97*, S. 328.
5 Vgl. hierzu Willi Koll: »Internationale Wirkungen einer nationalen Umweltpolitik – Voraussetzung für eine gesamtwirtschaftlich verträgliche Pionier-Rolle im Umweltschutz«, in *Räumliche Aspekte umweltpolitischer Instrumente*, Hannover 1996.

Kapitel 7

1 Die österreichische Kapitaltheorie hat schon vor über hundert Jahren herausgearbeitet, daß der Wert des Kapitals von der Differenz zwischen der Höhe der Löhne und der Produktivität abhängt. Die Herstellungskosten des Kapitals werden von den Löhnen der Vergangenheit bestimmt, der Marktwert des Kapitals von den Löhnen der Zukunft. In welchem Umfang Kapital neu gebildet wird, hängt von der Differenz zwischen Marktwert und Herstellungskosten ab.

2 Alle statistischen Angaben zur wirtschaftlichen Entwicklung Rußlands sind den Berichten »Die wirtschaftliche Lage Rußlands« der wirtschaftswissenschaftlichen Institute DIW, Berlin, IfW, Kiel, und IWH, Halle, entnommen.

3 Siehe hierzu Christine Blumenberg-Lampe: *Das wirtschaftspolitische Programm der »Freiburger Kreise«*, Berlin 1973, S. 21 ff.

4 Erich Fromm: *Haben oder Sein*, München, Stuttgart 1980 (1. Auflage 1979), S. 169.